U0621296

精通套期保值

李录林 ◎ 著

地震出版社
Seismological Press

图书在版编目（CIP）数据

精通套期保值/李录林著．—北京：地震出版社，2023.5
ISBN 978 - 7 - 5028 - 5552 - 9

Ⅰ．①精…　Ⅱ．①李…　Ⅲ．①期货交易　Ⅳ．①F830.93

中国国家版本馆 CIP 数据核字（2023）第 065120 号

地震版　XM4962/F(6375)

精通套期保值

李录林 ◎ 著

责任编辑：王亚明

责任校对：凌　樱

出版发行：**地 震 出 版 社**

北京市海淀区民族大学南路 9 号　　　　　邮编：100081

发行部：68423031　68467993　　　　传真：68467991

总编办：68462709　68423029

编辑室：68426052

http://seismologicalpress.com

E-mail:dzpress2023@163.com

经销：全国各地新华书店

印刷：北京广达印刷有限公司

版（印）次：2023 年 5 月第一版　2023 年 5 月第一次印刷

开本：710×1000　1/16

字数：377 千字

印张：19.25

书号：ISBN 978 - 7 - 5028 - 5552 - 9

定价：88.00 元

版权所有　翻印必究

（图书出现印装问题，本社负责调换）

精通套保，做强企业

我国的期货市场在完成了价格改革（即建立商品市场价格体系）的历史使命后，正在向着世界定价中心的目标前行。同时，在发展的各个阶段，其都始终为生产经营者管理价格波动风险提供服务。从一定的角度讲，可以说市场越发展，企业参与套期保值的数量越多，二者成正比例关系。

作为中国期货市场的创始者之一，从1988年开始，我就不断学习研究企业套期保值业务，并坚持不懈地以一己之力将其推广到我所接触到的每一个企业。从我几十年的经历来看，精通套期保值，是做强企业，企业可持续发展、有发展韧性的必由之路。正如本书所讲的案例一样，2004年的大豆价格波动，淘汰了一大批压榨企业，剩下的都是在经营管理中始终做套保的企业。同样，2008年金融危机之时，工业品生产经营者当中正确使用套保工具的大都受冲击较小，体现出了平稳经营、韧性强的特征。我也曾在2008年底和几家大型加工企业探索战略套保方案，效果较佳。

李录林毕业于我所执教的大学，毕业后在我任董事长的金鹏期货经纪有限公司工作了几年，从研究员开启了他的期货生涯。他为人踏实，工作兢兢业业，在研究方面有了自己的一套研究方法，后又进入交易实战，一直在反复探索企业套期保值的实务问题，悟性极高。不仅如此，他从来不忘记社会责任，写了许多有真知灼见的文章，与人分享。本书是他社会责任担当的集中体现。

本书具有很强的实用性和可读性，针对不同人群的特点，用通俗易懂的写作方式提供了企业管理者、分析者、交易员等可学习的知识和套保解决方案。同时，又用案例的方法，把套期保值的理念、对套期保值原则的深刻理解写得生动可读。

中国农业大学期货与金融衍生品研究中心教授、博导

金鹏期货经纪有限公司董事长

常清

自　序

实体企业面临的商品价格波动风险是长期存在的客观事实，现实需求催生了"期货"这一风险管理工具。理论上它能够锁定成本或利润，但是现实中由于期货和现货价格波动幅度不同，并无法完全锁定成本或利润，"基差贸易"应运而生，它就是为了解决基差波动风险而出现的。将期货和基差合同结合在一起后，终于能够完全将风险转移出去了，可是锁定了成本或利润的同时却也会错失更有利的价格空间，因此，"期权"诞生了。将它和基差合同结合在一起，就产生了"含权贸易"，它们都是经济发展的必然产物。

可是，由于期货和期权本身的投机属性，在国内期货市场发展之初，很多实体企业偏离了保值的本质，转而将投机属性发挥得淋漓尽致，经历过那个阶段的市场参与者回想起来依然心有余悸。慢慢地，期货成为血本无归和一夜暴富的代名词，这一偏见始终阻碍着期货市场发挥其核心功能。

近年来，随着国内期货行业快速发展，大宗商品期货品种越来越丰富。截至2021年12月底，上海、大连、郑州三大商品期货交易所共有交易品种64个，涵盖了农林生鲜、金属、能化等几乎所有大宗商品产业链，越来越多的企业正在利用期货工具规避商品价格波动风险。2017年3月31日，国内首个商品期权——豆粕期权在大商所挂牌交易，开启了国内期权品种的序幕。截至2021年12月底，已上市交易20个商品期货期权，成为风险管理领域不可或缺的风险管理工具。

在市场经济已经高度成熟的今天，实体企业对风险管理的需求越发强烈，企业对待套期保值已不再是要不要做的问题，而是怎么做的问题。但是很多企业对它并没有非常清晰的认识，企业决策层对它没有明确的定位和合理的预期，制度建设和机构设置跟不上发展需求；同时，由于行业人才紧缺，很多从业人员仅以分析师或交易员的身份开展套期保值，没有系统的业务发展规划，缺乏核心的分析研究体系和交易体系，对于何时开展、如何开展套期保值没有明确的认知，这些因素都成为企业顺利开展套期保值的障碍。如何满足企业现实需求，既让企业决策层快速掌握期货市场的基础知识，建立正确认知，明确套期保值的定位，又让从业人员快速上手，建立相应分析交易体系和架构，就是本书的核心要务。

本书分两大部分，共 10 章。第一部分共三章，首先从失败的教训入手，通过重温大豆危机，站在比较宏观的层面深入反思，引起读者对风险管理重要性的共鸣，加深对风险管理必要性的认识。既然风险管理已越来越重要，很多企业不得不参与套期保值，那么有没有需要避开的坑呢？第二章对失败案例进行深入分析，帮助读者建立对套期保值的正确认知，清醒地认识到它的优劣势。决策层对套期保值的认知与定位决定了其能否顺利开展，因此，作为前两章总结性的内容，特意安排第三章向决策层建言献策。第二部分是基础知识和实务的具体内容。决策层由于精力有限，很难快速理解晦涩难懂的专业术语，因此，本书在第四章基础知识部分安排通俗易懂的故事情节，以科普的形式，按照经济发展的逻辑，顺理成章地介绍期货、期权、基差贸易、含权贸易等知识，逐步深入扩展，让读者清楚地知道它们的价值所在。从第五章开始的实务内容，重点面向从业人员，主要涉及分析研究、交易、时机选择以及部门建设等内容，中间加入了不少案例和图表。虽然专业性极强，但是为了更加实用，作者尽量避开一些高深的经济学方法，安排更加简单实用、逻辑清晰的方法，帮助从业人员快速上手，启发从业人员建立符合企业实际需求的各种体系和架构。

以理解期货基础知识和建立正确认知为第一要务，建议企业主和管理层重点阅读前四章和第九、十章，从业人员可以将重点放在第五至七章，财务人员可以重点关注第八章，但是为了更好地理解并做好套期保值，建议通读。

本书的顺利完稿实属不易，几经波折，身心俱疲，险些半途而废，在家人的不断鼓励和支持下，耗费了近两百个夜晚，终于完稿。在此感谢我的家人们，没有你们为我提供温暖的港湾，我将迷失方向；感谢父母亲的养育教导，教会我做人并拥有正确的"三观"；感谢姐姐李芳琴、李芳霞、李敏、李秀萍和姐夫们，没有你们的付出和呵护，我很难有机会求学深造；感谢岳父岳母的信任，让我拥有善良体贴的爱人与和睦的家庭；感谢我的孩子李子牧、李子瑛与爱人马霞霞，你们是我努力前行的精神动力。

感谢恩师常清教授和郭冠清教授的栽培。常清教授是我进入风险管理领域的领路人，其渊博的知识与深厚的理论功底对我影响深远；亦师亦友的郭冠清教授拥有强大的人格魅力，多年来指导我建立并完善了分析研究体系，在交易、生活中给予了无私帮助，其不屈不挠的精神让我重塑信心。

感谢华联公司黎红球先生、陈伟斌先生、黄英会先生等领导同志为我提供全新的发展平台，让所学所思有用武之地。感谢河南后羿集团舒文辉女士，是她为我提供了进入实体企业的机会，也促成了本书的写作。感谢所有让我实现个人价值的机构和合作伙伴、客户们。

在本书修改过程中，我得到了郑州商品交易所期货及衍生品研究所吕保军、陈良涛、翟智君等领导同志在文稿审校方面的大力支持和帮助，也得到了郑州商品交易所"期货市场研究丛书"评审专家委员会细致认真的审阅，他们提出了诸多非常有价值的建议，极大地提升了本书的专业性，在此一并感谢。

由于水平有限，书中如有错误之处，欢迎读者批评指正，我的 E-mail 是 GSLX3L@163.com。

李录林

2023 年 1 月于深圳

目　　录

第一部分　从失败谈起

第二部分　套期保值基础与实务

第一部分

从失败谈起

第一章　重温 2004 年大豆危机

1995 年以前，中国是大豆净出口国，2000 年大豆进口量首次超过 1000 万吨后，成为全球最大的大豆进口。海关总署数据显示，2020 年中国进口大豆首次超过 1 亿吨，较 2010 年的 5481 万吨增长近一倍，2021 年进口量 9653.4 万吨，相比 2020 年有所下降，但依然处于历史高位。

2008 年以来，中国一直是全球最大的大豆消费国。农业农村部于 2022 年 1 月发布的月度供需报告显示，2021 年 10 月至 2022 年 9 月大豆消费量预测值为 11808 万吨。中国加入 WTO 至 2010 年间年均增速超过 10%，之后仅 2018/19 年度呈负增长，主因是非洲猪瘟暴发导致需求减少，其余年度保持年均 7% 以上的增速。美国农业部同期发布的供需报告显示，2020/21 年度中国大豆消费量占全球总产量的 31.13%，十年前该数据为 19.4%。如此庞大的需求量，中国产量却少得可怜，国家统计局数据显示，2021 年中国大豆产量 1640 万吨，2020 年产量 1960 万吨。国产大豆主要用于食用，压榨用大豆基本全部来自进口。

作为全球最大的大豆消费国，自给率不足 14%。我国大豆自给率低，固然有人多地少、优先确保基本口粮等现实限制，更主要的是经过大豆危机的摧残，外国资本垄断了大豆供应，我国已丧失大豆话语权。2004 年是外资垄断大豆供应的关键一年，大豆价格的暴涨暴跌是导火索，国内油厂的风险意识淡薄是核心原因。

2003 年 8 月至 2004 年 3 月，美国芝加哥商品交易所（CBOT）大豆价格从最低点 512 美分开始上涨，最高涨至 1006 美分，创下 30 年来新高。中国压榨企业在恐慌心理支配下，纷纷加大采购力度，2004 年初，在美国"抢购"了 500 万吨大豆。但从 2004 年 4 月开始，国际大豆价格快速回落，11 月份回到起涨点。面对如此价差，国内部分压榨企业，特别是民营企业无奈违约，放弃在高价位签订的采购合同和定金。国内压榨全行业亏损，外资趁机低价收购、参股中国多家大豆压榨企业，给国际粮商布局中国铺平了道路。

一、2004 年大豆危机事件始末

2003 年 8 月 12 日，美国农业部月度供需报告调低大豆产量，库存数据降至

20 多年来的低点。与之相对应，CBOT 大豆价格从 2003 年 8 月时的最低点 512 美分开始上涨，于 2004 年 3 月最高涨至 1006 美分，创下近 30 年来的新高。这种涨幅相当于中国进口价格从 2300 元/吨涨至 4400 元/吨。

2003 年 12 月，将近 20 家大豆压榨企业组成的庞大采购团前往美国。12 月18 日签订了 250 万吨的采购合同，紧接着又签订了一份 250 万吨的意向合同，如果第二份合同能履行，2003—2004 年度中国将采购 900 万吨美国大豆，整个芝加哥为之欢呼。

等中国人在平均价格 4300 元/吨的高价签约之后，美国农业部修正了产量数据，美豆意外大丰收，2004 年 4 月价格开始快速下跌，至 11 月份最低跌至 508美分，进口大豆按人民币计价从 4400 元/吨跌到 2200 元/吨。这就意味着中国压榨企业高价采购，却要以跌下来的价格出售豆油和豆粕。面对巨大价差，国内部分压榨企业，特别是民营企业，放弃了高价签订的采购合同和保证金，即所谓的"洗船"。

CBOT 大豆期货月度价格走势图见图 1 - 1。

图 1 - 1　CBOT 大豆期货月度价格走势图（2000 年 1 月—2004 年 11 月）

数据来源：CBOT　笔者整理

2005 年 5 月 16 日，经历了长达 7 个月的亏损之后，压榨能力占全国一半的16 家压榨企业齐聚北京，达成一项秘密协议，通过了一致对外的意见："国际大豆供应商必须降价，否则大家将联手减少第二季度的进口到货量，并将下半年进口量减少一半，同时共享现有库存。"国内企业的联合行为的确引起了供应商的重视。5 月 20 日，美国供应商来到了北京，共同研讨如何对付中国压榨商的威胁。研讨发现，中国压榨业已经到了一根稻草就能压垮的地步，中国对大豆已经丧失了话语权，因为不采购美国大豆就面临没有大豆可用的局面。

在中国大豆压榨业已经没有威胁的情况下，外资开始放心大胆地进行第二步——整合、收购，占领压榨业。

2005 年 9 月 7 日，ADM（国际四大跨国粮商之一）董事长兼总裁艾伦在华尔街发表了一份报告，报告中称："中国有投资机会。"美国大豆协会中国代表处向总部写信称："今年是进军中国、整合大豆行业的时候了。"于是国际四大跨国粮商 ABCD① 开始进入中国收购大豆压榨企业。

2005 年 10 月 25 日，当时综合实力位居中国油脂业前列的大连华农豆业集团（工商信息显示，该公司目前是中粮集团旗下中纺粮油全资子公司）向托福国际集团出售 30% 股权，前提条件是托福国际拥有 70% 的大豆供应权，托福国际集团的大股东是美国的 ADM。紧接着华农南京分厂被美国邦吉收购，华农东莞分厂被美国嘉吉收购，华农霸州分厂被法国路易达孚收购。

四大跨国粮商通过快速收购，掌握了中国三分之一的压榨能力。截至 2006 年 4 月底，一千多家压榨企业全部破产，仍在开工的 97 家大豆压榨企业中，外商独资或参股的有 64 家，中国前十大压榨企业中仅剩一家中国全资公司——黑龙江九三粮油工业集团。九三粮油总经理田仁礼回忆说："其实美国 ADM 也早就钉上了我们，随后美国邦吉、嘉吉也都找过我，他们看上的是我们 1.5 万吨/日的压榨能力，但是我在守护中国最后的大豆，我在硬挺。"为什么没有谈妥？因为所有国际收购商都有一个条件，就是必须购买进口大豆。然而市场是残酷的，国内产量有限、成本高企，采购国际低价大豆是大势所趋，九三粮油 2004 年在大连、2005 年在天津建立的两个分厂采购的就是进口大豆。

至此，国产大豆全线沦陷。

二、事件反思

（一）为什么美国农业部有如此巨大的影响力

在农产品领域，全球没有任何一家机构能够与影响力巨大的美国农业部相媲美。深究其影响力的形成过程，我们不难发现，权威、免费、连贯且标准化的发布格式是核心原因。

---

① 其中的 A 为 ADM（Archer Daniels Midland），B 为邦吉（Bunge），C 为嘉吉（Cargill），D 为路易达孚（Louis Dreyfus）。

1. 权威

美国农业部数据的权威性是全球公认的，而真实是权威的首要因素。从理论上讲，数据来源和报告流程可以证明数据的真实性，实际上是否掺杂了利益集团的偏好我们不得而知，尽管如此，美国农业部定期对外公布的信息，一直是美国国内交易所和世界各国主要进口商的重要参考依据。

2005年春节，在大豆危机公关活动中，跟随美国商务部部长埃文斯来华的美国大豆贸易代表团成员、曾在美国农业部工作的美国大豆协会首席执行官史蒂夫·沈士奇详细介绍了美国农业部报告的数据来源和报告流程：这些数据并非美国农业部官员自己预测的，而是邀请外部行业专家完成的，这些专家和预测的结果之间不能有任何经济利益或者商业利益联系。数据来源多样，一般采用卫星遥测和人工统计等手段，对大豆的产区、分区、产量和收获量等数据进行统计。在预测报告正式确定之前，他们处于封闭环境中，不能和外部的任何人进行交流。做如此多的规定，目的就是保证预测过程的公正、客观和透明。从追究责任的角度，谁预测谁负责，美国农业部只管发布，对准确与否没有直接责任，更可避免人为操纵等嫌疑。

2. 免费

美国农业部的数据能"左右"国际市场，还有一个重要原因，是免费向全球公开发布，所有人都能随时查看且下载，这是全球第一大经济体自信和软实力的体现。免费就能快速扩大受众，受众越广，影响力越大，再配合数据的连贯性和标准化，很容易就能形成良性循环。

将基本常识用到极致，不成功都难。从免费开始迅速占领市场，这个最基本的常识被互联网行业用到了极致，国内的互联网巨头，都是从免费开始占领市场的，都说这是一种互联网思维，叫"羊毛出在狗身上，猪来买单"。其实，它适用于所有行业，只不过单纯的免费并不代表一定成功，还需要其他配套措施共同发力。

3. 连贯且标准化的发布格式

持续关注美国农业部数据的人都有明显的感觉，数据连贯且格式统一，用当前流行的一句话来形容，就是用户体验非常好。

数据连贯是指美国农业部自发布相应数据以来，数据从来没有断裂，除非该数据以后永远不再更新。以每月发布的供需报告为例，从来没有出现过数据缺失的情况，即便历史上因债务危机造成政府部门停摆，当月未能按时发布数据，在下次发布的时候也一定会将数据补齐，更不会出现数据连续发布一段时间后停止更新，过几个月又开始更新的情况。这体现出了严谨和负责任的态度，只有连贯的数据才有参考价值，更能凸显数据的权威性。

格式统一是指数据发布的格式基本没有发生过大的调整，数据一直在固定的位置。还是以月度供需报告为例，下载后打开当月报告，自 2003 年 5 月开始，永远能在"Page 28"找到大豆的供需数据；而且自 2010 年 7 月开始，还提供可供编辑的 Excel 表格，这极大地提高了用户浏览和数据采集效率，对于快速形成投资决策有巨大帮助。

（二）在国际游戏规则面前我国尚显稚嫩

商场就是战场，贸易就是和平时期的国际战争，"兵不厌诈"古今中外通用，在合法范围内争取和保护自身利益，就是市场的游戏规则。我国压榨企业感觉被美国农业部、贸易商和农场主联合起来欺骗了，但从国际市场竞争角度看，美国农业部利用其影响力为本国利益服务本无可厚非，政府利用市场游戏规则保护本国农民利益也天经地义。

反观我国采购团当时的做法，现在看起来如同一个自大而又莽撞的青春期少年，带着暴发户式的豪情前往美国，将采购时间、地点、数量等"商业机密"统统公之于众。美国大豆协会的 Paul Burke 后来接受采访时表示："2003 年底，中国大豆进口商代表团到芝加哥去访问，其中就有很多美国大豆的大买主。看到有这么多的买主来到芝加哥市场，我们感到非常高兴；同时，在非常短的时间内，这么多重要的买主都出现在市场上，给市场带来了一些短期看好的情绪，并造成短期价格的上涨。"

在不甘于失败的愤怒中，围绕 CBOT 的大豆期货行情和中国压榨行业的相关报道充斥着"国际基金高位狩猎中国""中国从美国进口大豆多花费数亿元人民币""美国农业部和大豆协会提供虚假数据"等说法。为了安抚中国这个大买家并转移责任，2005 年初，随美国商务部部长埃文斯到访的美国大豆访华团有备而来，该团体由美国大豆协会、美国大豆基金会和芝加哥商品交易所（CBOT）组成，成员包括各机构的会长和 CEO 等关键人物。他们此次中国之行的公开名义是与中方一起召开"中美大豆贸易研讨会"，实际上是做危机公关。在媒体见面会上，面对记者的质疑，CBOT 总裁伯尼·丹很巧妙地将责任转移给了中方："几个月前在我对中国的某次访问中，曾就有关话题与中国食品土畜进出口商会进行过交流。当时我详细向对方介绍了大豆的价格形成机制以及风险管理对冲方式，并谈到如何让用户了解市场，教会用户如何使用市场。无论是什么样的情绪或感觉，主要原因还是宣传、教育的问题。"他所说的宣传和教育，包括告诉用户市场是如何运作的，如何使用市场，如何把运作和使用市场的方法结合到每一个交易者的具体操作行为中等等。他的目的达到了，很快，国内掀起了一场轰轰烈烈的投资者教育活动。

诚然，在没有强大到能制定游戏规则的情况下，就得快速适应国际游戏规则。国内企业在国际市场上还非常年轻，有很多需要学习的地方，大豆危机激发的学习氛围空前高涨，正是因为稚嫩和自大，我们在国际游戏规则面前碰得头破血流，用整个行业作为代价，交了太多的学费。这对于刚开始接触套期保值的企业而言有非常重要的借鉴意义，警示我们必须小心谨慎地稳步推进业务，但凡一个冒失的举动，都可能会带来毁灭性的后果。

（三）国内企业风险管理能力有待持续加强

当潮水退去的时候，才知道谁在裸泳。2004 年的大豆危机将国内压榨行业的风险管理能力暴露得一览无余，可以说，整个行业完全没有风险管理能力。

改革开放以来，国内压榨行业飞速发展，然而并非源于管理水平的提升，而是在国内需求的强劲带动下，压榨利润高昂。包括国企、民企在内的内资企业通常更适应在单边上行的行情中去赢利。在大豆价格相对平稳的时候，能够实现总体赢利；在大豆价格长期上涨的过程中，能够实现超额收益，并且大规模扩张产能；但当大豆价格暴跌的时候，一大批企业都会破产倒闭。如果企业的管理水平能够跟上国内需求强劲增长的大趋势，就能够塑造一批行业巨头。风险管理能力是企业管理能力的核心要素，可以帮助企业稳健经营，在价格暴涨暴跌的过程中，平滑利润率曲线。整个行业处于危机之中，恰恰是这类拥有风险管理能力的企业快速扩张、做大做强的良机。

同样是在经历大豆价格的暴涨暴跌，为什么外资能够安然无恙并快速控制了我国压榨业？主要原因是它们有强大的团队在管理价格波动风险，风险管理能力越强，抵御风险的能力就越强，资本市场就越青睐，实现了良性循环。当中国压榨行业哀鸿遍野的时候，ADM 董事长兼总裁艾伦在华尔街发布报告的目的就是为进军中国市场筹集弹药。凭借其优秀的风险管理能力，它们有机会且有能力快速筹集资金，迅速掌控优质资产。

经过剧痛，压榨行业是目前国内风险管理领域做得最成熟的。压榨行业被迫穿上泳衣，但国内很多行业依然在裸泳。随着国内经济发展高度成熟，很多行业的高昂利润已成过去式，普遍进入了微利时期，对风险管理的需求越来越强烈。经过社会各界的不懈努力，近些年不少企业已开始重视风险管理，有些企业也在开展套期保值，但是，就其规范性和可持续性来看，风险管理能力依然处于初级阶段：有的企业对风险管理没有正确认识和清晰定位，期望套期保值成为利润来源，有的企业因个别人员的离任而被迫中断风险管理。我们不能等到亲身经历剧痛才被迫穿上泳衣，需要主动做好防护工作，还需要穿高质量的泳衣，越早开展风险管理，就越能占据制高点，套期保值越规范、越持续，这样才能在日趋激烈的竞争中立于不败之地。

三、近年来的变化

2004 年大豆危机是一次影响深远的事件，以整个行业为代价交的学费虽然昂贵，却也带来了自上而下的反思。它让我们看到了中国企业的差距，不仅让有关部门开始重视"数据"资源的建设，也让国内企业开始重视风险管理能力。

（一）权威数据的建立道路还很长

在大豆危机后有媒体问道："既然美国农业部的预测数字不可信，中国企业为何还要坚持采用？"时任中国食品土畜进出口商会会长的曹绪岷回答："因为中国没有自己的数据。"

大豆危机发生后，国家有关部门开始重视数据资源的建设，也参考发达国家引入民间统计机构的经验，引入了个别民营企业共同统计、发布相关数据，很多领域的数据已具备权威性，影响力日益增长，开始被广泛采用和参考。但是，在使用过程中，依然会面临数据断裂、格式不统一等影响判断效率的情况，用户体验有待改善，中国权威数据的建立道路依然很长。

海关总署将原本需要付费查阅的统计信息全部免费公开，是国内专业部门信息建设具有代表性的机构，发布时间规律、格式统一、数据权威，已成为国内外众多机构参考的重要信息来源。

国家统计局承担着全国几乎所有的信息统计工作，信息全面，覆盖了各行各业。2011 年以来，其采用规范采集渠道、发布流程等举措，权威性在逐步增强，也已成为不可或缺的重要信息参考依据。

作为农业领域全关重要的政府部门，农业农村部也在逐步完善信息统计职能。自 2016 年 7 月开始发布的月度《中国农产品供需形势分析》就很有参考价值，规范了发布日期，数据连贯，可免费下载。农业农村部会同其他部门联合发布的生猪专题于 2021 年 5 月下旬正式上线，这是建立数据权威的重要举措，笔者建议农业农村部将提升话语权上升到战略高度，统一调度发布各项涉农数据，学习、借鉴美国农业部的数据发布模式，从权威、免费、连贯且标准化的发布格式入手，进一步规范数据发布机制，这将为逐步建立权威数据发布机构打下坚实基础。

（二）企业风险管理能力依然有待加强

大豆危机后，以期货价格为定价基准的大豆点价交易开始迅速在国内流行。点价交易中，企业先和卖方签订大豆采购合同，约定好交货日期，但并不现场确定交易价格，买方只需要在交货日期前确定价格即可——采取 CBOT 合约加现货升贴水的方式，其目的是规避市场涨跌风险。

　　但是，实体企业不专注于主业的投机取巧行为导致 2014 年爆发了第二次大豆危机。

　　点价交易模式和银行提供的信用证结合，行业融资的风口开始出现。由于在收货和还款之间存在一个时间差，很多企业便开始钻空子。简单来说，就是企业在进口时不用支付现金，向银行申请信用证以支付货款，利用信用证期限的时间差，以较低的价格快速销售大豆，将现金用于借贷等领域，回款之后再归还贷款——不得不说国人聪明，将"空手套白狼"用到了极致。然而最终结果却是，为获得资金，融资贸易商不顾市场实际需求，大量进口大豆，扰乱正常市场秩序，且一旦资金链断裂，就将陷入破产的困境。

　　在 2014 年大豆违约风波中，山东晨曦、山东昌华等明星企业纷纷倒在资金链上。以山东昌华为例，判决书载明在 2014 年 3 月 26 日、5 月 4 日、5 月 9 日、5 月 12 日和 6 月 10 日，昌华实业以购买棕榈油为由，提供购销合同、商业发票、提单，交纳相应保证金后，从中国进出口银行山东省分行开立信用证，分别套取资金 868.6728 万美元、493.68 万美元、959.76594 万美元、674.0625 万美元和 509.949 万美元，后来资金链断裂，通过进口押汇、进口押汇展期和向银行申请信用证垫款等操作，最终成为坏账。因犯信用证诈骗罪、贷款诈骗罪等，山东昌华实业发展有限公司董事长张某华最终获刑十八年。2016 年山东昌华破产重组，山东晨曦也在坚持了一年之后正式宣告破产，其关联企业永飞国际在大豆进口市场不见踪影，临沂盛泉油脂也已退出大豆主流进口市场。

　　在短期利益面前，国内很多实体企业往往不再关注主业本身，这使得很多知名企业只是昙花一现，很难持续做大做强。不论是点价交易、信用证融资还是套期保值，都是为主业服务的，没有主业做支撑的行为都是投机行为，短期辉煌势必为将来覆灭埋下伏笔。如果非得开展自以为赢利的商业活动，必须将主业和投机行为有效隔离，这样当投机行为失败的时候不至于殃及主业。

　　随着实体行业进入微利时代，商品价格波动风险成为企业经营过程中面临的最大风险。相对于大型企业集团，抗风险能力较差的中小企业在商品价格的暴涨暴跌中受伤最深，每一次剧烈波动都会让大批企业失去参与竞争的机会。大型企业集团利用其集中采购优势，采购成本原本就比中小企业低，而且它们还组建了专门的套保团队进行风险管理，如海大、嘉吉、中粮等饲料、粮油企业都在开展套期保值，中小企业的生存空间被进一步压缩。虽然很多企业主已意识到了风险管理的重要性，但受众多因素影响，在推进套期保值方面进展缓慢。

　　（1）思想上对期货工具有误解。历史上众多风险事故受到媒体的过度解读，个别报道偏离套期保值基本逻辑，在有些专家不符合常识的偏见等的影响下，企业主对套期保值的工具——期货产生误解，没有正确认识到它规避价格波动风险的核心价值，要么认为它是获取巨额收益的工具，要么对其敬而远之。

（2）缺乏未雨绸缪的前瞻性思维。在价格波动较为平稳的时候没有探索套期保值、储备人才的意识，而在价格波动剧烈时，在没有充分准备的情况下又急于开展，没有人才队伍做保障，没有系统体系做支撑，往往会以失败告终或者错失机会，而等风暴过后，又回到原点。

（3）未能将套期保值提升到战略高度。只要有价格波动风险，就有必要开展套期保值，它涉及采购、加工、销售等关键环节，已成为有些企业的基因。套期保值专业性极强，很难通过短期培训达到规范化运作的标准，需要有制度保障，各部门协调配合，还要有由分析、交易、风控等核心成员组成的专业团队运营。没有长期有效的数据积累、策略调整、业务磨合，很难开展符合企业实际需求的套期保值。

（4）主业是基石，舍本逐末式的投机行为只会带来毁灭。坚持主业的企业更容易做大做强，但很多企业朝三暮四，在阶段性暴利机会出现的时候，经常会抽调资金去赌一把，赚得有多嗨，摔得就有多惨，最终危及主业。套期保值也是一样，它只是企业管理风险的工具，对其期望不宜过大，任何想通过它赚取巨额收益的想法都会让企业陷入绝境。

（5）资金储备限制了发展。中小企业更容易处于资金紧张的困境，融资渠道单一，销售回款速度慢，客户破产导致应收账款成为坏账，资金挪作他用等因素都会造成现金流危机。套期保值会占用企业的资金储备，在套保过程中无法随时动用这笔资金，这就要求企业必须有稳定和充足的现金流做支撑，否则套期保值很难发挥作用。随着国内金融行业的进一步发展，企业融资环境有望改善，通过银行融资一般都需要担保或抵押，而通过债市、保理等渠道获取资金一般只是针对项目的融资，虽然对企业主体有一定要求，但更关注项目本身。通过发行企业债获得较低成本的资金虽然要求较高，但也不是没有可能，应收账款问题可以通过商业保理、应收账款保险、资产证券化等方式解决，唯独脱离主业的资金挪用无药可医。

（三）确保粮食安全，政府一直在行动

经历了大豆危机，国内相关部门和企业知耻而后勇，在确保国家粮食安全方面发挥了积极作用。

（1）在贸易领域，经过多年发展，国际四大粮商已变为包括中粮集团和丰益国际在内的六大粮商。

WTO 关于外资企业进入我国粮食流通领域的过渡期到 2008 年已经结束，也就是说从 2008 年开始，外资可以名正言顺地在国内从事粮食的收购、销售、储存、运输、加工、进出口等经营活动。

面对 ABCD 四大国际粮商的垄断优势，以中粮为代表的国内企业快速发展，

积极融入国际竞争大环境，形成了覆盖全球主要粮油产区、销区的粮油设施布局，拥有包括种植、采购、仓储、物流和港口在内的全球生产采购平台和贸易网络，在南美、黑海等全球粮食主产区和亚洲新兴市场间建立起稳定的粮食走廊，对玉米、小麦、大豆等粮食资源拥有全球配置能力，已成为疏通全球粮食供应链、维护全球粮食供需平衡的重要力量。

中粮集团业务遍及全球 140 多个国家和地区，在全球粮食核心产区拥有仓储、港口、物流设施等一批战略资源，50% 以上营收来自海外业务，成功迈入世界粮食市场中心，提高了中国在国际粮食市场上的话语权。《财富》杂志发布的 2020 年世界 500 强名单显示，依托于全球最大的农产品消费市场——中国，中粮集团已成为全球第二大国际粮商，仅次于美国最大的非上市公司嘉吉，丰益国际、ADM、路易达孚和邦基分列第 3～6 位。

（2）在压榨领域，国内粮油企业不断收复失地。

根据有关行业统计数据，2000 年至 2007 年，国内外资压榨产能占比从 9% 迅速攀升到 48%。面对行业产能严重过剩、内资企业压榨能力与实际压榨量不断萎缩、大豆进口依存度过高、自主创新能力弱的情况，国家发改委在 2008 年发布《关于促进大豆加工业健康发展的指导意见》，对外资加以限制。但是在 2014 年的第二次大豆危机中，中国很多民营企业自作孽，丧失了绝佳的反击窗口期，唯独以中粮为代表的国营粮油企业通过自建、兼并等方式获得了长足进步，已成为守护国内油脂行业的排头兵。2022 年 1 月中粮官方网站显示，中粮油脂旗下共有 30 家生产企业，年油料加工能力 2035 万吨，比 2008 年时的 486 万吨增长 4 倍多；中储粮官方网站显示，组建于 2008 年的中储粮油脂公司年油料加工能力 783 万吨；北大荒全资子公司九三集团年大豆加工总能力 1200 万吨。2019 年的数据显示，我国大豆压榨产能达到 15266.4 万吨，中粮、中储粮和九三集团三家国有油脂企业压榨能力占比超过 26%。

（3）在种植方面，2019 年中央一号文件明确提出"大豆振兴计划"，农业农村部制定实施《大豆振兴计划实施方案》。

中国作为大豆的原产地，已经有 4700 多年的种植史，在 1995 年前是大豆净出口国，之后，随着国内需求的快速增长，受限于国内人多地少、优先保障口粮安全的基本要求，大豆生产并没有受到重视，国产大豆自给率越来越低。1994 年，美国孟山都公司推出了转基因抗除草剂大豆，成为最早获准推广的转基因大豆品种，目前转基因大豆已经占了全球大豆总种植面积的 70% 以上，其中主要代表国家是美国、巴西、阿根廷。规模化、单产高等因素使得国外大豆价格低廉，加上转基因大豆更受油厂偏爱（转基因大豆的出油率可以达到 19%～22%，出粕率 78%～79%，而国产非转基因大豆的出油率为 16%～17%，出粕率为 79%～80%），故对国内造成倾销之势。

大豆产量和种植面积自 2015 年起稳步增加。根据农业农村部于 2021 年 4 月发布的月度《农产品供需形势分析》，2020 年产量 1960 万吨，种植面积 988.2 万公顷，而 2015 年产量为 1161 万吨，种植面积 659 万公顷，单产从 1762 千克/公顷提高到了 1983 千克/公顷。但是 2021 年因玉米价格飙升，农民种植大豆的积极性下降，种植面积锐减近 150 万公顷，与 2018 年持平，产量也减少约 300 万吨，至 1640 万吨。在 2021 年底举办的中央农村工作会议中，明确要求"扩种大豆和油料"。

为了解决作物争地问题，2022 年 1 月份农业农村部组织编发了大豆玉米带状复合种植指南，正在大力推广"大豆玉米带状复合种植技术"。四川农业大学教授杨文钰及其团队是该技术的创始团队，杨文钰介绍，如果对 80% 的现有玉米种植面积进行带状间套种植，可多产大豆 5544 万吨；即便只有 50%，也可多产大豆 3465 万吨。2022 年将在全国 16 个省份推广该模式 1500 万亩以上。

产量增加离不开良种，2020 年中央一号文件中首次提出"打好种业翻身仗"。自 2014 年以来，农业农村部集成育种全链条要素资源开展大豆良种联合攻关。根据 2019 年的媒体报道，中国工程院院士、大豆育种专家盖钧镒说，近 3 年来全国共审定大豆品种 492 个，包括 10 多个亩产超 400 斤、10 多个蛋白质含量超 43%、20 多个含油量超 22% 的优质品种。目前，大豆良种联合攻关取得明显成效，建立了公益性大豆育种平台，大豆种业基础有了明显提升。

（4）在风险管理领域，我国已拥有成熟的风险管理工具和平台。

1990 年 10 月，郑州粮食批发市场经国务院批准正式成立，标志着中国商品期货市场的诞生。在经历了野蛮发展、治理整顿和规范发展几个关键阶段后，国内期货市场发展迅速，逐渐成为全球最大的商品期货交易市场和第一大农产品期货交易市场。根据 Futures Industry Association（FIA）统计的全年成交量数据，2021 年郑商所、上期所、大商所和中金所在全球交易所期货和期权成交量排名中分别位居第 7、8、9 和 27 位。在 2021 年全球农产品成交量排名中，中国品种包揽前 11 名，在前 20 名中占有 15 席。

近年来，大宗商品期货品种越来越丰富，涵盖了农林生鲜、金属、能化等几乎所有大宗商品产业链。根据中国期货业协会的数据，截至 2021 年底，中国期货与衍生品市场上市品种数量达到 94 个，其中商品类 84 个（期货 64 个、期权 20 个），金融类 10 个（期货 6 个、期权 4 个）。2017 年 3 月 31 日，国内首个商品期权——豆粕期权在大商所挂牌交易，开启了国内期权品种的序幕，目前已上市交易 24 个期权，成为风险管理领域不可或缺的工具。

以商品期货交易所为平台，全产业链期货、期权品种为工具的风险管理体系日臻成熟，对"精准扶贫""乡村振兴"历史伟业有巨大贡献，对维护国家粮食安全将发挥越来越大的作用。

第二章　失败案例分析

只要有价格波动风险，就需要进行价格波动风险管理。但是，在风险管理过程中，各参与主体对如何开展风险管理有不同的理解，结果有人成功有人失败，失败者甚至已没有继续参与市场游戏的资格。

有人说"失败的人各有各的失败，但成功的人都有共性"，也有人认为"成功很难找到太多的共性，但是失败却有很多共性"。第一种观点主要来自成功学大师们，更能被大众所接受，这也是他们的卖点。他们将成功者的共性放大，让更多人向成功者学习，但是人性的贪婪和恐惧最终摧毁了跟随者。第二种观点更加务实，却很少被大众所接受，一夜暴富的心态让更多人抛弃了这种思维，只有务实者会小心翼翼地避开前人的"坑"，逐步走出属于自己的道路。常言道："失败乃成功之母。"不失败不代表一定成功，但是能够增加成功的几率，不至于一败涂地。

价格波动风险管理的工具——套期保值是把双刃剑，用好了可以帮助企业稳健经营，用得不好会带来灭顶之灾。近几年随着期货品种越来越齐全，期权等风险管理工具相继面世，越来越多的实体企业开始通过期货市场管理价格波动风险并取得了很好的成绩，但是更多企业依然徘徊在套期保值的门外，看到的、听到的风险事故让决策层备感不安。

随着市场竞争的日趋激烈，"撑死胆大的，饿死胆小的"的时代已一去不复返，未来比拼的将是风险管理能力。商品价格波动剧烈是客观现实，实体企业开展套期保值是大势所趋，为了让各实体企业决策层、从业人员在开展套期保值时少走弯路，避开前人已经蹚过的"雷"，我们特意从媒体公开报道中选取具有代表性的一些失败案例，穷究其失败原因，最终汇总为几条简明扼要的风险点，作为正式开展业务时的重要参考。

需要说明的是，笔者参阅了不少研究报告，对最后两个案例的分析，笔者认为其他分析报告失之偏颇，它们更多的是将矛头指向了期货和期权本身，正如一把菜刀，有人用来做美食，有人却拿来行凶一样，错误不在菜刀本身，所以笔者重新解读了这两个案例，站在期货和期权原理的角度详细分析了导致事件发生的核心原因。

本章会涉及一些专业术语，如果读者发现阅读有困难，建议先阅读第四章基础知识的内容，再回来阅读本章内容。

第一节　失败案例一：巴林银行破产

巴林银行（Barings Bank）创建于 1763 年，素以发展稳健、信誉良好而驰名。由于经营灵活变通、富于创新，巴林银行很快就在国际金融领域获得了巨大成功。截至 1994 年税前利润高达 15 亿美元，其核心资本在全球 1000 家大型银行中排名第 489 位。然而，这样一个金融巨头在 1995 年 2 月 26 日破产了，以 1 英镑的象征性价格被荷兰国际集团（ING）收购。导致其破产的关键人物是 Nick Leeson（尼克·李森）。

一、事件回顾

Nick Leeson 于 1989 年到巴林银行工作，时任新加坡分行期货与期权交易部门总经理。巴林银行原本有一个 "99905" 的错误账户，专门用于处理交易过程中因疏忽造成的错误，这本是金融体系运作过程中常备的错误账户。1992 年夏天，伦敦总部要求 Leeson 另设立一个 "错误账户" 记录较小的错误，并自行在新加坡处理，以省却伦敦总部的麻烦，于是 Leeson 又设立了一个 "88888" 的错误账户。几周后伦敦总部换了一套新的电脑系统，要求新加坡分行用原来的 "99905" 的账户与伦敦总部联系，而已经建立的 "88888" 账户却未被撤销，这个账户就成了 Leeson 赔钱的 "隐蔽所"。

（一）"88888" 账户成为掩盖错误的保护伞

1992 年 7 月 17 日，一名交易员犯了一个错误：当客户要求买进 20 手日经指数期货合约时，交易员却卖出了 20 手。该错误当晚清算时被 Leeson 发现，以当日收盘价计算已亏损 2 万英镑，要纠正错误需买回 40 手合约。在种种考虑下，Leeson 决定利用 "88888" 账户掩盖错误。

1993 年 1 月交易员买进 100 手本应卖出的期货合约，这笔交易也被记录在 "88888" 账户上，当天损失高达 800 万英镑。此后，类似的失误都被记入 "88888" 账户。Leeson 不想将这些失误泄漏，但账户里的损失额像滚雪球一样越来越大。为了躲过伦敦总部的内部审计，应付新加坡证券期货交易所追加保证金的要求，弥补这些错误成了 Leeson 的必然选择。

（二）加大赌注，铤而走险

为了赚钱弥补损失，Leeson 承担了愈来愈大的风险，他从 1992 年开始卖出大量日经指数的 Straddle 组合期权。期权结构如图 2 - 1 所示。

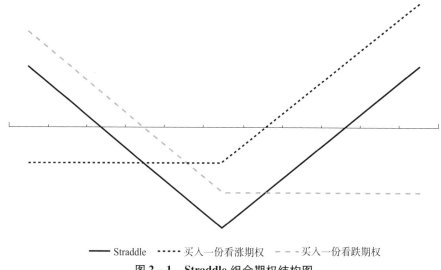

——— Straddle　　······ 买入一份看涨期权　　- - - 买入一份看跌期权

图 2 - 1　Straddle 组合期权结构图

该期权结构在国内被称为"跨式期权"，属于普遍使用的趋势型期权组合，当价格剧烈波动时不会错过获利机会，但是当走势平稳时，会损失权利金。Leeson 在一段时间内做得极为顺手，到 1993 年 7 月，"88888"账户中已略有盈余。

然而 Leeson 并未就此罢手，截至 1994 年 7 月，"88888"账户的损失已高达5000 万英镑。此时 Leeson 已变成一个赌徒，他一边将巴林银行存在花旗银行的5000 万英镑挪用至"88888"账户，一边造假蒙蔽巴林银行的审计人员。从 1994年底开始，Leeson 认定日经指数会上涨，大量购买日经指数期货，然而 1995 年 1月 18 日，日本神户大地震，日经指数在一周内下跌了 7%，Leeson 在日经指数上的多头头寸亏损巨大。此时 Leeson 试图以一人之力将市场扳回，购买了更为庞大的多头头寸，并卖空日本政府债券期货合约。1995 年 2 月 10 日，Leeson 持有新加坡期货交易所交易史上创纪录的数量——55000 手日经期货多头合约及 2 万手日本政府债券空头合约。

（三）百年大行，毁于一旦

1995 年 2 月 23 日，Leeson 试图影响市场走向的努力彻底失败。日经指数暴跌，Leeson 留下 8.3 亿英镑（约 14 亿美元）的亏损，是当时巴林银行资本金的两倍，巴林银行被迫宣布破产。

二、风险管理问题分析

巴林银行倒闭暴露了巴林银行内部管理制度和体系存在大量问题。

（一）管理层的失职

早在 1994 年末和 1995 年初，新加坡国际金融交易所就发现新加坡巴林期货公司的交易中存在若干异常，并向巴林集团提出了一些关于新加坡巴林期货公司的征询。这原本是发现 Leeson 违规活动的机会，但管理层并未独立地详细了解整个事件，就在 Leeson 草拟的回复新加坡国际金融交易所征询交易活动的复函上签字了。

（二）松散的内部控制

内部控制是风险控制的核心，而巴林的内部控制却形同虚设。据报载，在 1995 年 2 月 26 日悲剧发生之前，巴林银行的证券投资已暴露出极大风险，但竟未引起该行高级管理人员的警惕。巴林破产后不久，该行高级主管人员表示对 Leeson 在新加坡的所作所为一无所知，因为直到 Leeson 逃跑的 1995 年 2 月 23 日，公司的风险报告仍然显示交易平衡。

（三）职责不明

巴林银行最惨痛的教训在于未实现前台业务与中后台业务的有效隔离。所谓前台业务，主要指交易业务；所谓中后台业务，主要包括结算、稽核、业务准入等。在巴林新加坡分部，Leeson 本人就是制度，Leeson 一直既是前台的首席交易员，又是后台的结算主管，这两个至关重要的岗位都由 Leeson 一人把持，为其越权违规交易提供了方便。虽然公司总部对他的职责非常清楚，却并未采取任何行动，生怕因得罪他而失去了这个"星级交易员"。这种做法必然导致对风险因素和稽查工作的忽视，造成严重的风险隐患。

（四）内外部审计问题

对于从事多种业务的金融机构而言，必须建立一个统一的内部审计部门对整体业务进行监督检查。巴林银行设有审计部门，但由于内部审计机构与管理层、外部审计机构缺乏有效沟通，内部审计效果不佳。1994 年 8 月，当内部审计人员指出该期货部门没有实行岗位制约的严重性时，巴林银行集团高级领导层漠然视之。在长达几年的时间里，内审部门没有发现该公司长期以来使用"88888"账户进行越权违规交易以及严重亏损的问题。

（五）缺乏专门的风险管理制度

缺乏专门的风险管理制度是 Leeson 能够顺利从事越权违规交易的主要原因。由于缺乏专门的风险管理制度，巴林银行总部未对 Leeson 投资的资金去向、资金用途进行审慎审查，风险控制部门没有控制前台的交易头寸，未采用有效的风险评估方法和风险限额管理措施，导致该银行的百年基业最终坍塌。

第二节　失败案例二：德国金属公司

德国金属公司（Metallgesellshaft，MG）成立于 1881 年，是德国最大的工业公司之一，是一家已有百年历史的老牌工业集团，其股东包括德意志银行、德累斯顿银行、戴姆勒奔驰、安联、科威特投资局等大型公司和金融机构。德国金属精炼和营销公司（MG Refining and Marketing，MGRM）是 MG 在美国的分支机构，负责炼油与油品营销事务。

1993 年，德国金属公司因投机石油期货交易亏损达 13 亿美元，一时轰动全球。

一、事件回顾

（一）MGRM 的市场运作

MG 希望在美国建立一个上下游一体化的石油公司，寻找稳定的原油供应商，并在市场上与美国的油品零售商（客户）建立长期供应关系，从而达到开拓美国市场、获取盈利的目的。

首先，MGRM 取得了美国一家石油开采公司（Castel Energy）49% 的股份，并与其达成协议，以浮动价格购买从 1993 年以后十年的炼油产品，平均每天12600 桶。同时 MGRM 还准备了基础设施，通过物理储藏手段来储存和运输各类石油产品。

1993 年，MGRM 出售了大量远期供货合同，合同基本内容是：未来 5 至 10年以固定价格向需求方供应原油和汽油，固定价格比合约协商时的现货市场价格每桶高 3～5 美元。此外，远期供货合同还给了对方在现货价格上升到合约规定的固定价格之上时以现金结算的期权，具体规定为：当客户选择执行期权，放弃未来的供应合同时，MGRM 支付近期月份原油期货价格和合同规定的供应价格之间价差的一半。比如，合同价格为 18 美元，几个月后，近期月份期货价格上升到 22 美元，对方可以要求 MGRM 终止合同，由 MGRM 支付 2 美元的差价，实际支付 20 美元。

多数远期供货合同是在 1993 年夏天石油价格低迷（17～19 美元/桶）并且继续下跌时商定的。终端用户认为这是锁定低价以保障未来供货的好机会，因此愿意支付 3～5 美元的溢价，幅度为 20% 或更多一些。就这样，MGRM 陆陆续续签订了约 1.6 亿桶原油和汽油供应合同，合同总价值为 40 亿美元。

不难理解，固定价格远期交割使得 MGRM 面临油价上涨的风险，如果价格上涨 3～5 美元，溢价就会被吞噬；一旦价格上涨得更多，会导致巨额亏损，因此公司决定运用石油期货和互换进行避险。如果 MGRM 能够成功地规避价格风险，将可能产生 6 亿美元以上的利润（4 美元/桶×1.6 亿桶）。

（二）MGRM 采取的避险方案

MGRM 和客户的合同期限过长，而纽约商品交易所的期货合约最长只有 36 个月，且远期的期货合约流动性很差，因此 MGRM 交易的多数是近月期货合约。在这种情况下，MGRM 不得不采用展期策略来应付：一开始持有较近月份合约的多头，随着交割日的来临，将这些头寸平仓的同时再买入后面的合约，如此往复移仓，延续到远期现货交割日。然而，这种展期策略只有在近期石油期货价格等于远期期货价格的情况下才是没有成本的；如果近期合约价格高于远期合约价格，展期方式将会产生额外盈利，因为此时可以高价卖出要到期的合约，然后低价买入延期的期货合约；如果近期合约价格低于远期合约价格，展期就会引起亏损。从历史上看，石油市场在大多数时间内近期价格高于远期价格。因而，从概率的意义上讲，MGRM 通过展期获得额外利润将是大概率事件。历史数据提供了对预期展期盈利的合理支持，MGRM 通过期货市场和互换交易进行保值。在期货市场上，到 1993 年第四季度，MGRM 持有的期货多头头寸为 5500 万桶；而在互换方面有 1 亿～1.1 亿桶，互换的对方都是包括各大银行在内的大的互换交易商。

（三）危机与结局

由于石油输出国组织未能在减产问题上达成一致，原油价格一路下滑。1993 年末，石油现货价格从 6 月时的每桶 19 美元下跌到 15 美元，价格下跌导致 MGRM 的多头头寸产生了大量的亏损。尽管这一损失可以用远期现货合同的账面盈利抵消，但远期现货的盈利必须到交割时才会兑现，远期现金流无法当期实现，MGRM 不得不在期货上追加大量保证金。

1993 年 12 月初，纽约商品交易所鉴于 MGRM 的头寸过大（最高峰的时候，MGRM 的期货购买量达到了纽约商品交易所原油期货总持仓量的 20%），决定取消 MGRM 的"套期保值优惠"，将保证金提高一倍。尽管 MGRM 在现货市场上仍有大量潜在利润，但难以变现，此时公司面临着严峻的现金流危机。母公司

MG 监事会认为亏损是由大量投机造成的，经过讨论后决定进行清算，将 MGRM 的石油期货平仓，并且通过支付违约金的方式解除了远期供货合同。据当时的报告，MGRM 在期货和互换上损失高达 13 亿美元，又花费 10 亿美元与 Castel Energy 解约。这些损失额超过了 MG 的一半资本，一项来自 150 家国际银行的 19 亿美元拯救计划才使 MG 不致破产。

二、风险管理问题分析

MG 巨额亏损的原因与市场因素直接相关，如石油输出国组织未达成协议，使石油价格在短时间内下跌等，这些因素很难被公司提前预料到；也与交易制度有关，忽视了交易所提高保证金比例带来的现金流紧张问题。套保从业人员在设计套保方案时，必须将可能出现的情况全部考虑进去，对最坏的情况进行压力测试，从而确定头寸规模、持仓比例、风控等诸多要素。在制订方案后，还必须得到决策层的认可和支持，才能开始严格按照既定策略开展业务。

（一）超长期限的套期保值本身就是投机

展期利润的存在，使得本案例中的套期保值与投机并没有本质上的区别，MGRM 公司持有的巨额多头头寸无疑有投机之嫌。MGRM 在发生行情变动后不及时调整持仓结构，一厢情愿地相信原油期货长期呈现的大概率事件，将赌注押在展期利润上，然而事与愿违。

（二）对风险的准备不足

在保值期内期货价格可能会出现短暂的剧烈波动，若备用金不足，就有可能面临追缴保证金的风险。1993 年底世界能源市场低迷、石油产品价格猛烈下跌时，用于套期保值的多头短期油品期货合约形成了巨额的浮动亏损，按期货交易逐日盯市的结算规则，MGRM 必须追加足额保证金。此外，为了降低出现违约的风险，纽约商品交易所将石油产品期货合约保证金加倍，使 MGRM 骤然面临更为巨大的压力。

同时，MGRM 的 10 年远期合同存在油价下跌时交易对手违约的风险，因为现货合同并不透明，天然具备较高的履约风险，当 MGRM 的期货头寸出现巨额亏损时，即使持有的远期合约有较大的潜在利润，MGRM 也无法以该远期合同为抵押来获取贷款，支付急需的保证金。

（三）策略未得到决策层认可，既定策略未得到严格执行

从事后看，MG 监事会当时做出了最糟糕的决定。自 1993 年 12 月 7 日清盘

到 1994 年 8 月 8 日，原油价格从 13.90 美元/桶上涨到 19.40 美元/桶，清盘发生在最不理想的时刻。同时，清盘计划不仅放弃了远期供货合同的未实现盈利，还多赔了一大笔违约金。如果不清盘，将计划继续执行下去，最终不但不会亏损，初始目标还有可能实现。

事实上，MG 并不缺乏资金。MG 在 48 家银行中还有未曾动用的 15 亿马克的信用额度。另外，1993 年 12 月，MGRM 还可以将远期供货合同证券化后获得融资。最后，MG 的大股东是德国两家最大的银行，它们有资金可以支持一个被认为是合理的策略，而且拥有了解这个策略所需要的内部渠道。远期供货合同对不知情的外部信贷提供者来说是不透明的，但对于知情人士是透明的。造成当时结果的原因只有一个：MG 的高级管理层认为套期保值策略是不合理的，认为 MGRM 的管理层是不称职的。可见，参与套期保值时与决策层沟通并得到支持是多么重要。

（四）忽视了自身体量对市场的影响

向一碗水里扔进一颗石头和一粒尘埃对水的影响是不同的，MGRM 是一颗石头，却自认为是一粒尘埃。MGRM 采用展期方式对超长期限合同进行避险的假设条件是：从历史上看，石油市场在大多数时间内近期价格高于远期价格，站在概率的角度，MGRM 通过展期获得额外利润是大概率事件。按照这一假设制订交易策略本身是符合逻辑的，但是 MGRM 持有期货和互换头寸的总量相当于科威特 85 天的石油产量，MGRM 的买入量如此之大，直接改变了市场方向，也改变了大概率本身。MGRM 的大量多头持仓是市场所预期的，这造成对冲基金蜂拥而至，当 MGRM 移仓时，下一个期货合约的价格已经远高于当前合约的价格。这个价格差异如此之大，按照合约数量估算，不计石油实际价格涨跌，光是移仓的损失就高达数亿美金。

第三节　失败案例三：日本住友商事巨亏

以家族财阀为中心的三井、三菱、住友、安田四大财团是日本最早形成的四大垄断财团。如今，三菱、三井、住友、富士（芙蓉）、第一劝业银行、三和等六大垄断财团掌握着日本的经济命脉，控制着日本的大量公司。住友集团是日本最古老的企业集团之一，拥有 400 多年历史。早在 16 世纪时，住友家族因在四国岛上经营一座铜矿而日益发展壮大。如今的住友财团是日本一家集金融、贸易、冶金、机械、石油、化工、食品和纺织为一体的超大型集团。在冶金方面，财团通过控股或参股等形式在全球拥有众多矿山和冶炼厂。住友商事是住友财团的核心企业，主要从事金属、机械、石油、化工、食品及纺织等领域的国际贸易活动，是日本四大贸易商之一。住友商事有着几百年做铜生意的经验，很早就参与伦敦金属交易所的金属交易，在伦敦金属交易所的期铜交易上有很大影响力。

1995 年，住友在全球的总销售额超过 1468 亿美元。1996 年 6 月，住友家族面临着历史性大灾难，而这一灾祸又恰恰是由曾给住友家族带来滚滚财源的法宝——铜闯下的。肇事者是有色金属交易部部长、首席交易员滨中泰男。

滨中泰男于 1970 年进入住友商事；1975 年开始涉足铜的交易；1987 年在住友商事有色金属交易部担任铜交易团队的负责人，负责住友集团在现货和期货市场上的交易。20 世纪 80 年代末和 90 年代初，作为住友商事首席铜交易员的滨中泰男曾控制着伦敦金属交易所铜交易量的 5%，在圈内被称为"百分之五先生"和"铜先生"。这个绰号不仅反映了住友的买卖决策对国际铜市场所造成的重大影响，也突显了滨中泰男在国际铜市场上的地位。

然而，在滨中泰男成为铜交易团队负责人前后的几年里，住友商事不仅在铜现货市场上失利，在铜期货市场上的投机也有很大亏损。住友商事并没有授权滨中泰男在铜期货市场上做投机交易，滨中泰男想方设法将他在铜期货投机中的亏损隐瞒了下来，并且在后来采取了更加大胆的投机策略。可能谁也没有想到，滨中泰男后来会犯下如此"前无古人"的超级失误。在他给住友商事带来高达 40亿美元的损失后，人们已完全改变了对他的看法。住友商事总裁秋山富一不得不承认重用滨中泰男是一个错误，并宣布解除滨中泰男的职务。

一、事件回顾

（一）序幕：笑傲江湖

20 年来在期货市场博弈中取得的经验，再加上住友的实力和在铜市中的影响力，使得滨中泰男雄心勃勃，试图通过操纵市场来获取暴利。从 1991 年开始，滨中泰男在伦敦金属交易所就有伪造交易记录、操纵市场价格的迹象，曾数次收到交易所的警告，但都没有受到总部处理。

滨中泰男在期铜交易中持有的是多头头寸，即大量买进期铜合约，试图在铜价上涨时获利。然而，滨中泰男的交易并不局限在交易所内进行，1993 年年底至 1994 年 6 月 15 日，他还越权参与场外期权交易，私自与美国一家公司签订了6 份合同，合同约定，滨中泰男必须在 1994 年每月从该美国公司购买约 1 万吨铜，在 1995 年和 1996 年每月从该美国公司购买 3 万吨铜等，这些合约涉及的铜交易总数约达 120 万吨。这些合同关于交易价格的设定比较复杂，每一份合同都预先设定一个价格，称之为最低价格，如果在实际交割时市场价格高于此最低价格，则美国公司将以低于市场的价格打折卖给滨中泰男一定数量的铜，并约定其折扣为市场价格与最低价格之间价差的30%。简言之，合同对于交易价格是这样规定的。

如果市场价格低于最低价格：

$$交易价格 = 最低价格$$

如果市场价格高于最低价格：

$$交易价格 = 市场价格 - (市场价格 - 最低价格) \times 30\%$$

在第一种情况下，按高于市场价的价格结算，所以对于买方来讲，将会有亏损；在第二种情况下，交易按低于市场价的价格结算，所以对于买方来讲会有盈利。

这种合同其实是一种结构性的金融衍生品，相当于期权的一种组合：卖出了一个铜的看跌期权，同时购买了0.3个铜的看涨期权，两种期权的行权价格和到期日都一样，且它们的行权价格等于合同设定的最低价格。因此，滨中泰男在订立这一合同的时候可以收到一个看跌期权的期权费，同时支付0.3个看涨期权的期权费。一般来讲，一个看跌期权的期权费并不等于0.3个看涨期权的期权费，它们之间的差价取决于行权价格，即合同最低价格。最低价格设得越高，则看跌期权的期权费上升，而看涨期权的期权费下降；相反，最低价格设得越低，则看跌期权的期权费下降，而看涨期权的期权费上升。所以，可以通过在合同中设定适当的最低价格使期权组合不需要占用任何资金。但是，滨中泰男在此做了违规操作：没有向公司说明这个最低价格是如何确定的。

上述分析表明：滨中泰男交易的是一个零成本的卖出看跌期权和买入看涨期权的投资组合，其卖出与买入的比例是1:0.3，损益如图2-2所示。

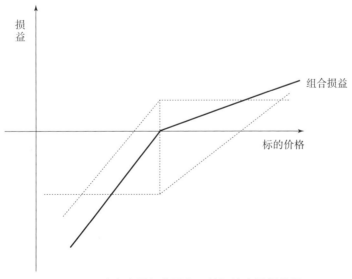

图2-2　滨中泰男与美国公司签订的合同损益图

（二）中场：逆市出现，以身试法

1995 年以来，随着铜产量的大幅增加，国际铜价格一路下跌。1995 年 1 月 20 日国际铜价还高达 3075 美元/吨，到 1996 年年初却跌至 2600 美元/吨以下。铜价的连续下挫开始吞噬滨中泰男在期铜上的多头头寸原有的盈利。然而，面对逆市他不但没有减少头寸，反而试图利用住友商事的雄厚财力操纵市场：拉高现货价格，从而带动期货价格，对空头形成挤压，希望逼迫空头止损离场，来达到自己全身而退的目的。从 1995 年夏天开始一直到 1996 年春天，滨中泰男试图控制伦敦金属交易所的全部现货铜，以此造成铜的供应紧缺，从而拉高期铜价格。在 1995 年下半年，他多次买进伦敦金属交易所铜的库存，使伦敦铜期货市场处于现货升水的状态，远期价格大大低于近期价格。同时，滨中泰男继续买入大量期货多头头寸，导致期铜各月合约之间出现不正常价差。

（三）结局：罔视法规，玩火自焚

凭借住友商事的实力，滨中泰男确实在一定时期内操纵了期铜的价格，有效降低了亏损，但是这么做却要冒更大的风险，因为恶意操纵市场是违法的。1995 年 10 月，期铜各月合约之间的不合理价差引起了英、美两国证券期货监管部门的共同关注，并对每个客户在各个合约上所持有的头寸及交易所仓库的所有权进行了详细的调查，滨中泰男企图操纵市场的行为逐渐暴露。随后，伦敦金属期货交易所专门成立了一个由行业著名律师和资深监管人员组成的特别委员会来处理此案。

滨中泰男未经授权参与期铜交易的丑闻很快被揭露，这诱发了大量恐慌性抛盘，让本来处于熊市的铜价雪上加霜，铜价在几周内下挫超过 25%。1996 年 6 月 24 日，住友商事宣布巨额亏损 19 亿美元并解雇滨中泰男。经过从 1996 年 5 月 31 日开始的 34 个交易日，伦敦交易所铜的价格由 2712 美元/吨跌到 1740 美元/吨，住友商事亏损 26 亿美元，但由于滨中泰男的许多多头持仓尚未平仓，住友商事在此后恐慌抛盘，导致亏损进一步扩大到 40 亿美元。丑闻披露后，住友商事卷入了一系列诉讼案，最终于 1998 年赔偿美国和英国政府 2.5 亿美元后，英美两国解除了对其操纵铜价的指控。受该事件影响，期铜指数进一步下跌，受住友事件影响倒闭的公司不计其数。

随后，住友商事起诉欧洲最大的银行瑞士银行和美国的大通曼哈顿银行，指控它们为该公司首席铜交易员滨中泰男未经授权的交易提供融资。住友商事当时在诉讼中称，瑞士银行和大通曼哈顿银行通过安排贷款帮助滨中泰男隐藏亏损，因而使其得以操纵市场。住友商事的诉状要求瑞士银行赔偿 279 亿日元。2006 年 4 月 7 日，瑞士银行表示同意支付住友商事 100 亿日元，以了结 10 年前由臭名昭著的"铜先生"遗留下来的诉讼案。

滨中泰男造成的损失超过了历史上包括巴林银行在内的所有衍生品交易事件产生的损失,而他自己也因伪造交易记录、操纵市场价格等罪行被判入狱 8 年,成为当时史上受罚最重的交易员。

二、风险管理问题分析

笔者一直认为,员工一般不会心怀恶意地去损害自己就职的企业,滨中泰男虽然在交易市场上狂傲自负、蔑视法规,但是并没有故意要为企业带来巨亏的恶意想法,主要是因为不容名誉受损、期望侥幸翻盘等心理而越陷越深,最终带来灭顶之灾。强有力的制度约束,会让从业人员心怀敬畏,不敢以身犯险,能够将危机扼杀在萌芽状态。

第三章　致决策层

我们不应该将期货和期权妖魔化，但也不能抱有不符合基本原理和逻辑的期望。希望通过前面两章的介绍，能够让企业主正确认识套期保值并正确定位其价值，意识到风险管理的必要性和开展套期保值的规范性，让从业人员时刻警惕发生风险事故的可能性，不管多出名的从业人员，都要严格遵守规章制度和交易纪律。

本章主要是对企业决策层的建言献策，只有决策层在战略高度把握风险管理业务的运作模式，从业人员才能更顺利地为企业创造价值。

我们都知道，商品价格波动是客观现象，由供给和需求的关系决定。当价格波动会给企业带来风险的时候，就有必要管理商品价格波动风险了，这也是期货出现的现实需求。但是管理商品价格波动风险却是极其专业的，在决策层正确认识并设定合理预期的基础上，专业人员才能在制度约束下持续开展工作。

风险管理是个系统工程，只有将它提升到战略高度，才能有效发挥作用，制度、分析、交易、风控缺一不可：首先需要有制度建设，完善的制度有助于合规有序地开展业务，防止发生风险事故；其次，要有动态成熟的分析研究体系，这部分内容最重要，要求也最高，根据分析逻辑和结论制定符合企业实际情况的套保策略，是业务成功的关键；第三，交易主要关注买卖的时机，对交易员的核心要求在于严格执行交易计划；最后，结算、风控措施的有效配合可以杜绝交易员的侥幸和赌徒心理，规避不必要的风险。

开展套期保值就好比上战场，要有相应的战略战术作指导，必须经过兵力招募、战力训练、沙盘推演，在弹药粮草充足的情况下，才能上战场。

一、从战略高度看待套期保值的必要性

企业是否有必要开展套期保值，需要根据所处行业、市场、自身条件等因素确定。对于原料或成品价格波动剧烈的行业，管理价格波动风险的能力已成为检验企业稳健经营水平的关键指标。

很多行业管理风险，更多的是被逼无奈，行业天翻地覆的变化主要是由价格波动引起的。熟练使用套保工具的企业显得游刃有余，它们锁定了既定成本与利

润，只赚取该赚取的收益，"管他风吹雨打，我自闲庭信步"。而很多原本比较舒服的行业，对风险管理的需求就不那么强烈，但是从长远考虑，需要有忧患意识，为什么要等到现实狠狠地扇一巴掌后才开始痛定思痛？

价格波动风险会造成行业挤出效应，这在 2004 年大豆危机中展现得淋漓尽致。有能力管理价格波动风险的企业，即便规模有限，也能迎头赶上，而没有能力的企业，即便处于领导地位，也有可能被赶超甚至淘汰。据统计，全球 500 强中超过 95% 的企业都在使用套保工具进行风险管理，其中涉农企业尤其是粮油相关企业全部都在使用套保工具。

观察国内套期保值的发展历程，我们得出了一个重要结论：套期保值不是企业要不要参与的问题，而是怎么参与的问题。

二、正确认识套期保值

让企业成长壮大的是时间和复利，而非短期暴利。短期暴利很诱人，但是蕴藏着巨大风险，一不留神就会带来灾难。可悲的是，很多企业都被这种短期暴利所毁灭。鱼和熊掌不可兼得，在暴涨暴跌中火中取栗和长期稳定获利本就是势不两立的矛盾体。

作为商品的供应方，最担心的是商品价格下跌导致利润减少甚至亏损，所以需要转移价格下跌风险。选择转移风险，就意味着放弃了价格上涨的获利机会；反之，期望通过价格上涨获利，就必须接受价格下跌的风险。与之相对应，商品需求方最担心的是商品价格上涨导致成本增加甚至亏损，所以需要转移价格上涨风险，同时也就意味着放弃价格下跌后成本更低的采购机会；反之，期望价格下跌使成本更低就必须接受价格上涨的风险。

套期保值就是企业转移价格波动风险的工具，能够为企业合理安排生产、制订销售计划提供保障，是企业在冲锋陷阵时的铠甲。它的最大功能是平滑企业利润率曲线，确保企业稳健经营。企业通过稳健经营赚取相对稳定的收益，稳定的收益进一步保障企业正常运转，这种良性循环让企业保持活力和竞争优势。相比其他企业，这种企业抗风险能力更强，当行业出现周期拐点的时候，可以快速弯道超车。

三、对套期保值设定合理预期

很显然，套期保值无法为企业创造直接利润，它只是管理价格波动风险、为企业稳健经营保驾护航的工具。

打个不太恰当的比喻，它不是灵丹妙药，绝对不能包治百病，充其量就是个保健品。对于生命垂危的人来说，用保健品是治不了病的，但是对健康的人，配合其他健康习惯，使用保健品倒是有可能延年益寿。

它只能做到锦上添花，可以规避价格波动风险，让企业利润率曲线平滑化，对于企业持续平稳发展有重要价值。

它无法雪中送炭，还有可能落井下石，因为它必然会占用企业资金。在企业现金流并不宽裕的情况下开展套期保值，会让本就紧张的现金流雪上加霜，而且，没有稳定的资金进行操作，再好的机会也会错过。因此，只有在企业正常经营、现金流稳定的情况下，才能开展套期保值。当现金流出现危机，影响到企业正常运转的时候，首先需要确保企业的正常运转，利用套期保值获取暴利来补充企业资本的想法是非常危险的，蕴藏着巨大风险，稍有不慎，企业将陷入绝境。

四、切实可行的制度是基础

制度建设是必不可少的一环，可以防范重大风险事故的发生，是规范发展的依据，使套期保值的审慎运营成为可能。

制度不能流于形式，必须要在制度的约束下明确相应的组织职能，相关岗位必须尽职尽责，相关操作必须完整留痕，相关流程必须经得起检验。只有各岗位各司其职，有组织、有监督、有考核，才能规范发展并发挥作用。

五、期现货统一核算是核心原则

简单地说，套期保值就是采用期货工具，通过期货市场的盈利弥补现货市场的亏损，或者通过现货市场的盈利弥补期货市场的亏损，以达到锁定成本、锁定利润的目的。

套期保值的原理决定了期货和现货的统一性，不能独立核算，期现货统一核算是套期保值的核心原则。独立核算期货的盈亏会让从业人员追求期货盈利，偏离为企业稳健经营服务的初衷，不再关注是否达到了锁定成本或利润的目标，这将彻底改变套保的目的，最终使其无法发挥作用，甚至会给企业带来灾难性的后果。所以，要顺利开展套期保值，首先从期现货统一核算开始。

期现货统一核算，需要财务人员熟悉套期会计，近年来套期会计已得到众多企业的关注，被各大交易所大力推广，这有助于规范套期保值的运作。套期会计中细节较多，也有些交易无法完全使用套期会计进行财务处理，但就其原理来说，套期会计的基础就是期现货统一核算。

六、完整的组织机构和人才储备是可持续发展的保障

建立自上而下完整的组织机构，有助于互相配合、彼此监督，在规避风险的同时确保可持续发展。成立由企业一把手或分管领导牵头的套期保值领导小组进行宏观控制，配备专业人才队伍开展套期保值，以风险控制为核心，建立强有力的监督机制和切实可行的风险控制措施。

套保部门需要设置分析师、交易员、结算员、风控员等职能岗位。孤木不成林，没有其他人员的配合，让某一个人将整个套期保值撑起来无异于天方夜谭。

笔者依然坚信，从业人员不会恶意毁灭一家公司，但是在侥幸心理和荣誉感的驱使下，制度的不完善、各环节缺乏监督和制衡等漏洞会激发人性的恶，巴林银行倒闭等诸多风险事故都是前车之鉴。可结合企业人力、物力、财力等实际情况，采用扁平化组织架构，交易员、结算员和风控员可由其他部门人员兼任，但是拥有交易经验的分析师是必备的人才。

在套期保值推进过程中，不断扩容人才储备库。只有这样，在某个从业人员变动后才不至于让业务停摆。

第二部分

套期保值基础与实务

第四章　基础知识

只有让决策层理解并支持，从业人员才能更好地开展套期保值，期货作为价格波动风险管理的工具才能持续发挥作用。但是决策层受限于时间、精力、业务重心，很难在短时间内弄明白期货是什么、它能干什么、要怎么做才能让它发挥作用，这就是本章要解决的问题。

很多人难以理解诸如"我手上没货怎么能先卖出去?"的问题，回想我们刚入行的时候，何尝不是这样？甚至到现在都很难理解很多名词是怎么来的，为什么要把"持仓"说成"头寸"？对于新手而言，即便说成"持仓"都不大好理解，更别说"头寸"了。现在我们习惯于将买入持有的合约称为"多头持仓"，将卖出持有的合约称为"空头持仓"，但是在 2011 年的有些译著中，将买入的合约称为"长头寸"，卖出的合约称为"短头寸"，就仅仅因为英文中"多头持仓"是"long position"，"空头持仓"是"short position"[①]。

慢慢地，我们从门外汉变得专业起来，一方面一个名称叫久了也就习惯了，另一方面，用一些别人听不懂的专业术语交谈，会显得自己更专业。殊不知，除了显摆自己多懂点专业知识外，对沟通完全无益。行业间的鸿沟是现实存在的，人为的优越感放大了这个鸿沟，就好比有些国人两句话里非得加个英语单词一样，自己说得洋洋得意，对方听得晕头转向。

在期货从业人员资格考试教材《期货及衍生品基础》和其他期货著作中，对期货基础知识的详尽介绍是必不可少的，但是过于专业的解读并不利于读者快速理解。专业术语和基础知识不应该成为业务发展的阻碍，它们本来也不是那么晦涩难懂，笔者尝试用另一种方式介绍基础知识，沿着发展的脉络逐步引出更多内容，希望能让读者尽快了解有关主流术语和基础知识。

第一节　期　　货

一、演变过程

绵羊有一块棉花地，当年收获了很多棉花。它将棉花拉到当地的集市上销

[①] 赫尔. 期权、期货及其他衍生产品. 北京: 机械工业出版社, 2011.

售，猴子知道远方的大象正好需要棉花，就高价收购了绵羊的棉花，绵羊收益丰厚，猴子将棉花卖给远方的大象，也赚了很多。就这样，初步建立起了贸易链条。

其他绵羊羡慕不已，于是第二年大家都种棉花，棉花逐渐成为羊群的主要收入来源。猴子的生意也越来越好，它将棉花转卖给远方的大象后赚取了不菲的利润，其他猴子也加入了贸易大军，一边抢购棉花，一边争夺象群客户。竞争出现了，猴群的日子越来越不好过。为了维持长期稳定的合作关系，有一些猴子与大象签订了以市场价格长期供货的协议，协议确定了供货时间、棉花品质、数量等具体内容，只是价格以供货时的市场价格为准。远期合同出现了，合同也被称为"合约"。

为了保证给大象及时供货，猴子与种植棉花的羊群签订了采购合同，在集市上设立仓库，在棉花收获季节从羊群手中收购棉花，等待发给远方的大象，棉花走上了商品化道路，原来的小集市也变成了重要的棉花集散地。

有一些猴子为了稳定生意，收购羊群的棉花后，跑去和大象谈判，希望能够以一个固定的价格把大象未来半年的棉花都承包了。大象觉得价格还算公道，也不用担心价格的涨跌，可以安心干自己的事，就签订了固定价格的长期供货合同，在远期合同基础上将价格也确定了下来，这就是远期一口价合同。于是，远期一口价贸易模式出现了。

有一次猴子在运输棉花的路上遇到大雨，棉花被冲走了，按照和大象签订的合同，猴子的棉花已经不足以交货。它为了履约，只好高价去买其他猴子的棉花。慢慢地，有些大象不用棉花了，有些猴子把棉花卖给了更远方的大象，其他地方的绵羊也开始种植棉花，总有一些突发事件造成棉花价格涨跌，大家对信息的需求越来越大。猴群决定建立一个固定的场所交换信息，大家既能相互交流，也能和羊群、象群洽谈业务，于是，供大家买卖信息、达成交易的交易所出现了。除了猴群、羊群、象群，其他动物也都加入进来，传递各种信息，寻找获利机会。

有一天，有个猴子资金周转出现了问题，打算将与大象签订的远期合同转让出去。经过测算，转让价格很有吸引力，立刻有其他动物表现出了兴趣，大家纷纷出价，最后以一个比较合理的价格成交了。慢慢地，更多的合同被转让，鳄鱼发现了商机，它利用信息不对称，低价收购合同，然后以高价卖出去，专门针对合约（合同）的交易出现了。发展到这里，合约已不仅仅是购销双方的合同，还具备了交易属性。

交易所也越来越繁忙，建立了专门的队伍来维持秩序、提供服务。随着专门针对合同的交易越来越多，为了让大家更公平、公开、公正地参与交易，交易所决定改变原来买卖双方私下交易的模式，把猴子要转让的合同单独挂牌，让大家喊价竞争。但是每个合同都不一样，合同中棉花的品质不一样，数量不一样，交货方式也不一样，竞买者需要花很大精力去测算哪些合同更值钱。随着交易量越来越大，信息来源越来越广泛，给大家造成的麻烦也越来越多。

于是，有动物提出，反正都是棉花的购销合同，不如制定一个统一的标准，确定好品质、数量等基本信息，只对这个标准合同进行竞价，其他合同参照这个标准合同的价格来定价，这样大家都方便了，能够很快速地知道每个合同的合理价格。这个标准合约对应的是未来交易的棉花，为了和棉花现货有所区别，大家把它叫作棉花"期货合约"。"期货"正式出现。

这个提案获得了一致认可，交易所经过调研和多方沟通，最终确定了棉花"期货合约"的标准。

①一个标准合同称为"一手"，含固定数量的棉花，比如 1 手 = 5 吨。

②由于每个合同的期限都不一样，为了简单和标准化，选择在某些月份都设一个标准合同，确定固定的到期日，到期日之前可以随意买卖，不同月份的不同报价就可以给所有合同提供更好的参考依据，但是一直到到期日还持有这个合约的动物就必须履行买卖现货的义务。就这样，不同月份的有固定到期日的标准合约出现了，而到期日所在的月份也是对期货合约进行命名的核心要素，比如：棉花 2109 合约，就是 2021 年 9 月份到期的棉花期货合约，到期日为 9 月第 10 个交易日。

③标准合约对应的品质以市场上数量最多、大家都能接受的棉花品质为准，高于这个品质的需要加价（也称为相对于标准品质有"升水"），低于这个品质的需要减价（也称为相对于标准品质有"贴水"），这样就确定了不同品质与标准品质间的升贴水。

二、交易原则和制度

①大家按照每吨棉花的价格来竞价，以 5 元/吨的整数倍调整报价，比如当时的棉花价格是 16000 元/吨，报价的时候可以是 16005 元/吨，也可以是 15985元/吨。谁报的价格更有优势谁优先成交，买方报价越高越容易成交，卖方报价越低越容易成交，在价格一样的时候谁先报价谁优先成交，这就是交易中的"价格优先、时间优先"原则。

②有动物觉得未来价格会上涨，被称为"看多"；有的却觉得价格会下跌，被称为"看空"。看多的买入相应合约，被称为"做多"；而看空的卖出相应合约，被称为"做空"。不论是做多还是做空，只要是从无到有地持有合约都被称为"开仓"，不同的只是买入开仓还是卖出开仓。注意，期货合约只是一个合同，不管手上有没有现货，都可以买卖这个合同，真正需要履约的时候再调集现

货交易就可以了。这就是期货的"多空双向"交易机制。

③并不是所有的买卖者都会持有到到期日，有一些只是为了赚取短期的合约价差，可以选择以反向交易的方式清空持有的合约，被称为"平仓"。简单来说，买入了合约的持有者通过卖出就可以清空这部分合约，而卖出了合约的持有者通过买入等量的合约也可以清空。交易所允许当天买入的合约随时可以卖掉平仓，当天卖出的合约也可以随时买回来平仓。这就是"T+0"交易制度。

④在交易时间可以随时买卖的特性吸引了更多动物参与交易，但是违约的情况也经常出现，而且有人胡乱报价会扰乱市场秩序，因此，交易所决定，参与报价的必须交保证金，天下没有免费的午餐，也不能让真正的需求被心怀叵测的动物破坏。为此，单独成立了权威的保证金监控中心，保证金在每个客户的名下被统一保管，只要有足够的保证金，就可以出价，出价时就冻结相应保证金。如果成交了，保证金会随着价格的变动不断变动，如果合约的保证金超过了账户的总资金，就会被要求追加保证金或者被强制平仓，以满足保证金要求。保证金比例设定为这个标准合约价值的5%，这既保证了报价者有能力履约，也激发了参与者的交易热情。为了确保到期后买卖双方能够顺利履约，临近到期日或者重要节假日期间，交易所会提高保证金比例。这就是"保证金"制度。[①]

⑤交易所还决定，为了确保账户有足够履约能力，每天都对交易者的账户进行结算。结算价格一般按照当天所有成交价的移动平均值确定，结算后将盈亏转入或转出客户的账户，保证金不足的会被要求补充保证金，保证金富余的可以提取。这就是"当日无负债"结算制度。

如果保证金不能满足交易所规定的标准，就有可能违约，对于无法补足保证金而且在规定时间内不自行平仓的账户，或者违规、超过规定持仓比例的账户，会被以市价强行平仓，也被称为"强行平仓"制度。

⑥随着参与者越来越多，天气因素、产量增减、需求变动、运输条件等各种信息被无限放大，价格的变动幅度也更加大，而保证金制度又放大了参与者的盈亏，赚钱效应吸引了更多动物参与交易，而亏损的要么补充保证金，要么平仓，以满足保证金要求，进一步助推了价格的涨跌。为了让大家有时间理性对待各种影响因素，防止有动物因为亏损无法履约，交易所规定，当价格上涨到一定比例后就不能再高于这个价格买卖，当价格下跌到一定比例后也不能再低于这个价格买卖，这个不能再交易的涨跌比例被称为"涨跌停板"，这就是"涨跌停板"制度。

⑦限仓制度、大户报告制度。

原则上，只要有足够的资金，就可以不断用更高的价格买入开仓，将价格持

---

① 在我国的保证金制度中，交易所最低保证金比例是对会员单位的要求，客户通过期货公司交易的时候，期货公司还会在该比例上增加3%～5%，以防止出现风险事故。

续推升上去，或者通过不断以更低的价格卖出开仓，将价格持续打压下去，因为"价格优先、时间优先"交易原则赋予了交易者这样交易的自由。但是蓄意通过资金优势影响价格走势获利，属于操控市场的违法行为。为了防止个别大资金真的这样干，限制了会员或客户的最大持仓量，即"限仓制度"。当个别客户持仓总量达到该最大数额的80%时，就需要向交易所报告其资金、持仓等具体情况，并会被重点关注，这就是大户报告制度。

⑧交易所将主要精力用来维持正常的交易秩序，随着越来越多的动物参与交易，交易所逐渐难以应付大量交易者。于是，它设定了一个标准，满足标准的就可以成为它的会员，会员以提供中介服务的鳄鱼为主，被称为"期货经纪公司"，其他不满足标准的动物要参与交易，就必须通过鳄鱼这样的期货公司。比如：一只大象想买入10手棉花，它不是交易所的会员，只能先选择一家期货公司开户，然后用这个账户向期货公司报单，期货公司再以自己的会员名义将这个报单发送到交易所，交易所组织撮合交易，成交后将交易信息反馈给该期货公司，该期货公司将成交情况挂在大象的账户下，这样就完成了开仓交易。其他符合标准的羊群、象群和猴群也可以成为它的会员，但是不能提供中介服务，只是有权利直接向交易所报单，这样避免了中间环节，成交速度更快。交易所的会员单位制度由此建立了起来。

符合更高要求的会员还有资格向市场提供报价服务，当有动物买入的时候，如果没有其他卖出报价，它就必须提供一个卖出报价，买方如果接受，就达成交易；当有动物卖出的时候，如果没有其他买入报价，它就必须提供一个买入报价。有资格提供报价服务的会员被称为"做市商"，它充当了买方或卖方的对手方，为市场提供流动性，保证交易顺利进行。

至此，原来只是提供信息交流、洽谈业务的交易所已蜕变成为期货交易所，期货合约作为一个能够被广泛接受和交易的标准合约开始流通起来。围绕交易的各项制度被建立，确保了交易的规范化。保障交易正常进行的保证金监控中心、交割库、期货经纪公司等机构也发挥着重要作用。

三、相关术语

①只要在同一个价位上有买有卖，就能够成交，因此，成交了的买入和卖出的合约量一定是相等的。不管是买入的还是卖出的，只要是持有的合同，都被称为"持仓""仓位"或"头寸"：对于交易者来说，买入持有的合同被称为"多单""多头持仓""多头仓位"或"多头头寸"，卖出持有的合同被称为"空单""空头持仓""空头仓位"或"空头头寸"。

如果持仓保证金与总资金相比较小，被称为"仓位较轻"，反之被称为"仓位较重"。如果持仓保证金占用了账户的全部资金，则被称为"满仓"。

国内交易所市场在2020年以前持仓量是按双边计算的，都是偶数，也就是多头或空头持仓的2倍，因为多头持仓量和空头持仓量完全相等。随着期货市场国际化进程的推进，为了与国际同步，自2020年1月1日起，持仓量按单边计算，既有偶数也有奇数。

②当天所有成交的数量称为该合约当天的成交量，它和持仓量不同。成交量是从0开始计算的当天成交的数量总和，下个交易日自动清零，重新开始计算，不管是开仓还是平仓、买入还是卖出，只要有成交记录，就算作成交量；而持仓量是该合约截至当天所有未平仓的总和，是自该合约上市交易以来累计的未平仓合约量，开仓使持仓量增加，平仓使持仓量减少。与持仓量一样，现在的成交量都是按单边计算的。

③同一个期货品种有不同月份的合约，受限于季节性等因素，不同月份合约的可交易性并不一样。一般而言，持仓量大、成交量大的合约流动性更强，更容易找到对手方。这种流动性优势吸引更多的交易者参与交易，进一步提高了流动性，其持仓量和成交量也会随之增加。这种正反馈机制让该月份合约的持仓量和成交量远大于其他月份的合约，这个期货合约就是"主力合约"。除了有特殊需求的客户选择非主力合约，一般都选择主力合约作为交易标的（所谓"标的"，简单来说就是交易的对象）。

④由于期货合约的价格是由众多参与者竞价产生的，大家把自己的信息、判断甚至情绪都作为报价的依据，代表了绝大多数参与者的预期，因而该价格被认为是公允的，更能被广泛接受，在交易所进行的这种集中期货买卖交易被称为"场内交易"。有人将以期货合约为底层要素设计的其他交易模式称为"场外交易"，它是实际贸易中一对一采用的个性化方案，比如交易所的期转现业务就是典型代表；也有人将除"场内交易"以外的交易全部称为"场外交易"，而不管有没有以期货合约为底层要素设计交易模式。

"场内交易"和"场外交易"是历史上交易场所不同的延续，也是国内翻译界对国外市场的解读。以往交易受限于技术手段，一般都需要在交易所有专人喊价，这样产生的交易就是"场内交易"；在交易所以外，没有固定的时间，只要有人想买有人想卖，中间人就撮合买卖双方，这样产生的交易就是"场外交易"。随着技术手段的进步，场内外交易间的界限越来越模糊。因此，如果有人提到"场外交易"，我们只需要知道"场内交易"是在固定交易时间通过交易所进行的期货合约买卖，除此之外的都可以认为是"场外交易"，对这两个概念的深究并没有实际意义。

⑤为了方便到期后顺利履约，交易所从多个仓库中挑选出符合要求的仓库作为现货交易仓库，这就是"交割库"。将现货按照期货合约的标准做成单据，这

个单据就是"标准仓单"（标准仓单以外的都被称为"非标仓单"，可自由确定数量、品质等具体内容，因此，非标仓单的规模远大于标准仓单），比如：满足期货合约标准的 50 吨棉花，就可以用 10 张标准仓单来表示。卖方需要按照期货合约标准将现货注册成标准仓单，交割库通过检验等程序接收入库后给卖方发放标准仓单持有凭证。该凭证是进行货权转移的媒介，货权的转移也被称为"现货交割"，与之相对应，现金的转移被称为"现金交割"。

⑥账户里保证金不仅全部亏光，而且倒欠，也就是账户资金为负数，被称为"爆仓"，爆仓是严重的风险事故。正常情况下，交易所要求的保证金比例通常大于涨跌停板幅度的 150%，所以不太容易爆仓，但是，如果出现连续同方向停板，期货公司对保证金不足的交易者采取强制平仓措施有可能无法奏效，在这种情况下，便有可能会爆仓。比如，2008 年国庆长假后，受全球金融危机影响，商品期货大面积连续跌停，有一些持有多单的交易者因为无法平仓，最后爆仓。

⑦持有现货的时候，最担心的是价格下跌、现货价值缩水，也就是面临价格下跌的风险，如果采用某种方法规避该风险，就不必担心价格下跌了。需要购买现货的时候，最担心的是未来价格上涨、采购成本增加，也就是面临着价格上涨的风险，如果有方法可以规避该风险，就不必担心价格上涨了。

规避风险也被称为"风险对冲"，不进行风险对冲，就表示存在"风险敞口"。有多大量没有进行风险对冲，就代表该"敞口"有多大。

第二节　套期保值

从上文的故事中我们知道，羊群作为棉花种植户，是天然的卖方；象群作为棉花需求方，是天然的买方；猴群连通着羊群和象群，一边买一边卖。自从交易所开始交易标准化的期货合约，羊群、象群和猴群都获得了转移风险的机会。

1. 羊群的操作

有只绵羊觉得机会来了，它再有 3 个月就能够收获大概 50 吨棉花，50 吨棉花大概对应 10 手期货合约，通过交易所来卖棉花，只要持有着合约，到期交割现货就好了。它根据交易所的价格测算了下，如果以某一个价格把棉花卖出去，会获得更好的收入，当这个价格出现，它卖出了 10 手棉花合约，这就相当于它和对手签订了一个固定价格的远期销售合同。价格可能还有机会进一步上涨，但是它觉得如果价格不涨或者下跌，将会失去很好的获利机会，还不如以这个价格卖出去，锁定了利润的同时也放弃了将来可能以更高价销售的获利机会，但它觉得很值，不管价格涨跌，它都有稳定的利润，不必再担心价格下跌。

2. 象群的操作

有大象看到交易所的价格有时比自己签订的采购合同价格更低，如果以这个更低的价格买入期货合约，持有到期，履行买入现货的义务，就会比以往的方式更划算，这就相当于它与对手签订了固定价格的远期采购合同。虽然买入价格不是最低价，价格可能还会继续下跌，但是根据这个价格测算的采购成本是能够接受的，锁定了成本的同时也放弃了将来价格可能更低的采购机会。这样不管价格涨跌，它都有确定的成本，可以安心做自己的事情。

3. 猴群的操作

猴子当然不会错过这样的机会，它的仓库里有库存，这部分库存有可能会在价格下跌的时候损失惨重，于是它按照测算的合理利润，以相对较高的价格卖出了这部分库存对应的标准合约；同时，它为了维持贸易规模，在价格相对较低的时候买入了一些标准合约，到期履行买入义务的时候也能拿到便宜棉花。这样一买一卖中，它把不同期限的获利空间都锁定了，不管价格怎么变，它都有稳定的利润，生意也越做越好。

上面介绍的是持有期货合约到期后，通过交割库交割现货的方式，这种方式拓宽了销售方和采购方的购销渠道。还有一种方式不通过交割库交割，而是在期货合约到期前，现货市场有买卖发生的同时，平仓等量期货持仓（头寸），现货市场转移货权，期货市场转移的是资金。

1. 羊群不通过交割库交割

上文中的那只绵羊在期货市场上卖出了 10 手棉花期货合约，它原本打算在 6 个月后通过交割卖出去，但是 4 个月后，猴子想买它的棉花，它也想早点变现去买下个种植季的生产物资。自从它卖出了棉花期货合约以来，现货价格下跌了 100 元/吨，期货价格也下跌了 100 元/吨。它买入期货合约，将持有的期货空头头寸平仓，期货平仓后赚了 5000 元（10 手×5 吨/手×100 元/吨），但是现货少卖了 5000 元。期货的盈利弥补了现货的损失，相当于它还是以预期价格卖出了这批棉花，实现了锁定利润的目标。

2. 象群不通过交割库交割

那只大象在期货市场买入了 20 手棉花期货合约，打算在 4 个月后通过交割获得 100 吨现货，但是 2 个月后，本来给它供货的猴子不顾商业信誉，因为价格上涨不给它供货了，它面临没有棉花可用的局面，只好以市场价买入了 100 吨棉花。自从它买入期货合约以来，期货和现货都上涨了 200 元/吨。它在买入现货的同时，卖出期货合约，把这 20 手棉花多单平仓，赚了 20000 元（20 手×5 吨/手×200 元/吨）。很显然，它买入的现货比预期的价格多付了 20000 元，但是期货赚的钱弥补了现货价格上涨带来的损失，实际上它以预期价格采购了这批棉花，实现了锁定成本的目标。

3. 猴群不通过交割库交割

猴子的操作方式相对于绵羊和大象而言稍微复杂一些，因为涉及不同期限的问题，但是原理都是一样的。首先对于那批库存，它在期货市场上先卖了出去，这个操作和绵羊通过期现货市场锁定利润的方式完全一样。对于在价格较低时买入的那批期货合约，操作和大象通过期现货锁定采购成本的方式也一样。它在采购端能够实现锁定成本的目标，在销售端也可以实现锁定利润的目标，不追求超额利润的话，只需要拓展市场，就能让生意越做越大。

我们把这种将期现货结合在一起，锁定利润、锁定成本的操作叫套期保值，简称套保。对于锁定成本的套保，通过买入期货合约实现，也被称为买入套保；对于锁定利润的套保，通过卖出期货合约实现，也被称为卖出套保。主要有两种操作方式：一种方式是持有到期，进行现货交割；另一种方式是同时在现货和期货市场操作，实现货权和现金的转移。

上面的介绍过于理想化，采用这种简单的方式，只是为了让读者能够尽快理解其原理和运作方式。在现实交易中，第一种方式可以实现既定利润和成本目标，因为通过交割方式就等同于履行远期一口价购销合同，价格的波动对既定利润或成本没有影响，只不过价格波动会让保证金随之变动，需要准备额外资金，以免被强制平仓；第二种方式往往无法完全实现既定目标，因为期现货虽然一般会同向运行——要么同时上涨，要么同时下跌，但是由于期货和现货的涨跌幅度不同，这种不同的涨跌幅会让结果偏离既定目标。

第三节 基　　差

期货和现货的涨跌幅度不同就是基差的变动。为了更好地理解它，我们依然采用较简单的方式来描述。

上文中的那只绵羊在期货市场上卖出了 10 手棉花期货合约，它原本打算在 6 个月后通过交割卖出去的，但是 4 个月后，它家里遇到急事需要用钱，它没有别的办法，只能把棉花变现。

一、套保未能实现既定目标

自从它卖出棉花期货合约以来，现货价格下跌了 200 元/吨，期货价格只下跌了 100 元/吨。现货卖出去后少卖了 10000 元（10 手×5 吨/手×200 元/吨），与此同时，它买入期货合约，将持有的期货空头合约平仓，期货平仓赚了 5000元。虽然期货的盈利弥补了现货的部分损失，相当于它以比现在的市场价高 100

元/吨卖出了这批棉花，但是并没有实现锁定售价的目标，比预期收入少了5000元。

为了更好地理解，我们明确两个时间点，把卖出期货的时候称为开仓时点，将期货平仓的时候称为平仓时点。最终结果与这两个时间点上期货和现货结合的操作有关，跟中间的过程没关系。在平仓时点，这只绵羊一边卖出现货一边将期货空单平仓，这很好理解，因为是实实在在发生的行为。在开仓时点，它一边卖出期货合约一边买入现货，卖出期货合约是实实在在发生的行为，也很好理解，不好理解的是买入现货的操作，因为它并没有实际买入现货。在平仓时点它需要有现货可卖，就必须在开仓时点拥有现货，有可能它是借的、种的或者买的，不管这个现货是怎么来的，既然涉及的是买卖关系，那么我们把它简单化，统统理解为是买的（实际上它并没有买入现货，它的棉花还在地里生长，3个月后才能收获）。

回到前面这只绵羊的操作，假设在开仓时点期货价格16000元/吨，现货价格16300元/吨；平仓时点期货价格15900元/吨，现货价格16100元/吨。平仓时与开仓时相比，期货价格下跌了100元/吨，现货价格下跌了200元/吨。如果在开仓时点它能够将50吨棉花以16300元/吨的价格销售出去，就可以获得81.5万元的收入，但是在平仓时点，这50吨棉花以16100元/吨的价格卖掉了，销售收入80.5万元。期货市场先卖后买，赢利（16000 – 15900）× 50 = 5000（元）。实际上这50吨棉花最终销售收入为80.5 + 0.5 = 81（万元），虽然比现货销售收入80.5万元高，但是并没能实现既定收入81.5万元的目标，比预期目标少5000元。这是什么原因造成的呢？

分析原因的时候，必须明确影响因素有哪些。很显然，这里有数量、期货价格、现货价格三个核心要素。数量是恒定的，一直是50吨，而期货价格和现货价格随着时间的推移都出现了变化。

我们把现货价格与期货价格间的价差称为基差，即：基差 = 现货价格 – 期货价格。

开仓时点：

基差（开）= 16300 – 16000 = 300（元/吨）

平仓时点：

基差（平）= 16100 – 15900 = 200（元/吨）

基差变动 = 基差（平）– 基差（开）= 200 – 300 = –100（元/吨）

基差变动 × 数量 = –100 × 50 = –5000（元）

有读者可能会问，为什么基差变动 = 基差（平）– 基差（开），而不是"基差（开）– 基差（平）"？请注意，变动是随着时间的推移才出现的，所以一定是最近数据减去稍早的数据。

很显然，卖出保值未能实现目标的原因就在于基差变动值是负值。基差变动值为负值也被称为"基差走弱"。

二、套保刚好实现目标

假设在开仓时点期货价格 16000 元/吨，现货价格 16300 元/吨；在平仓时点期货价格是 15900 元/吨，现货价格是 16200 元/吨。与开仓时点相比，期货和现货价格都下跌了 100 元/吨。

如果在开仓时点能够将 50 吨棉花以 16300 元/吨的价格销售出去，就可以获得 81.5 万元的收入，但在平仓时点，这 50 吨棉花以 16200 元/吨的价格卖掉了，销售收入 81 万元。期货市场先卖后买，盈利（16000 - 15900）× 50 = 5000（元）。这 50 吨棉花的最终销售收入为 81 + 0.5 = 81.5（万元），与预期目标一致，刚好实现套保目标。

开仓时点：
$$基差（开）= 16300 - 16000 = 300（元/吨）$$

平仓时点：
$$基差（平）= 16200 - 15900 = 300（元/吨）$$
$$基差变动 = 基差（平）- 基差（开）= 300 - 300 = 0$$

由此可见，如果基差变动值为 0，也就是基差没有变动，就可以刚好实现套期保值目标。

三、套保有盈余

假设在开仓时点期货价格 16000 元/吨，现货价格 16300 元/吨；在平仓时点期货价格 15600 元/吨，现货价格 16200 元/吨。与开仓时相比，期货价格下跌了 400 元/吨，现货价格下跌了 100 元/吨。

如果在开仓时点能够将 50 吨棉花以 16300 元/吨的价格销售出去，就可以获得 81.5 万元的收入，但在平仓时点，这 50 吨棉花以 16200 元/吨的价格卖掉了，销售收入 81 万元。期货市场先卖后买，盈利（16000 - 15600）× 50 = 2（万元）。这 50 吨棉花的最终销售收入为 81 + 2 = 83（万元），比目标收入 81.5 万元高 1.5 万元，在实现套保目标的同时，还有额外盈余。

开仓时点：
$$基差（开）= 16300 - 16000 = 300（元/吨）$$

平仓时点：
$$基差（平）= 16200 - 15600 = 600（元/吨）$$

基差变动 = 基差（平）- 基差（开）= 600 - 300 = 300（元/吨）

基差变动 × 数量 = 300 × 50 = 15000（元）

很显然，卖出保值的额外盈余是由基差变动值为正产生的。基差变动值为正也被称为"基差走强"。

综上所述，在不通过交割的情况下，基差变动值是套保目标能否实现的关键指标。

如果基差变动值为0，刚好实现套保目标，也就是前文所述的理想状态。对卖出保值来说，如果基差变动值为正值，就可以在实现套保目标的同时，还有盈余；如果基差变动值为负值，就无法实现套保目标。

请大家思考一个问题：基差变动对买入保值的影响是怎样的？

第四节　基差贸易

套期保值将现货价格的波动风险转移了出去，持有至交割的方式完全能够实现锁定利润、锁定成本的目标，也可以拓宽采购、销售渠道，但是不够灵活，流程较多，成本会随之增加。普遍采用不持有至交割的方式，但是这种方式却面临着客观存在的基差变动风险，基差变动有可能让套保实现超额收益，也有可能让套保目标无法实现。

既然基差变动风险有可能让套保目标无法实现，那么有没有什么办法能够把基差变动风险也转移出去呢？

方法其实很简单，将变动的基差变为固定基差，就不存在基差变动风险了。于是，出现了一种可以将基差风险转移出去的交易模式，这就是基差贸易。买卖双方在套保的基础上商定一个固定的基差，就可以完全确定采购成本、销售利润。通过签订基差合同的方式进行，合同约定：结算价格 = 期货价格 + 固定基差。固定基差一般由卖方报价，买方决定是否接受。不过需要特别注意的是，只有在套保的基础上采用基差贸易模式，才能完全锁定采购成本或销售利润，否则，就是在变相做期货投机交易。

我们还是用前面的主角举例说明。有只猴子采购了100吨棉花现货，这批棉花的采购成本是20000元/吨，当时棉花2105合约价格为20150元/吨。为了防止价格下跌造成损失，它以20150元/吨的价格卖出20手棉花2105合约进行保值，如果在到期前能够通过签订基差合同的方式将这批棉花销售出去，就可以实现预期利润；如果没有客户应答，可以持有到期后交割现货，也可以获得150元/吨的利润，但是持有时间较长，不利于资金周转。

于是，猴子在测算了持有成本、仓储费用、利润等各种因素后，向大象报出了固定基差400元/吨，大象认为400元/吨的基差处于历史高位，有可能会走弱

(还记得基差走弱吗？就是基差变动值是负值，比如现货上涨了 50 元，期货上涨了 100 元，基差变动值是 −50 元，就是基差走弱)，基差合同的结算价格有很大概率会高于结算时的现货价格，这个基差合同就没有意义，还不如到时候直接采购现货，就没有接受该基差。后来猴子又向大象报出了固定基差 200 元/吨，大象认为 200 元/吨的基差处于历史低位，有可能会走强(同样的道理，就是基差变动值为正值)，结算价格极有可能会低于结算时的现货价格，于是接受了该固定基差。

最终，它们签订了基差合同，合同约定：现货结算价格 = 棉花 2105 合约价格 + 固定基差 200 元/吨，在 2021 年 5 月份(2105 合约到期月份)之前，买方大象可以随时点价，卖方猴子于 2021 年 5 月份向大象交货。

所谓点价，就是确定结算价格的操作，在约定点价的期限之前，买方根据期货走势，选定一个较满意的价格，将该价格告诉卖方，卖方以该价格将自己套保的空单平仓，确定了期货平仓价格就确定了最终结算价，期货头寸的了结意味着点价完成。[①]

很显然，基差合同赋予了买方点价的权利，获得点价权的代价是让卖方获得合理的利润，这部分利润包含在固定基差中；而卖方获得合理利润的代价是有被动接受买方点价的义务。

从稳健经营的角度看，基差合同对卖方更有利，因为它天然要求卖方用套保配合，可以获得预期利润；而买方有更多选择，可以选择锁定成本，也可以选择把握更低采购成本的机会。现实中，买方选择更低采购成本的机会，这就要求买方有把握采购时机的能力，而这恰恰是很多买方所欠缺的。

一、基差卖方完全锁定利润

对卖出套保的猴子来说，通过销售基差合同可以实现完全锁定利润的目标。锁定目标是由两部分实现的：①用期货做了卖出保值，确定了有基差波动风险的销售价格；②固定基差又将基差波动风险转移了出去。

假如签订基差合同时棉花期货 2105 合约价格为 20000 元/吨，固定基差 200 元/吨，现货结算价格 = 20000 + 200 = 20200(元/吨)。此时，猴子卖出棉花 2105 合约进行卖出保值操作，卖出价格 20000 元/吨，就可以锁定销售价格为 20200 元/吨。

假定在 2021 年 2 月 26 日，棉花 2105 合约价格上涨到 21000 元/吨，如果买

---

① 这是国内普遍采用的买方点价方式，国际上的点价方式一般要求买方将持有的多单转移到卖方账户下，卖方用此对冲持有的空单，本书相关内容只解读国内点价方式。

方大象此时点价，这批货的结算价 = 21000 + 200 = 21200（元/吨），卖出套保持仓部分盈亏为：20000 – 21000 = –1000（元/吨）。实际销售价格为结算价 + 套保盈亏 = 21200 – 1000 = 20200（元/吨）。

假定到了 2021 年 4 月 10 日，棉花 2105 合约价格下跌到 17000 元/吨，如果买方大象此时点价，这批货的结算价 = 17000 + 200 = 17200（元/吨），卖出套保持仓部分盈亏为：20000 – 17000 = 3000（元/吨）。实际销售价格 = 结算价 + 套保盈亏 = 17200 + 3000 = 20200（元/吨）。

如果猴子在签订基差合同的同时，没有做卖出套保操作，到 2021 年 2 月 26 日的时候，它的售价将是 21200 元/吨，而到了 2021 年 4 月 10 日，它的售价是 17200 元/吨。

面对这种情况，如果猴子没有理解套保的出发点，就会陷入两种截然不同的情绪中：在 2021 年 4 月 10 日售价为 17200 元/吨的时候，它就会庆幸自己做了套保，从而将售价锁定在了 20200 元/吨，相对于市场价非常有竞争优势；在 2021 年 2 月 26 日售价为 21200 元/吨的时候，它又会后悔做了套保，导致实际售价为 20200 元/吨。

笔者忍不住要再强调一遍，这样的反复情绪会让套保胎死腹中，起不到实际作用，甚至会导致偏离初衷，最终可能给企业带来毁灭性的伤害。我们必须明白：交易是有代价的，也是公平的，锁定利润确保企业稳健经营的同时失去了以更高价销售的机会，套保只是转移风险的工具，做了套保就没必要再去比较，只需要专注于生产经营就足够了；如果选择用"接受价格下跌风险"来换取"以更高价格销售的机会"，那就没必要做套保，也没有必要用基差贸易方式做销售。

但是对于买入基差合同的大象来说，它有两种选择：①完全确定采购价格，不论采购价格是不是比市场价更便宜，即签订基差合同的同时买入棉花 2105 合约进行套保，这种方式等同于签订基差合同的同时点价，即签订远期一口价合同；②争取点价时的实际采购价比市场价更便宜，只不过具体价格只有点价的时候才能确定。买方更倾向于选择第二种方式，第一种方式相当于远期一口价合同，直接签订远期一口价合同更省事。

二、基差买方锁定采购成本

如果买方是棉花加工商，长期成本越早确定，加工商越容易合理安排生产和销售。这也是很多加工商自建仓库、在棉花收获季节大量收购棉花的原因，这样就可以确定未来很长一段时间的原料成本。当然，此时一般处于年度低点也是重要因素。

买入基差合同的同时做买入保值，就可以完全锁定采购成本，具体说明请参照前述举例，这里不再赘述。需要说明的是，这种方式相当于签订了远期一口价采购合同，可以实现锁定成本的目标，但是操作会显得比较麻烦，一般会选择直接签订远期一口价合同。

三、基差买方以低于市场价采购

买方不锁定采购成本而选择签订基差合同，主要考虑有两个：一是希望在下跌的时候获得更低的采购成本，比较对象是签订合同时的价格；二是期望通过把握市场基差变动，获得较市场价更低的采购成本，比较对象是点价时的市场价格。

有必要强调一下，这里的比较价格有两个：一是签订基差合同时的结算价格，由"签订基差合同时的期货价格 + 固定基差"计算；二是点价时的现货市场价。

1. 获得比签订合同时更低的价格

大象接受猴子的基差报价，与猴子签订了基差合同：现货结算价格 = 棉花 2105 合约价格 + 固定基差 200 元/吨，在 2021 年 5 月份（2105 合约到期月份）之前，买方大象可以随时点价，卖方猴子于 2021 年 5 月份向大象交货。

假定签订基差合同时，棉花 2105 合约的价格为 19000 元/吨，固定基差 200 元/吨，此时的合同结算价为 19200 元/吨。经过仔细分析，大象认为该价格比较中性，不高不低，有可能上涨，也有可能下跌。它期望价格下跌后再点价，这样采购成本将低于 19200 元/吨，相对于在签订基差合同时做买入保值，这样的操作有机会获得更低的采购价格。这种"期望"对应的实际上是承担价格上涨的风险，它愿意承担风险去换取以更低价格采购的机会。

在签订了基差合同后不久，价格开始大幅上涨。假定 2021 年 2 月 5 日，棉花 2105 合约价格上涨到 24000 元/吨，如果此时点价，这批货的结算价 = 24000 + 200 = 24200（元/吨），比签订基差合同时的结算价格 19200 元/吨高 5000 元/吨，相当于它承受的风险是 5000 元/吨。这样高的价格对生产很不利，它选择继续等待，期望价格下跌后再点价。

如果之后价格下跌幅度有限，未能实现比签订基差合同时的结算价格更低的目标，它只能在合同约定的最后期限点价，假如此时棉花 2105 合约价格为 22000 元/吨，实际采购成本为 22200 元/吨，比签订基差合同时的结算价格 19200 元/吨高 3000 元/吨。

如果之后价格开始大幅下跌，假定 2021 年 4 月 18 日，棉花 2105 合约价格下跌到 16000 元/吨，如果此时点价，这批货的结算价 = 16000 + 200 = 16200（元/吨），这个价格比签订基差合同时的结算价格 19200 元低 3000 元/吨。这样的采购成本对大象来说很有吸引力，它选择点价。

在上述持有基差合同的过程中，大象关注的是实际采购成本，没有与现货市场价做比较，只是与签订基差合同时的价格做了对比。最终采购成本的确比签订基差合同时的价格低 3000 元/吨，却相对应地承受了 5000 元/吨的风险。

这样的操作其实无可厚非，是现实中普遍存在的现象。但是，要求买方有很强的预判能力和风险承受能力，不然会因采购成本大幅上涨而中断了生产经营。

2. 获得比市场价更低的采购成本

还有一种方式比较复杂，是选择时机签订基差合同，等待基差向有利方向运动的时候择机点价。需要对比签订基差合同时的基差和点价时的基差，为了有效区分，将签订基差合同时的基差定义为基差（签），将点价时的基差定义为基差（点）。这里容易出现理解偏差，请注意，此时所说的基差是"现货市场价 - 期货价格"，不是基差卖方报出的固定基差。

在猴子报出固定基差 200 元/吨的时候，大象根据基差历史走势发现，该固定基差处于历史较低水平，按照期现货回归原理，后期基差走强的概率会更大。基差走强是指基差（现货市场价 - 期货价格）随着时间的推移会越来越大。

它立即与猴子签订了基差合同，合同约定：现货结算价 = 棉花 2105 合约价格 + 固定基差 200 元/吨，在 2021 年 5 月份（2105 合约到期月份）之前，买方大象可以随时点价，卖方猴子于 2021 年 5 月份向大象交货。

假定签订基差合同时，棉花现货价格 19200 元/吨，期货价格 19000 元/吨，此时基差（签）= 19200 - 19000 = 200（元/吨）。

在签订了基差合同后不久，期现货价格都开始大幅上涨。假定 2021 年 1 月 4 日，棉花现货价格上涨到 24000 元/吨，棉花 2105 合约价格上涨到 25000 元/吨，基差（点）= 24000 - 25000 = - 1000（元/吨）。自签订基差合同以来，基差由 200 元/吨下跌到 - 1000 元/吨，很显然，基差持续走弱了。如果此时点价，这批货的结算价 = 25000 + 200 = 25200（元/吨），比现货市场价格 24000 元/吨高 1200 元/吨。此时如果卖出这批货肯定是赔钱的，由此可见，基差走弱的时候不利于点价。

到 2021 年 1 月 22 日，棉花现货价格继续上涨到 25000 元/吨，棉花 2105 合约价格却由 25000 元/吨下跌到 24000 元/吨，基差（点）= 25000 - 24000 = 1000（元/吨）。自签订基差合同以来，基差由 200 元/吨上涨到 1000 元/吨，基差走强了。如果此时点价，这批货的结算价 = 24000 + 200 = 24200（元/吨），比现货市场价格 25000 元/吨低 800 元/吨。如果它能立刻以市场价 25000 元/吨的价格销售出去，可获得利润 800 元/吨（注意，这里强调"如果……立刻……"）。

之后价格开始下跌，假定 2021 年 4 月 6 日，棉花现货价格下跌到 20000 元/吨，棉花 2105 合约价格下跌到 18000 元/吨，基差（点）= 20000 - 18000 = 2000（元/吨）。自签订基差合同以来，基差由 200 元/吨上涨到 2000 元/吨，基差走强了。如果此时点价，这批货的结算价 = 18000 + 200 = 18200（元/吨），比现货价格 20000 元/吨低 1800 元/吨。如果它能立刻以市场价 20000 元/吨的价格销售出去，可获得利润 1800 元/吨（注意，这里也强调"如果……立刻……"）。

上述持有基差合同的过程中，大象不管价格的涨跌，关注的只是与当时的现货市场价格相比，最终采购成本是不是比现货市场价更低。如果采购成本更低，按照市场价格销售，必然是赢利的。这样的操作方式更适合贸易商，不管价格高低，只要自己的采购成本比市场价格低，就有利可图，也适用于关注行业比较优势的加工商，它们会比较自己的生产成本相对于市场价格是否有优势。这就要求买方有很强的基差分析研究能力，能够把握基差合同签订时机和点价时机，还要求有较高的风险承受能力，不至于因采购成本大幅上涨而导致生产经营中断。

在上面的论述中，笔者强调"如果……立刻……"，是因为现实交易中并不是这样，这是长久以来困扰很多贸易商的问题。

比如，1 月份，大象与猴子签订了上述基差合同。大象根据基差走势，于 3 月份点价后结算价是 20400 元/吨，与市场价格 21000 元/吨相比便宜了 600 元/吨，可是按照合同约定，它只能等到 5 月份才能拿到现货。如果等到 5 月份，市场价格下跌到 20000 元/吨，它拿货的成本价 20400 元/吨肯定没有优势，还赔钱。这样的时间错配就会带来风险，如何解决该问题？即：如何在 3 月份就把原本 5 月份才能拿到的货全部卖掉，锁定这部分价差收益？

这个问题先放在这里供读者思考，在后面的章节笔者会给出详细的解决方案。

第五节　投机与套利

上述基差合同中买方不套保的两种方式，虽然确定了固定基差，但是没有买入套保，实质上还是面临着价格波动风险，与卖方签订的基差合同唯一能够锁定的是货源。

第一种方式（签订基差合同，等待价格下跌后点价，基差买方获得比签订合同时更低的价格），选择用"接受价格上涨的风险"来换取"以更低价格采购的机会"，面临的风险与直接买卖期货合约是一样的；第二种方式（选择时机签订基差合同，等待基差向有利方向运动的时候择机点价，基差买方可以获得比市场价格更低的棉花），选择用"接受基差走弱的风险"来换取"基差走强的收益"，由于基差是期现货的价差，其波动幅度本身比单独的期货、现货要小很多，因而面临的风险相对于第一种方式也小很多。

套保者将风险转移出去可以锁定成本、锁定利润，但是整个市场是零和的，它不会创造价值让所有参与者都赚到钱，有人赚的钱一定是别人赔的钱，这是个财富转移的市场。买入套保者担心价格上涨，以"放弃未来以更低价格采购的机会"为代价将价格上涨风险转移出去，必然有人愿意接受该价格上涨的风险，他们希望用该风险换取未来价格下跌的收益；卖出套保者担心价格下跌，以"放弃未来以更高价格销售的机会"为代价将价格下跌风险转移出去，同样有人愿意接受该价格下跌的风险，他们希望用该风险换取未来价格上涨产生的收益。一买一卖，实现了风险和收益的转移，套保者规避风险的同时失去了更大收益的机会，而接受风险的对手方则有机会获得收益。

接受风险换取未来收益就是投机；通过组合策略让投机风险小一些，就是套利。套利是投机的特殊形式。

一、投机

当猴子和绵羊作为卖方开展卖出套保的时候，考虑的只是锁定利润，它们卖出相应的期货合约。有卖必然需要有买，这样才能配对成交。由于市场参与者众多，买入期货合约的交易者有可能是做买入保值的猴子、大象等套保者，也有可能是数量更多的投机者。猴子、大象作为买入保值者，目标是锁定成本。需要强调的是，作为套保者，虽然目标是锁定成本、锁定利润，但是在期货市场上买入和卖出时也需要选择更有利的价位，这里我们不再描述它们的交易情况，在后面的章节有专门介绍，下面只针对投机展开描述。

其他交易者根据自己掌握的供需情况、走势图技术形态等因素预判价格走势。狮子、猎豹、羚羊都认为价格会上涨，于是选择买入相应的期货合约；而野牛、鬣狗、兔子却认为价格会下跌，于是选择卖出相应的期货合约。很显然，这里的狮子、猎豹、羚羊就是投机者，它们认为价格会上涨，期望通过买入期货合约去获取价格上涨带来的盈利，承受了价格下跌风险；野牛、兔子和鬣狗也是投机者，它们认为价格会下跌，期望通过卖出期货合约去获取价格下跌带来的盈利，当然会面临价格上涨风险。这些投机者数量众多、能力差异巨大、操作策略不同，最终结果有云泥之别。

接下来，我们选择玉米作为交易标的，面对同样的走势，分别站在不同交易员的角度，设计不同的交易策略，测试不同操作方案，体会交易员的心理状态，观察最终结果，从中我们可以得出不少有价值的感悟，希望对读者有启发。

1. 多头的操作

（1）狮子的投机。

狮子认为（判断依据）：从基本面角度看，玉米供需偏紧，在下个收获季节来临前，供不应求的局面将持续存在；技术分析显示，2105 合约持续处于 60 日均线上方，只要不跌破 60 日均线，就说明上涨趋势依然存在。无论是从基本面还是技术分析角度看，玉米都正处于上涨趋势中，因此，它选择买入做多，期望从玉米价格上涨中获得盈利。

开仓信号：等待 2105 合约价格临近 60 日均线时买入开仓，如果价格无法回到 60 日均线附近，宁愿错过也不去追高。

资金管理：买入开仓后保证金占总资金量的 30% 左右，最多不超过 40%，持仓期间不使用盈利加仓，也就是不涉及加仓和减仓安排。

风险控制：如果亏损达到总资金的 20%，无条件止损平仓。

平仓信号：需求急剧减少或者供应量急剧增加导致供需结构逆转、玉米 2105 合约确认跌破 60 日均线，当出现上述任一情况，无条件平仓。

交易过程：狮子账户中有 100 万元，按照计划，它的持仓最多只能占用 40 万元。它根据分析，于 6 月 18 日决定做多，但是当天价格远离 60 日均线，它决定等待价格临近 60 日均线时买入。

等到 6 月 23 日，当天最低价 2101 元/吨距离 60 日均线 2097 元/吨非常近，它于 2110 元/吨买入开仓 150 手，保证金 316500 元［150 手×10 吨/手×2110 元/吨×10%（保证金比例为 10%）］，资金使用率 31.65%，符合既定规则。买入后设置了长期有效的止损价格 1977 元/吨［2110 元/吨 − 200000 元/（150 手×10 吨/手）］，这里的 200000 元是按总资金 100 万元的最大亏损 20% 计算得来，用于按最大可亏损金额计算止损价位，只要到达该价格，系统将自动平仓。

买入后价格于 7 月 2 日短暂跌破 60 日均线，当天最低跌至 2093 元/吨，最大亏损 25500 元（17 元/吨×150 手×10 吨/手）。

其间有国储玉米的大量拍卖，但是它认为国储玉米已所剩无几，无法从根本上扭转供不应求的局面。直到 12 月 14 日，价格跌破 60 日均线，12 月 17 日完全确认已跌破 60 日均线，临近收盘时以 2535 元/吨的价格挂单平仓，当天收盘价 2540 元/吨。虽然后面还有可能重新回到 60 日均线上方，但是本轮操作已结束。详细交易过程见图 4 − 1。

交易结果：不考虑资金成本和交易手续费，赢利（2535 − 2110）×150×10 = 637500（元）。持仓时长近半年，收益率 63.75%，最大风险 2.55%。

交易总结：狮子的操作有运气成分，因为买入后很快上涨，并没有触发止损位。遵守既定交易计划是成功的关键，不论其间波动有多么剧烈，没有出现平仓信号时一概没有操作。最终获取了不菲收益，是非常成功的交易。

（2）猎豹的投机。

猎豹认为（判断依据）：从基本面角度看，玉米供需偏紧，在下个收获季节来临前，供不应求的局面将持续存在；技术分析显示，2105 合约持续处于 60 日均线上方，只要不跌破 60 日均线，就说明上涨趋势依然存在。无论是从基本面还是技术分析角度看，玉米都正处于上涨趋势中，因此，它选择买入做多，期望

图 4-1　狮子的投机过程

从玉米价格上涨中获得盈利。

开仓信号：突破前期高点后买入开仓。

资金管理：买入开仓后保证金占总资金量的 70% 左右。

风险控制：如果亏损达到总资金的 20%，无条件止损平仓。

平仓信号：需求急剧减少或者供应量急剧增加导致供需结构逆转、玉米 2105 合约确认跌破 60 日均线，当出现上述任一情况后，无条件平仓。

交易过程：猎豹账户中有 100 万元，按照计划，它的持仓可占用 70 万元左右。根据分析，它于 6 月 18 日决定做多，但是当天创出新高后下跌，它决定等待再次突破 6 月 18 日高点 2162 元/吨后买入开仓。于是，设置了长期有效的条件单：≥2164 元/吨，以 2164 元/吨买入开仓 350 手。

7 月 10 日，触发条件单，以 2164 元/吨买入开仓 350 手，保证金 757400 元（350 手 × 10 吨/手 × 2164 元/吨 × 10%），资金使用率 75.74%，比既定规则略高。买入后设置了长期有效的止损价格 2107 元/吨 [2164 元/吨 − 200000 元/（350 手 × 10 吨/手）]，只要到达该价格，系统将自动平仓。随后几天连续回落，但是没有触发止损位。

7 月 28 日，当天出现大阴线，猎豹很担心价格会继续下跌导致利润减少，没有严格按照交易计划执行，以临近最低点 2210 元/吨时平仓。赢利（2210 − 2164）× 350 × 10 = 161000（元），总资金变为 1161000 元，按照 20% 的比例计算，下笔交易的最大亏损额度可设定在 232200 元。

之后持续震荡，但是趋势依然符合预期，猎豹决定继续交易，设置条件单在突破 7 月 27 日高点 2289 元/吨后买入开仓：≥2291 元/吨，以 2291 元/吨买入开仓 370 手。

8 月 14 日触发条件单，以 2291 元/吨买入开仓 370 手，保证金 847670 元（370 手×10 吨/手×2291 元/吨×10%），资金使用率 73%，比既定规则略高。买入后设置了长期有效的止损价格 2228 元/吨［2291 元/吨－232200 元/（370 手×10 吨/手）］。

8 月 24 日盘中大跌，MACD 指标有背离死叉迹象，虽然没有到达止损位，但是猎豹很害怕，它决定先平仓等待，再次没有按照交易计划执行，以收盘价 2266 元/吨平仓。赢利（2266－2291）×370×10 =－92500（元），总资金变为 1068500 元，按照 20% 的比例计算，下笔交易的最大亏损额度设定在 213700 元。

平仓出局后，猎豹再次审视做多的依据是否有效，发现趋势依然存在，于是再次设置条件单等待突破前高 2322 元/吨后买入开仓：≥2324 元/吨，买入开仓 340 手。

9 月 7 日触发条件单，以 2324 元/吨买入开仓 340 手，保证金 790160 元（340 手×10 吨/手×2324 元/吨×10%），资金使用率 73.95%，比既定规则略高。买入后设置了长期有效的止损价格 2261 元/吨［2324 元/吨－213700 元/（340 手×10 吨/手）］。

买入后持续上涨，未触发止损位，9 月 23 日，盘中再次大跌，虽然并不满足平仓条件，但是猎豹非常害怕，再次选择在收盘时于 2420 元/吨平仓。赢利（2420－2324）×340×10 = 326400（元），总资金变为 1394900 元，按照 20% 的比例计算，下笔交易的最人亏损额度设定在 278980 元。

平仓出局后，猎豹发现趋势依然存在，于是再次设置条件单等待突破前高 2499 元/吨后买入开仓：≥2501 元/吨，买入开仓 400 手。

10 月 9 日，触发条件单，以 2501 元/吨买入开仓 400 手，保证金 1000400 元（400 手×10 吨/手×2501 元/吨×10%），资金使用率 71.72%，比既定规则略高。买入后设置了长期有效的止损价格 2431 元/吨［2501 元/吨－278980 元/（400 手×10 吨/手）］。

10 月 15 日，盘中再次大跌，在恐惧心态支配下，猎豹依然选择先平仓，不管有没有到达止损位。它以略高于最低价的价格 2520 元/吨平仓，赢利（2520－2501）×400×10 = 76000（元），总资金变为 1470900 元，按照 20% 的比例计算，下笔交易的最大亏损额度设定在 294180 元。

10 月 19 日再次突破前高 2595 元/吨，触发条件单后以 2597 元/吨买入开仓 410 手，保证金 1064770 元（400 手×10 吨/手×2501 元/吨×10%），资金使用率 72.39%，比既定规则略高。买入后设置了长期有效的止损价格 2525 元/吨 [2597 元/吨 – 294180 元/(410 手×10 吨/手)]。

11 月 2 日，盘中暴跌，没有触发止损位，但是猎豹选择在收盘价 2553 元/吨附近平仓。赢利（2553 – 2597）×410×10 = – 180400（元），总资金变为 1290500 元。此后再没有出现交易信号。猎豹的详细交易过程见图 4 – 2 和表 4 – 1。

图 4 – 2　猎豹的投机过程

表 4 – 1　猎豹的投机过程

日期	操作	价位 /(元·吨$^{-1}$)	止损位 /(元·吨$^{-1}$)	盈亏 /元	期末资金 /元	交易理由
7 月 10 日	买入开仓	2164	2107		1000000	突破前高 2162 元/吨
7 月 28 日	卖出平仓	2210		161000	1161000	大跌，担心继续下跌导致利润减少
8 月 14 日	买入开仓	2291	2228			突破前高 2289 元/吨

续表

日期	操作	价位 /(元·吨⁻¹)	止损位 /(元·吨⁻¹)	盈亏 /元	期末资金 /元	交易理由
8月24日	卖出 平仓	2266		−92500	1068500	盘中大跌，MACD指标有背离死叉迹象，害怕继续下跌
9月7日	买入 开仓	2324	2261			突破前高2322元/吨
9月23日	卖出 平仓	2420		326400	1394900	盘中再次大跌，担心继续下跌减少利润
10月9日	买入 开仓	2501	2431			突破前高2499元/吨
10月15日	卖出 平仓	2520		76000	1470900	盘中再次大跌，在恐惧心态支配下平仓
10月19日	买入 开仓	2597	2525			突破前高2595元/吨
11月2日	卖出 平仓	2553		−180400	1290500	盘中暴跌，担心继续下跌亏损扩大

交易结果：不考虑资金成本和交易手续费，总利润290500元，收益率29.05%。

交易总结：猎豹的策略本身没有问题，问题在于没有严格执行策略，开仓时遵守了交易规则，没有冲动开仓，做得很到位，但是平仓时被恐惧心态所支配，没有出现平仓信号就平仓。等发现原来的趋势依然存在后，选择继续开仓，不断开平仓不但错过了更好的赢利机会，还可能破坏心态。

（3）羚羊的投机。

羚羊认为（判断依据）：从基本面角度看，玉米供需偏紧，在下个收获季节来临前，供不应求的局面将持续存在；技术分析显示，2105合约持续处于60日均线上方，只要不跌破60日均线，就说明上涨趋势依然存在。无论是从基本面还是技术分析角度看，玉米都正处于上涨趋势中，因此，它选择买入做多，期望在玉米上涨中获得盈利。

开仓信号：突破前期高点后买入开仓。

资金管理：满仓，有盈余就加仓。

风险控制：如果亏损达到总资金的20%，无条件止损平仓。

平仓信号：需求急剧减少或者供应量急剧增加导致供需结构逆转、玉米2105合约确认跌破60日均线，当出现上述任一情况后，无条件平仓。

交易过程：羚羊账户中有 100 万元，按照计划，它的持仓将占用全部 100 万元。它根据分析，于 6 月 18 日决定做多，但是当天出现新高后下跌，它决定等待再次突破 6 月 18 日高点 2162 元/吨后买入开仓。于是，设置了长期有效的条件单：≥2164 元/吨，以 2164 元/吨买入开仓 460 手。

7 月 10 日，触发条件单，以 2164 元/吨买入开仓 460 手，保证金 995440 元（460 手×10 吨/手×2164 元/吨×10%），资金使用率 99.54%。买入后设置了长期有效的止损价格 2120 元/吨 ［2164 元/吨 – 200000 元/（460 手×10 吨/手）］，只要到达该价格，系统将自动全部平仓。

随后连续几天回落，虽然没有触发止损位，但是保证金不足导致被强行平仓，截至 7 月 15 日最低点 2129 元/吨，已被平仓 63 手，持仓量变为 397 手，资金量变为 860350 元。

随后进入上涨通道，其间只要有富余资金就加仓，截至 7 月 27 日最高价，持仓量已变为 831 手，资金量变为 1798780 元，持仓成本变为 2193 元/吨。

次日开始大幅下跌，不断被平仓，至 7 月 28 日最低价 2206 元/吨，持仓量变为 491 手，资金量变为 1064090 元。

至 8 月 13 日，其间持续震荡，持仓手数和资金量基本没变动，8 月 14 日开始大幅上涨，至 8 月 18 日最高价 2322 元/吨，持仓量变为 838 手，资金量变为 1815160 元，持仓成本变为 2225 元/吨。

之后连续下跌至 8 月 28 日最低价 2252 元/吨，持仓量变为 528 手，资金量变为 1144330 元。

8 月 31 日开始进入上涨通道，至 9 月 14 日最高价 2322 元/吨，持仓量变为 1314 手，资金量变为 2844520 元，持仓成本变为 2310 元/吨。

次日下跌至最低点 2392 元/吨，被不断强平，持仓量变为 751 手，资金量变为 1627760 元。

随后再次上涨至 9 月 22 日最高价 2499 元/吨，持仓量变为 1222 手，资金量变为 2645500 元，持仓成本变为 2365 元/吨。

9 月 23 日大跌，最低至 2410 元/吨，被不断强平，持仓量变为 587 手，资金量变为 1270660 元。

随后继续上涨至 10 月 14 日的最高价 2595 元/吨，持仓量变为 1369 手，资金量变为 2964540 元，持仓成本变为 2452 元/吨。

次日盘中大跌，最低至 2514 元/吨，被不断强平，持仓量变为 655 手，资金量变为 1422150 元。

之后继续上涨至 10 月 19 日的最高价 2629 元/吨，持仓量变为 1103 手，资金量变为 2388350 元，持仓成本变为 2504 元/吨。当天冲高后开始下跌，至 10 月 22 日最低点 2563 元/吨，被不断强平，持仓量减少为 644 手，资金量减少到

1394760 元。

在随后上涨至最高点 10 月 30 日 2626 元/吨后，持仓量增加到 852 手，资金量变为 1844670 元，持仓成本变为 2527 元/吨。

在随后的暴跌中，跌至 11 月 9 日最低价 2492 元/吨时，持仓量锐减至 398 手，资金量变为 866680 元，没有到达 20% 的止损价位，继续按照计划加减仓。

上涨至 11 月 19 日最高价 2619 元/吨时，持仓量增加至 713 手，资金量变为 1544550 元，持仓成本增加为 2543 元/吨。

跌至 11 月 25 日最低价 2551 元/吨时，持仓量减少至 483 手，资金量变为 1045800 元。之后反弹至最高点 12 月 1 日的 2616 元/吨，持仓量增加至 647 手，资金量变为 1401090 元，持仓成本增加至 2554 元/吨。

在随后的下跌中，最低跌至 12 月 15 日，触发止损位，全部平仓，最终资金量剩余为 796500 元。详细交易过程见图 4–3。

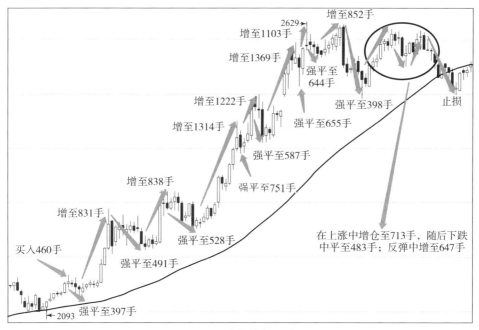

图 4–3 羚羊的投机过程

交易结果：不考虑资金成本和交易手续费，最终止损出局，亏损 203500 元，收益率 –20.35%。

交易总结：羚羊严格执行了既定策略，但是满仓的资金管理模式让它坐了个过山车，在快速上涨过程中曾最高赢利 196%，但是在不断被强平后继续加仓抬高了持仓成本，在回调中非常容易止损出局。在本轮历时近半年的走势中，由于上涨走势非常强劲，其间的回调幅度有限，没有让它止损出局，但是在后期的调整中，最终以亏损 20.35% 的成绩出局。由此可见满仓交易的诱惑与危害，资金管理的重要性不言而喻。

（4）总结。

虽然狮子、猎豹和羚羊都选择做多，但是由于策略不同、心态不同、资金管理模式不同，最终收益差异巨大。

狮子采用的是轻仓长线交易策略，不满足平仓条件时，无论价格波动如何剧烈，都坚持持有，最终收益率 63.75%；猎豹采用的是较重仓位长线交易策略，开仓严格遵守了规则，但是平仓时受到价格波动影响，不满足平仓条件也平仓，最终收益率 29.05%；羚羊采用的是满仓交易策略，严格执行交易策略，最终收益率 −20.35%。

除了结果不同外，交易员的精神状态也会不一样：狮子过得很轻松，只在开仓和平仓时有所动作，其余时候非常舒适，轻松享受生活；猎豹就要紧张很多，时刻关注着价格走势，稍有风吹草动就坐立不安，老在担心会失去已经得到的利润；羚羊就更不用说了，时刻处于精神紧绷状态，永远处于要么开仓要么平仓的过程中。

根据这三种不同交易模式和结果，我们基本可以得出结论：

①资金管理非常重要，满仓交易只有死路一条；

②恐惧会让交易员迷失方向，错失跟踪趋势的机会；

③坚决执行既定策略，是成功交易的保障。

2. 空头的操作

（1）野牛的投机。

野牛认为（判断依据）：从基本面角度看，玉米供需偏紧，但是国家抛储会增加近四分之一的供应量，会压制价格，甚至会导致下跌；从技术分析角度看，玉米正处于上涨趋势中，但是 MACD 背离出现。因此，它选择卖出做空，期望在玉米价格下跌中获得盈利。

开仓信号：5 日均线下穿 10 日均线，且 MACD 指标背离时卖出开仓。

资金管理：卖出开仓后保证金占总资金量的 30% 左右，最多不超过 40%，持仓期间不使用盈利加仓，也就是不涉及加仓和减仓安排。

风险控制：如果亏损达到总资金的 20%，无条件止损平仓。

平仓信号：抛储对市场压制作用不明显、5 日均线上穿 10 日均线且 MACD 出现金叉，当出现上述任一情况后，无条件平仓。

交易过程：野牛账户中有 100 万元，按照计划，它的持仓最多只能占用 40 万元。它根据分析，于 6 月 18 日决定做空，虽然随后 5 日均线下穿 10 日均线，但是 MACD 并未背离，它决定等待。

直到 8 月 27 日出现卖出信号——5 日均线下穿 10 日均线且 MACD 背离，它以临近收盘时的价格 2260 元/吨卖出开仓 133 手，保证金 300580 元（2260 元/吨 ×10 吨/手 ×133 手 ×10%），资金使用率 30.06%，符合既定策略。卖出后设置了长期有效的止损价格 2411 元/吨 ［2260 元/吨 +200000 元/（133 手 ×10 吨/手）］，只要到达该价格，系统将自动平仓。

9 月 7 日，5 日均线上穿 10 日均线且 MACD 金叉，出现平仓信号。但是它认为价格还会下跌，于是违反既定交易规则选择继续持有。如果此时平仓，将亏损115710 元。

次日小幅回调，野牛认为价格肯定会下跌，满怀希望地等待。可惜事与愿违，随后几日价格再次大幅飙升，至 9 月 14 日已到达止损位，它认为这样高的价格不是市场所能接受的，价格肯定会下跌，开始与市场对赌，严重违背既定交易规则，手动撤销止损条件单，选择继续持有。

9 月 15 日果然价格下跌，它庆幸自己没有按照止损标准平仓，同时更加坚定了自己的判断，认为价格肯定会继续下跌。此时它账户已浮亏 188860 元，在坚信价格会下跌的判断下，它为了把这部分亏损补回来，选择以临近收盘的价位2402 元/吨加仓 133 手，而此时并没有出现既定策略中 5 日均线下穿 10 日均线且MACD 指标背离的开仓信号。加仓后，总持仓 266 手，持仓成本变为 2331 元/吨，保证金 620046 元，占剩余资金 811140 元的 76.44%，已完全违背了既定策略，在坚信价格会下跌的预期下，它根本没有考虑设定止损位。

9 月 16 日小范围震荡，它认为震荡完就该快速下跌了。9 月 17 日继续上涨，但是没有突破 9 月 15 日的高点，它依然认为这只是短期的震荡而已，价格肯定会下跌。但是 9 月 18 日的再次大幅上涨击碎了它的幻想，它心跳加速、手脚冰凉，不敢相信眼前的一切，临近收盘时亏损 406980 元，已到达追加保证金和强平的标准。

经过短暂调整后，它重新审视了市场走势，懊恼地发现上涨趋势没有结束，国家抛储几乎没有对市场造成影响，反而加快了上涨的速度；在 9 月 7 日就出现了平仓信号，如果当时平仓，最多亏损 115710 元，自己没有按照规则执行；在到达止损位后愚蠢地将止损单撤掉，选择了继续持有，如果当时平仓，最多亏损200830 元；更可怕的是，在没有任何做空信号出现的时候，主观意识占了上风，为了补回亏损，于 9 月 15 日加了仓，如果不加仓这 133 手，当天平仓最多亏损297920 元，也比现在平仓要少亏损 109060 元。

在焦虑和懊悔中，它不得不平仓，以满足保证金要求。基于对走势的判断，它决定全部平仓，不再操作。以临近收盘 2484 元/吨的价格全部平仓，实际亏损406980 元，亏损比例 40.7%。详细交易过程见图 4 - 4。

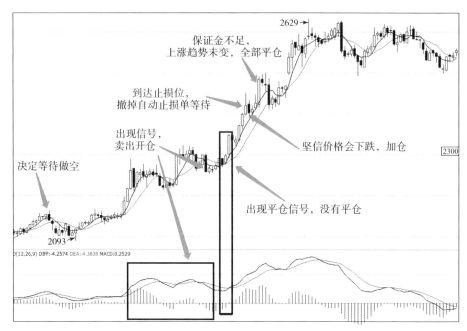

图4-4　野牛的投机过程

交易结果：不考虑资金成本和交易手续费，最终亏损406980元，收益率约-40.7%。

交易总结：野牛出现巨亏的最大原因不是对走势的判断出错，而在于没有坚决执行交易策略。在出现亏损后，侥幸心理占据了上风，一而再，再而三地放弃平仓的机会。补回亏损的心态让它忽略了实际的走势，在没有任何迹象表明上涨趋势已结束的情况下加仓带来了巨大风险，仓位过重让亏损快速放大。最终不得不平仓的时候，才开始重新审视走势是否利于自己的持仓，好在它选择了认赔出局，否则，如果它补充保证金，坚持持有这些空单，在随后的一个月中，它将会亏掉近80%的本金。

（2）鬣狗的投机。

鬣狗认为（判断依据）：长期来看，玉米供需偏紧，价格将持续上涨，但是国家抛储会增加近四分之一的供应量，短期会压制价格，甚至会导致下跌。总体而言，多头趋势更强，它选择多空都做，期望在玉米上涨和下跌中都获得盈利。由于多头趋势强，做多时可以只考虑单一指标，而空头趋势弱，做空时需要综合考虑两个指标，两个指标同时出现做空信号时再做空。

开仓信号：布林通道临近上轨，且MACD指标背离时卖出开仓；布林通道临近下轨或MACD指标金叉时买入开仓。

平仓信号：布林通道临近下轨，或MACD指标金叉时平仓空单；布林通道临近上轨且 MACD 指标背离时平仓多单。

资金管理：开仓后保证金占总资金量的 70% 左右，持仓期间不使用盈利加仓，即不涉及加仓和减仓安排。

风险控制：如果亏损达到总资金的 20%，无条件止损平仓。

交易过程：鬣狗账户中有 100 万元，按照计划，它的持仓可以占用 70 万元左右。它根据分析，于 6 月 18 日决定做空，虽然价格临近布林通道上轨，但是 MACD 并未背离，不符合做空的条件，它决定等待。

7 月 2 日，临近布林通道下轨，当天最低价 2093 元/吨，布林通道下轨 2087 元/吨，出现买入信号，它以 2087 元/吨挂买入单，但是价格再未回到 2087 元/吨，而是一路上涨。之后它错过了近 200 个点的做多机会。

直到 8 月 21 日，价格临近布林通道上轨且 MACD 指标背离，出现做空信号，它决定做空。为了避免错过走势，它以当天收盘价 2300 元/吨做空 310 手，占用保证金 713000 元（2300 元/吨×10 吨/手×310 手×10%），持仓比例 71.3%，基本符合既定策略。卖出后设置了长期有效的止损价格 2365 元/吨 ［2300 元/吨 + 200000 元/（310 手×10 吨/手）］，只要到达该价格，系统将自动平仓。

之后价格回落，在布林通道中线附近受到支撑，未能回到下轨，并且 MACD 指标于 9 月 7 日出现金叉，平仓信号和做多信号出现，它将空单以上轨附近 2334 元/吨平仓，亏损 105400 元，资金减少为 894600 元，可亏损（自动止损）资金为 178920 元。

按照信号，此时它应该做多，但是亏损后心态受到影响，它忽视了只要一个指标出现做多信号就应该买入的规则，而是认为已经到达布林通道上轨，做多有风险，它决定等到价格回落到布林通道中线附近再做多。于是，它又错失了近 200 个点的做多机会。

它只能选择等待，10 月 23 日，价格从布林通道上轨回落且 MACD 指标背离，它以当天收盘价 2572 元/吨卖出开仓 244 手，保证金占用 627568 元（2572 元/吨×10 吨/手×244 手×10%），持仓比例 70.15%，符合既定策略。卖出后设置了长期有效的止损价格 2645 元/吨 ［2572 元/吨 + 178920 元/（244 手×10 吨/手）］，只要到达该价格，系统将自动平仓。

直到 12 月 14 日价格回到布林通道下轨，它以下轨附近 2510 元/吨平仓，盈利 151280 元，资金变为 1045880 元。在持仓期间，价格起起伏伏，但是一直未能触发平仓条件，也未触发自动止损单，它严格按照交易策略持仓，直到出现平仓信号。详细交易过程见图 4－5。

交易结果：在近半年的交易过程中，鬣狗共错过两笔大额盈利机会，完成两笔交易，一笔亏损一笔赢利，不考虑资金成本和交易手续费，最终赢利 45880 元，实现收益率 4.59%。

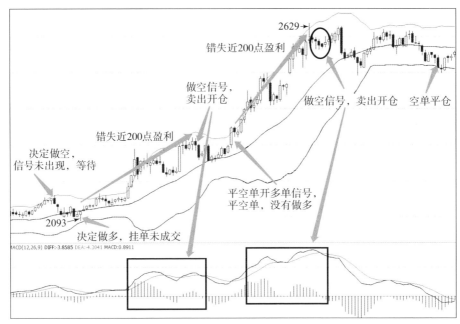

图 4-5　鬣狗的投机过程

交易总结：鬣狗虽然没有出现亏损，但是错过了两次绝佳机会，一次是贪婪所致，另一次是被恐惧所影响。第一次是由于贪图更低的买入价格，于布林通道的下轨位置挂多单未能成交，错过了 200 个点近 62 万元的收益（按持仓比例 70% 计算可持有 310 手）。第二次是由于此前一笔交易的亏损影响到心态，对亏损的恐惧让它不敢按照交易信号入市，也错过了 200 个点近 50 万元的收益（按当时的资金量 70% 计算可持有 244 手）。

贪婪和恐惧是交易人员必然会面临的心理状态，受其影响，会忽视严格执行策略的重要性，不但会错过重要的交易机会，更有可能会出现侥幸心理，导致巨亏。只有机械式的操作才能逐步克服贪婪和恐惧，但是知易行难，在投机中贪婪和恐惧会反过来影响到执行，这要求交易员有强大的心理素质。

（3）兔子的投机。

兔子经常听到期货市场的造富神话，为了实现一夜暴富的幻想，它开始进行期货交易。但它认为期货赚钱就在一买一卖之间，赚钱很容易、很简单，没有经过系统学习，没有制订交易策略，也不知道怎么制订，没有明确的开平仓信号、资金管理、风险管理规则，完全凭感觉和根据道听途说交易。

交易过程：兔子账户中有 100 万元，由于没有资金管理计划，它的持仓在随意变动，更多的时候是不想资金闲着，经常满仓交易。

6 月 18 日，它听到野牛和鬣狗都看空玉米后市，当天玉米价格确实冲高回落，以接近当天最低价的价格收盘，它觉得野牛和鬣狗说得对，做空机会来了，在临近收盘时以 2138 元/吨的价格卖出开仓 460 手，占用资金 983480 元（2138 元/吨×10 吨/手×460 手×10%），持仓比例 98.35%。随后两天的确下跌了，更坚定了它做空的信心，但是自 7 月 2 日开始，玉米价格开始上涨，它时刻关注着别人的观点。

到 7 月 10 日，价格创出新高，此时它听说猎豹和羚羊看多后市，赶紧将空单平仓后买入开仓，平仓价 2154 元/吨，亏损 73600 元，资金变为 926400 元。它马上满仓买入 430 手玉米，开仓价 2154 元/吨，占用资金 9193400 元，持仓比例 99.24%。

随后 3 天小幅下跌，到 7 月 15 日最低跌至 2129 元/吨，此时它又听说野牛还是认为价格会下跌，它觉得野牛的观点更正确，于是以当天收盘价 2140 元/吨将多单平仓，然后卖出开仓。平仓亏损 8600 元，资金变为 917800 元。它反手卖出 425 手玉米，开仓价 2140 元/吨，占用资金 909500 元，持仓比例 99.1%。

随后经过小幅上涨，7 月 23 日突然大幅上涨，它面临着强平的危险，而且它又听到猎豹依然看多后市，而且一直持有着多单，它很后悔没有跟着猎豹做多。无奈之下，它于 7 月 23 日将空单平仓后立刻买入开仓做多，平仓价 2186 元/吨，亏损 195500 元，资金已减少到 722300 元。同时买入开仓 330 手，持仓保证金 721380 元，持仓比例 99.87%。

之后两天继续大幅上涨，它非常开心，不仅将之前的亏损都补回来了，还有盈利。它觉得赚钱也不难，只要跟着别人的消息交易肯定没问题。然而好景不长，7 月 28 日价格大跌，猎豹也于当天将多单平仓了，它听到消息后也马上将多单平仓，平仓价 2220 元/吨，盈利 112200 元，资金量增加到 834500 元。

卖出平仓后，看着当天的这根大阴线，它觉得价格肯定会继续下跌，而且不持有仓位它不踏实，赶紧以收盘价 2220 元/吨卖出开仓了 370 手，保证金 821400 元，持仓比例 98.43%。随后几天价格持续震荡，它看到野牛发表的看空言论，坚定了做空的信心。

8 月 14 日价格再一次大幅上涨，它又一次面临着被强平的风险。由于前几次没有坚持原来的持仓，导致错过了不小的利润，它决定被强平一定仓位后继续做空，至 8 月 18 日，共被强平掉 160 手，实际亏损 163200 元，持仓已由 370 手减少到 210 手，资金量也变为 457100 元。之后价格一直震荡下跌，跌至 8 月 28 日的最低价 2252 元/吨时，虽然它持仓的空单还是亏损的，但是在价格下跌的过程中它看到了希望，认为没有全部平仓坚持做空是对的。

然而，随后几天价格逐步上涨，9 月 7 日再次大幅上涨，此时它听到野牛还在做空，但是猎豹已开始做多了，多空消息交织影响了它的判断，它不知道到底该听谁的。最终，它鉴于之前硬扛着价格回落了的经历，认为价格肯定会再次下跌，不可能涨到天上去，决定还是持有空单。次日开始连续两天价格出现小幅回落，它认为自己的坚持是对的，价格必然会下跌，它放心地持有着空单。

9月10日开始价格再次大幅上涨，它不信价格跌不下来，依然选择被强平持有空单，9月10日被强平30手，持仓量减少到180手。9月11日继续大涨，被强平40手，持仓量减少到140手。次日继续大涨，它饱受煎熬，在要不要继续持仓中艰难做出决定——继续持有，当天被强平40手，持仓量已变为100手，资金量也锐减到不足24万元。9月15日，价格出现回落，它庆幸上日没有平仓，认为价格肯定会继续下跌，说不定还能把亏损补回来。可惜9月18日再次大涨，它已完全红了眼，不闻不问，做起了遇到危险的鸵鸟，再次被强平掉15手，持仓量变成85手，资金量不足19万元。

9月23日，终于迎来了大跌，当天跌幅超过2%。它觉得它的坚持是有价值的，价格终于要回落了，它幻想着即将开始的暴跌会让它把损失都找回来，在哪里跌倒就要在哪里爬起来。可惜随后又一次上涨，至10月9日，玉米跳空高开高走，一而再，再而三地坚持没有等来暴跌，本金却在不断上涨中亏损殆尽了。它在面对强平指令时，做出了艰难的决定——全部平仓，不再等待。它以2537元/吨全部平仓，资金量变成了156450元。交易过程见图4-6。

图4-6　兔子的投机过程

它对这个市场已完全绝望，决定永远离开。怀揣一夜暴富的期望进入，却被无情地割了韭菜，亏损比例高达约84.36%，本金基本亏损殆尽。它对野牛、猎豹这些投机者充满憎恨，认为是它们散布的消息让自己出现巨亏；它后悔自己轻信了别人的传奇，也痛恨那些传播者。它陷入了无尽的痛苦和悔恨中……

交易结果：在不到4个月的交易过程中，兔子共交易5笔，不考虑资金成本和交易手续费，最终亏损843550元，巨亏约84.36%。

交易总结：兔子是看到期货市场有暴富机会后，满怀期望开始交易的，不成想自己却成为猎物。它低估了市场的腥风血雨，高估了自己的能力，在完全没有准备好的情况下就贸然开始交易。它的问题在于没有交易策略，没有开平仓信号，所有决策要么根据市场传言来制订，要么按照自己的期望来做；没有止损策略控制风险，让亏损在侥幸中持续放大；没有资金管理对仓位进行控制和调整，满仓交易让亏损完全失控。

从结果来看，前4笔交易有赚有赔，总体亏损并不大，但是第五笔交易将人性的贪婪、恐惧、侥幸展现得淋漓尽致，死扛亏损的结果就是巨亏出局。

值得一提的是，兔子在交易中也有总结经验，但是总结的经验偏离了交易本质。侥幸死扛盈利后，它将这种侥幸当成了必然，认为只要死扛着后面肯定会跌下来，所以在亏损时不愿离场。这种自以为是的经验总结是最后一笔交易巨亏的导火索。

此外，不从自身寻找原因，将所有问题都推给外界，注定了它不可能在这个市场存活。如果以后它还是以这种态度进入市场，重蹈覆辙是不可避免的。

3. 正确认识投机

笔者站在不同角度、用不同案例对投机行为进行了模拟，虽然是模拟，却是这个市场参与者的众生相，只不过里面没有加入追加保证金的情况。做过投机交易的读者一定能在其中找到自己的影子，希望这样的论述能让读者对投机有基本认识。

经过对比分析，读者应该能够得出结论：对于一个交易员来说，最重要的不是行情判断对了还是错了，而是有属于自己的交易策略并严格执行。交易策略主要包括行情研判、开仓信号、平仓信号、资金管理、风险控制几方面内容，在坚定执行既定策略的前提下，能够在规避风险的同时让利润奔跑。

很多人进入期货市场时和兔子的想法是一样的，都是被神话吸引，期望一夜暴富，可都低估了市场的残酷，也高估了自己的能力。现实中兔子这样的投机者比比皆是，输红眼后很多都永远离开了市场；剩下的经过学习、总结提高后才有可能变成野牛这样的投机者，有些巨亏后也永远退出了市场；幸存者和不愿放弃者继续学习、总结经验后才有可能成为像猎豹、鬣狗这样的投机者，它们身经百战，说不定已经破产好几次了，其间经历的身心煎熬不是一般人能够想象的；狮子这样的投机者万中无一，他们不是拥有与生俱来的能力，而是在磨炼中不断总结进步，再加上一点点运气，才成为市场中的传奇，有些人穷尽一生也没有达到狮子这样的境界。

看起来越轻松的行业，实际做起来越困难，需要付出的努力、承受的挫折、心理和生活的折磨会让一个人彻底崩溃。没有人能够随随便便成功，市场神话随时都会出现，但是我们往往只看到对方的光鲜，没有看到对方悲惨的经历。看起来是"馅饼"的机会往往蕴藏着巨大的风险，看起来一本万利的机会往往是充满噩梦的陷阱。

笔者奉劝各位读者，心态要平和，首先把自己当成一个普通人，在这样的定位下才会小心谨慎地处理万事。如果首先把自己当成天之骄子，等待自己的将是万丈深渊。很多人"以为自己是王者，实际上只是青铜"。

笔者也奉劝从业人员，千万不要在投资者面前吹捧神话，这会让投资者失败得更快，看到投资者被一茬一茬地割韭菜，对于一个有良知的人来说，内心的煎熬不是每个人都能承受的。

笔者奉劝所有人，警惕将"馅饼"吹捧得天花乱坠的人，他们不是愚蠢，就是真坏。

二、套利

鳄鱼看到玉米 2109 合约的上涨速度明显快于 2105 合约，经过分析，它发现市场普遍认为供不应求的局面未来将持续存在，2109 合约到期时正处于青黄不接的时间段，价格会比较高；每年四五月份通常处于需求相对较弱的阶段，需求较弱将不利于 2105 合约价格走强，因此 2109 合约的价格高于 2105 合约是正常现象。用这两个合约间的价差来表示它们之间的关系，可以直观地看到价差的正常波动区间。但是当前 2109 合约的上涨速度明显过快，导致该价差已远远偏离了正常的波动范围，这就不是正常现象了。市场出现了非理性情绪，有可能是由参与者的结构、预期等因素造成的，不管是什么原因，这种非理性一定会回归理性，不可能无限偏离下去。

如果鳄鱼卖出该价差——卖出 2109 合约的同时买入等量 2105 合约，等到价差回到正常波动区间后平仓，将是很好的获利机会。这就是套利，它关注的是价差的走势，而不是价格的走势。

这样的机会不只有鳄鱼发现了，其他交易者也发现了。价差越大，获利的可能性越高，参与套利的交易者也就越多。这样的行为从客观上促使各种异常价格关系趋于正常，可对市场价格起到纠偏的作用，对形成比较公平的价格是非常有益的；而且有助于市场流动性的增强，套利行为的存在增加了期货市场的交易量，提高了期货交易的活跃度，起到了市场润滑剂和减震器的作用，这对于排除或减弱市场垄断力量，保证交易者的正常进出和顺利开展套期保值都有很大好处。

1. 套利与其风险

从本质上讲，套利也是投机，只不过相对于单边做多或做空，套利的风险会更小，因为价差波动的绝对值要比价格波动的绝对值小很多。风险和收益是匹配的，低风险的套利获利能力必然没有单边投机强。

在进行套利交易时，买进自认为"便宜"的资产或合约，同时卖出等量"偏贵"的资产或合约。套利交易的标的是等量的相同或相关资产，因为相同或相关资产在价格走势上具有近似性，两者之间的价差不仅是可以识别、可以理解的，而且在实际走势中，价差也会环绕着平均价差波动。不管这些资产或合约的价格在后期是暴涨还是暴跌，往往是一边亏损另一边赢利，如果盈利高于亏损，就可从中获得套利利润；反之，若盈利低于亏损，就面临套利亏损的结局。如果遇到更加极端的情况，价格变动之后，"便宜"的价格下跌了，"偏高"的价格却又上涨了，则亏损也会变得更大。

2. 套利的分类

从原理上讲，任何商品都可以进行价差分析，只要价差出现非正常波动，就可以通过套利让价差回归到正常波动区间。但是，影响价差波动的因素有很多，如果影响因素毫不相干的品种间出现套利机会，价差并不必然回归正常波动区间。因此，套利必须是针对市场上两个相同或相关资产短期出现的不合理价差进行一买一卖的交易。根据期限不同、品种不同、市场不同，我们可以将套利分为如下几种类型。

（1）跨期套利。

前文中鳄鱼采用的是跨期套利，它买入一种期货合约的同时，卖出了同一交易所内同 品种不同交割月份的期货合约。这样，就构建了针对不同期限合约的套利组合，只要等到近远月价差回归正常区间后全部平仓，就可以获得预期利润。

（2）期现套利。

买入期货合约的同时卖出等量现货，或者卖出期货合约的同时买入等量现货，就是期现套利。买现货同时卖期货被称为正向套利，卖现货同时买期货被称为反向套利。

卖现货买期货的反向期现套利基于期现价差处于正常波动区间以外，要回归该区间，有几种可能：①期货上涨、现货下跌；②期货现货均上涨，但是期货的上涨速度快于现货的上涨速度；③期货现货均下跌，但是现货的下跌速度快于期货的下跌速度。

从头寸组合来看，卖现货买期货的期现套利类似于买入套保。所不同的是，买入套保意味着还没拥有现货，做买入套保的目标是锁定成本；而套利的目标是期望在价差回归的过程中获得收益，套利可以是在买入期货的同时将拥有的现货卖出，也可以没有现货，不过没有现货的话实际收益会大打折扣。

在有现货的情况下，卖出现货买入期货的套利组合很好理解。先卖出现货，期货平仓的同时再买回现货，整个交易就完成了，后期如果无法判断现货价格走势，可以立刻以买入价将这部分现货销售一空。当然，在对现货价格走势无法判断的时候，可以不实际买回现货，只是需要在核算套利收益的时候，按照虚拟买回现货的市场价将现货端的盈亏也考虑进去。如果价差向不利方向持续变动，这种套利方式还可以选择通过实物交割的方式来确保获得套利利润，具体的推算建议读者设计不同场景进行模拟，这里不再展开论述。

在没有现货库存的情况下，可以构建一个虚拟的卖出现货交易，买入期货的同时记录现货价格，等到价差回归到正常区间后将期货平仓。只有在期货价格上涨的情况下，才能获得实际利润，否则利润只存在于虚拟中：期货和现货价格都上涨、期货价格上涨但现货价格下跌的情况下，能够收到实际的盈利，盈利额就是期货上的盈利；如果期货和现货价格都下跌，但是现货价格下跌速度比期货更快，价差也会回归到正常波动区间，回归到正常波动区间后将期货平仓，实际收益是亏损的。

买现货卖期货的正向期现套利也是基于期现价差处于正常波动区间以外，迟早要回归该区间，有几种可能的方式：①期货下跌、现货上涨；②期货现货均上涨，但是现货的上涨速度快于期货的上涨速度；③期货现货均下跌，但是期货的下跌速度快于现货的下跌速度。

从头寸组合来看，买现货卖期货的期现套利实际上就是对库存进行风险管理或者锁定利润的卖出套保，买入现货相当于拥有了库存。但出发点不同，卖出套保是为了防止价格下跌，而期现套利是期望从价差回归中获利；结果也会不同，卖出套保规避了下跌风险、锁定了利润，却丧失了价格继续上涨的获利机会，而期现套利只要价差向有利方向变动就可获利，向不利方向变动就亏损。

与反向期现套利一样，如果价差向不利方向持续变动，也可以选择通过实物交割的办法来确保获得套利利润。

（3）跨市场套利。

有些品种会在不同交易所都有交易，可能标准合约的设置有所不同，但是同一品种在不同交易所会有合理的价差区间。买入一个交易所期货合约的同时卖出另一个交易所同时到期、等量的同品种期货合约，等待价差回归正常区间后平仓，就是跨市场套利。

需要注意的是，这里所说的"等量"，可以是一样的手数，也可以是同样的重量所代表的手数，主要根据统计分析方式确定。简单起见，一般是等量的手数，假如是两个经济体的交易所，还需要考虑到汇率的影响。

（4）跨品种套利。

买入或卖出一种商品期货合约的同时，卖出或买入另一相关联的等量商品期货合约，就是跨品种套利。实际上跨品种套利更多应用于产业链上有关联的不同品种，后者是前者的加工制成品，或者后者是前者的原材料，它们之间的价格具有很强的相关性。当它们之间的价差出现非正常变动的时候，有内在驱动力让其回归正常区间。跨品种套利既可以在同一市场中进行，也可在不同市场间进行。比如：压榨行业的豆油、豆粕和大豆之间可以进行大豆提油套利，化石燃料行业的燃料油、汽油、航空油和石油之间可以进行石油提炼套利。

当出现以下几种情况时，加工商无法获得正常利润，甚至亏损：①原料价格上涨速度过快，产成品价格上涨速度过慢；②原料价格上涨，产成品价格却下跌；③原料价格下跌，但是产成品价格下跌速度更快。当这些情况出现后，人们必然会减少甚至退出生产，一方面原材料需求减少，导致价格下跌，另一方面又会由于产成品供应减少而引发价格上涨，这个互相影响的关系最终会恢复加工商的加工利润。反之，如果加工利润很高，需求上升会导致原材料价格上涨，同时制成品供应量剧增而让价格下跌。

站在较长时期角度观察，商品间的正常价差取决于正常加工利润。如果原材料和产成品的期货价格关系发生变化，按照毛利润公式得到的数值超过了正常的利润幅度，可以卖出产成品期货合约的同时买入原材料期货合约进行套利。对于加工商来说，通过这种套利活动可以弥补现货市场因原材料价格上涨或产成品价格下跌造成的损失。比如：大豆压榨产业链中，1 吨大豆 ≈ 0.185 吨豆油 + 0.78 吨豆粕，当压榨利润超过正常利润水平的套利机会出现时，可以买入 1000 手大豆期货合约的同时，卖出相同月份的 185 手豆油和 780 手豆粕期货合约。

按照毛利润公式得到的数值小于正常的利润幅度（甚至是负值）时，可以在买入产成品期货合约的同时卖出原材料期货合约进行套利，通过这种套利活动可以弥补现货市场中价格倒挂的损失。比如：大豆出现反向提油套利机会后，可以在卖出 1000 手大豆期货合约的同时，买入相同月份的 185 手豆油和 780 手豆粕期货合约。

产业链上有相应期货品种的企业，在开展套期保值的时候，也可以关注这些套利机会，往往会获得额外的收益，风险也非常小。但是，绝对不能交易与企业无关品种的套利机会，因为风险小不代表没有风险，当小概率事件出现时，实体企业的优势是有现货兜底，即使风险出现，也不至于伤筋动骨。

第六节　期　　权

一、初探期权

一直以来，大象与猴子之间都采用远期一口价购销模式。大象虽然能够完全确定采购成本，可以合理安排生产，但是对比市场价发现，有时市场价更便宜，尤其是当价格大幅下跌的时候，它的成本会比市场价高出很多。

大象希望能够确定一个最高采购价。如果价格上涨了，就按照这个最高采购价结算；如果下跌了，随行就市，以更低的价格结算。大象和猴子签订新一期合同的时候，将该想法表达了出来，猴子觉得这是霸王条款，如果价格跌到它的成本价以下，亏损只能由自己承担，这样的要求难以接受，但是大象是大客户，得罪不起，它只能回去再想办法。

猴子碰到了做保险的灰熊，将这个烦恼向灰熊倾诉。在灰熊看来，没有什么是一份保险不能解决的，如果不行那就来两份。于是，灰熊根据棉花的特性，精算设计了一份保险产品，当采购发生时，如果棉花价格下跌了，灰熊将按照保险合同赔付下跌的部分，价格上涨不赔付，这就满足了大象的要求。由于棉花价格波动比普通资产要大很多，因此，保费也要高出很多，它设定保费比例为棉花价格的5%。

猴子作为贸易商，利润微薄，当然不可能承担该保费，它带着这个解决方案去找大象，大象有点犹豫，因为支出的保费会立刻成为增加的成本，如果价格下跌幅度在保费的范围内，它购买保险的意义就不大，但是如果价格跌幅超过保费，就有利可图。经过再三权衡，它接受了这样的方案——远期保价合同。

这样的安排做到了三方共赢：猴子实际上还是用远期一口价合同销售棉花，只要采购成本控制得当，它的收益会很稳定，而且与大象的合作关系更加牢固；大象在价格下跌时获得灰熊的赔付，实际上是用支付保费的方式换取了不错过更低价采购的权利，而且与猴子的合同约定如果价格上涨，猴子还是按照约定的最高价结算，大象通过它锁定了最高采购成本；灰熊获得稳定的保费收入，虽然在棉花价格下跌时需要赔付下跌的部分，但是从长期来看，保费比例的设定让它赔付的总金额要小于保费收入，它依然有利可图。

后来，猴子在采购羊群的棉花时，羊群也提出，希望在确定最低售价的同时获得价格上涨的额外利润，猴子轻车熟路，让灰熊也向羊群卖出了相应的保险。

这虽然不是严格意义上的期权，却能看到期权的雏形，也是它的本质所在——买方通过支付权利金获得未来的某种权利，卖方获得权利金的同时有履行买方权利的义务。

由灰熊提供保险，猴子与大象、羊群签订远期一口价合同，解决了大象想要确定最高采购价、羊群想要确定最低销售价的问题，但是交易起来比较麻烦，涉及三方，每次交易都需要三方共同或分别签署合同。与此同时，看到灰熊通过提供保险获得了不菲的收入，有些猴子觉得自己也可以提供这样的保险，绕开了灰熊后能够让交易流程更简单，于是它开始直接向大象和羊群提供保价合同，也有猴子与灰熊合作，成立了专业公司提供保价合同。就这样，交易主体就由原来的三个变成了两个，而且逐渐成为主力军，简化了交易主体的保价合同为将来流通提供了便利。

这样的保价合同实际上就是期权合约，而这种由交易双方私下协商确定标的物品质、数量、到期时间、行权价格等核心内容的期权被称为"场外期权"，也被称为"非标期权"。

二、期权诞生

有一天，猴子由于资金紧张想转让与大象签订的价格下跌赔付的保价合同，此时距离该保价合同约定的到期时间已经过半，而棉花价格却上涨了 200 元/吨。这份保价合同向大象赔付的可能性很小，谁拿到它基本上都不会有赔付风险。其他猴子根据测算发现转让价格很有吸引力，纷纷出价，最终该保价合同得以成功转让。这样，专门针对保价合同的买卖就出现了。

随着保价贸易模式越来越流行，保价合同越来越多，参与保价合同买卖交易的动物也越来越多。有专门利用信息不对称低买高卖的鳄鱼，有期望锁定最高采购成本的大象、猴子，也有期望锁定最低售价的羊群、猴子，交易所应运而生。为了让大家更公平、公开、公正地参与交易，交易所决定把要转让的保价合同单独挂牌，让大家喊价竞争。但是每个保价合同对应的棉花品质、数量都不一样，竞价者需要花很大精力去测算哪些合同更值钱。随着交易量越来越大，信息来源越来越广泛，给大家造成的麻烦也越来越多。

于是，有动物提出，反正都是棉花的保价合同，不如制定一个统一的标准，确定好品质、数量等基本信息，只对这个标准合同竞价，其他合同参照它的价格来定价，这样大家都方便了，能够很快知道每个保价合同的合理价格。标准保价合同对应的是未来棉花价格涨跌后向买方赔付的可能性，也就是大象在未来行使低价采购的权利，或者羊群在未来行使高价销售的权利，为了和棉花现货有所区别，大家把它叫棉花"期权合约"。"期权"正式出现，这种交易对象是商品的期权被称为"商品期权"，它的标的物是商品，到期执行合同的时候，就是对商品的转移过程。

在制定标的物标准的过程中发现，期货合约对应的就是标准化的棉花，包括品质、数量、到期日等核心内容，它们认为直接按照期货合约的标准来制定商品期权的标的物标准更规范，就这样，商品期权标准化合约正式出现。

发展到这里，基本可以发现"商品期货"和"商品期权"交易的都是合同，但是有很大区别：期货合约的价值是用棉花价格衡量的，期权合约的价值是用权利金多寡来衡量的。期货交易中买卖的是棉花本身的价值，期货合约的价格本质上就是棉花的价格（当然，这个价格和现货价是有区别的，比现货价波动更大，也更公允）；而期权交易的是权利金，期权的价格跟随到期时间、棉花价格等因素变动。

既然期货合约的价格就是棉花的价格，而且期货价格更公允，那么，能不能把商品期权中对应的标的物——棉花现货变成棉花期货合约呢？也就是说，将来转移的不再是现货棉花，而是期货头寸。实践证明，这样的改动带来了几个显著好处：①极大地增强了期权的流动性，让参与者可以顺利买卖，因为像鳄鱼这样的投机客往往不需要交割实物，它们只期望在价格波动中获得收益，越简单越好，如果执行合同，转移的是期货头寸，它们就可以通过平仓来了结头寸，无需进入繁杂的现货交割流程；②为套期保值提供了更好的补充，套期保值只能做到锁定成本或利润的目标，而加入标的物是期货合约的期权，就可以让套期保值达到锁定最高采购成本或最低销售价格的目标；③为基差购销合同双方提供了保价功能，让卖方能够锁定最低销售价，让买方能够锁定最高采购价，真正实现了双赢，而不是买卖双方的博弈。

把商品期货合约作为标的物的期权称为"商品期货期权"，简称"期货期权"。很显然，"商品期权"行权时涉及的是商品的转移，而"商品期货期权"行权时转移的是期货合约。相对于"商品期权"，"商品期货期权"更适合在交易所交易。因此，我们所说的"期权"一般指的是"商品期货期权"。

就这样，真正意义上的"期权"正式诞生。

三、标准与特性

交易所经过调研和多方沟通，最终确定了棉花"期权合约"的标准。

①一个标准合同称为"一手"，对应 1 手棉花期货合约。

②交易标的物是棉花期货合约，分为看涨期权和看跌期权，看涨期权用"C"表示，看跌期权用"P"表示。对期权合约的描述比较烦琐，用代号表示会更直观，比如："棉花 2109 – C – 16000"表示标的物为棉花 2109 合约、行权价格为 16000 元/吨的看涨期权，"棉花 2109 – P – 16000"代表标的物是棉花 2109 合约、行权价格为 16000 元/吨的看跌期权。

③期权合约里最主要的内容之一是行权价格，行权价格是期权买方行使权利

时标的物的持仓价格。比如，买入"棉花 2109 - P - 16000"一段时间后，棉花 2109 合约价格下跌到 15000 元/吨，期权买方选择行权，就可以获得持仓价为 16000 元/吨的棉花 2109 合约的空单，相当于以 16000 元/吨的价格卖出开仓棉花 2109 合约，按照当时的价格 15000 元/吨，可以立刻获得 1000 元/吨的利润。

同一个期货合约有多个不同行权价格的看涨期权和看跌期权，因此，将期货合约、看涨或看跌期权、行权价格三者组合在一起，就会产生多个期权报价。交易者可以从这些不同报价中发现套利等交易机会。

④在买方行权的时候，根据时间不同可以分为两种：只能在某一特定日期（到期日）行权的被称为欧式期权，在到期日前任何一天都可以行权的被称为美式期权。场内期权一般是美式期权，而场外期权普遍是欧式期权。对期权买方而言，美式期权比欧式期权更有利，因为买方可以根据市场行情变动和实际需要灵活选择行使权利的时间；对卖方来说，美式期权意味着更大的风险，因为必须随时为履约做好准备。

由于期权的标的物是期货合约，因此期权合约中诸如合约月份和到期日这些内容是与期货合约相对应的，每日结算、涨跌停板、持仓限额等制度也是一样的。

了结持仓时，期权买方可以选择放弃，但一般没有必要放弃，可以通过卖出期权的方式平仓收回一部分权利金，也可以在有利的情况下行权；期权卖方可以通过买入期权平仓，却无法主动通过行权平仓，只有当期权买方选择行权时，才可能被强制匹配行权。只要买方行权，买方就获得以行权价格计价的期货合约，卖方也将持有反方向的期货合约，比如：买方将看涨期权行权后，将获得期货多单，而卖方就持有同价格的期货空单；买方行权看跌期权，将获得期货空单，卖方会持有同价格的期货多单。在实际交易中，买方可以选择用"自对冲"的方式行权，这样在结算时期货多单将以当天的结算价全部平仓，否则将会一直持有期货多单，需要自行平仓。

目前期权报价一般采用期权特有的 T 型报价形式，如图 4 - 7 所示。

图 4 - 7 中，标的物是棉花 2109 合约，中间一列的数字是行权价格，行权价格左半边是看涨期权，右半边是看跌期权。从图 4 - 7 中可以看到，当前棉花 2109 合约的价格是 16030 元/吨，因此，平值期权可以看作执行价格为 16000 元/吨的期权。左上侧行权价格低于当前市场价格，买方行权后可以立刻获得利润，是实值看涨期权；左下侧买方肯定不会行权，就是虚值看涨期权；与之相对应，右上侧行权价格高于当前市场价格，看跌期权的买方肯定不会行权，是虚值看跌期权；右下侧就是实值看跌期权，买方行权后可以立刻获得利润。建议读者对照上面的报价表动手测算是否行权，也就能更好地理解实值和虚值期权等概念。

期权与期货合约相比，还有其独有的特性。

内在价值	期权理论价值	时间价值	最新	购<行权价格>沽1	最新	时间价值	期权理论价值	内在价值
3230	3220.4773	----	----	12800	----	2	0.0076	----
3030	3021.0842	----	----	13000	3	3	0.0245	----
2830	2821.7218	----	----	13200	----	4	0.0719	----
2630	2622.4355	----	----	13400	----	6	0.1955	----
2430	2423.3232	----	----	13600	9	9	0.4931	----
2230	2224.5784	----	----	13800	12	12	1.1582	----
2030	2026.5535	----	2000	14000	16	16	2.5432	----
1830	1829.8401	----	----	14200	24	24	5.2396	----
1630	1635.3552	----	----	14400	30	30	10.1646	----
1430	1444.4120	18	1448	14600	39	39	18.6313	----
1230	1258.7478	68	1298	14800	55	55	32.3770	----
1030	1080.4806	59	1089	15000	82	82	53.5197	----
830	911.9806	98	928	15200	121	121	84.4296	----
630	755.6605	168	798	15400	176	176	127.5194	----
430	613.7152	202	632	15600	235	235	184.9839	----
230	487.8592	298	528	15800	302	302	258.5378	----
30	379.1211	383	413	16000	387	387	349.2096	----
----	287.7131	333	333	16200	505	335	457.2115	170
----	213.0494	263	263	16400	654	284	581.9577	370
----	153.8337	206	206	16600	778	208	722.1518	570
----	108.2599	167	167	16800	961	191	875.9879	770
----	74.2333	146	146	17000	----	179	1041.3712	970
----	49.5883	122	122	17200	1320	150	1216.1361	1170
----	32.2698	99	99	17400	----	134	1398.2275	1370
----	20.4591	86	86	17600	----	117	1585.8267	1570
----	12.6394	76	76	17800	----	105	1777.4169	1770
----	7.6107	70	70	18000	----	94	1971.7981	1970

合约选择：棉花　2109(36天)　标的：CF2109 最新：16030 涨跌：40 幅度%：0.25 成交量：292093 持仓量：

图4-7　郑州商品交易所棉花期权报价

图片来源：博易大师期货交易软件

1. 权利与义务不对等

大象作为需求方，最担心的是价格上涨，为了规避价格上涨风险，它愿意支付权利金，获得在未来低价采购的权利，于是，它买入期权，很显然，它买入了看涨期权；猴子作为期权卖方，获得权利金，但是当大象行权时它必须履约。

在大象与猴子的交易中，大象买入了看涨期权，如果价格下跌，它肯定不会行使权利，最大的损失就是支付的权利金，价格下跌的过程中就有机会以更低价采购；如果价格上涨，最大收益理论上是无限的，因为理论上价格可以无限上涨，它将行使权利获得期货多单，相当于做了买入保值，锁定了采购成本。对手方猴子卖出了看涨期权，如果价格下跌，大象不会行权，大象支付的权利金就是猴子的最大收益；如果价格上涨，大象行权，猴子必须履约，它的最大亏损理论上是无限的。

羊群作为供货商，最担心的是价格下跌，为了规避价格下跌风险，愿意支付权利金，换取在未来高价销售的权利，很明显，羊群买入的是看跌期权；猴子作为期权卖方，获得权利金，当羊群行权时它必须履约。

在羊群与猴子的交易中，羊群买入了看跌期权，如果价格上涨，羊群肯定不会行权，它的最大亏损是向猴子支付的权利金，但是它可以在价格上涨的过程中以更高价销售；如果价格无限下跌，理论上讲，它的最大收益是当价格下跌到0时的利润，羊群行权会获得期货空单，相当于做了卖出保值，锁定了销售价格。猴子卖出了看跌期权，如果价格上涨，羊群不会行权，羊群向它支付的权利金就是它的最大收益；如果价格下跌，羊群行权，猴子必须履约，理论上讲，猴子的最大亏损将是价格下跌到0时的损失。

由此可见，不论是看涨期权还是看跌期权，买方和卖方的权利和义务是不对等的。买方完全可以自己决定是否行使权利，所以有权利，没有义务，卖方却只有配合买方行权的义务，而没有拒绝的权利。买方通过支付权利金获得权利，只要出现利于行权的机会，买方就可以选择行权，而作为卖方，获得了权利金意味着当买方行权时必须配合买方行权，卖方是没有权利拒绝买方行权的。

2. 买卖双方的保证金不同

权利与义务不对等决定了对买方和卖方不同的保证金要求。对买方而言，支付权利金就可以选择行权，也可以选择不行权，没有义务必须行权，因此，买方无需准备保证金，只需要支付权利金即可；对卖方而言，如果买方行权，就必须履行义务，所以卖方必须交纳保证金，这些保证金能够保证将来有足够的期货合约向买方履约，一般而言，该保证金会比期货保证金略高一些。

3. 实值、虚值与平值期权

在前文粗略介绍过这部分内容，为了让读者加深理解，这里有必要进一步解读。

从期权合约的代号中可以看出，行权价格是每个期权合约的必备要素，并且单个期权的行权价格是固定的。随着期货价格的波动，期货价格肯定会高于、低于或等于行权价格。

对看涨期权来说，如果期货价格高于行权价格，买方行使权利就可以获得价格为行权价的期货多单，再将该期货合约卖出平仓，能够立刻得到收益，我们将这种期货价格高于行权价格的看涨期权称为"实值期权"。如果期货价格低于行权价格，买方肯定不会行使权利，这样的看涨期权称为"虚值期权"，而期货价格等于行权价格的期权称为"平值期权"。

看跌期权中，当期货价格低于行权价格时，如果买方行使权利，将获得价格为行权价格的期货空单，再将该空单买入平仓，能够立刻获得收益，我们将这种看跌期权称为"实值期权"。如果期货价格高于行权价格，看跌期权的买方必然会放弃行权，因为只要行权，就会获得期货空单，而期货空单的持有价格比市场价还低，买入平仓时必然亏损，所以行权完全没有意义，这种看跌期权就是"虚值期权"；期货价格等于行权价格的期权称为"平值期权"。

显然，买方在打算买入期权的时候会发现，实值期权的价格要比平值期权价格高，高出的部分往往是期货价格与行权价格的差额，假如平值期权价格是20，期货价格与行权价格的差值是50，那么实值期权的价格就在70左右（这样的表述并不完全准确，因为时间价值依然会发挥作用，这样表述只是为了让大家近似地了解有关差异）。虚值期权的价格要比平值期权低，但是不可能无限低下去，距离越远，低的幅度就越小。

而且，同一个标的物在同一个行权价格下，如果看涨期权是实值，看跌期权必然是虚值。例如：当前棉花2109合约的价格是16000元/吨，看涨期权"棉花2109 – C – 15000"就是实值期权，买方选择行权时，获得棉花2109合约多头，价格是15000元/吨，按照当前的市场价16000元/吨卖出平仓，可以立刻获得1000元/吨的收益；而看跌期权"棉花2109 – P – 15000"就是虚值期权，买方只要行权，就会获得棉花2109合约空头，价格是15000元/吨，也就是以15000元/吨的价格卖出，要以当前市场价16000元/吨买入平仓，必然是亏损的。

4. 价值不同

我们已经知道，期货价格就是标的物棉花的价格，但是期权的价格却不是这样，期权价格＝内涵价值＋时间价值。

从前面对实值、虚值与平值期权的解读中我们近似地知道，实值期权的价格约等于"平值期权价格＋期货价格与行权价格的差额"，这里"期货价格与行权价格的差额"就相当于期权买方立刻行权时获得的利润，我们把它称为"内涵价值"。

对于平值期权而言，"期货价格与行权价格的差额"等于0。也就是说，买方完全没有必要行权，但是没有到期的平值期权依然是有价格的，这是为什么呢？因为买方在买入期权的时候，是担心错过标的物的价格波动，时间越久，价格波动的可能性就越大，买方获利的可能性也越大，买方愿意支付权利金去换取有利波动的机会，买方愿意支付的这部分权利金就是平值期权的价格。随着距离到期日越来越近，价格大幅波动的可能性越来越小，买方只愿意支付少量权利金去博取价格向有利方向变动的机会，平值期权的价格也就越来越低。而在到期日当天，大局已定，根本就不会有人出价，平值期权的价格就变成0了。

很显然，平值期权的价格高低完全由距离到期日的时间长短决定，我们把它称为"时间价值"。

时间价值是由到期日决定的，由于时间不可能倒流，所以随着时间的推移，时间价值会越来越小，在到期日，时间价值会变成0，期权价格就只剩下内涵价值了。内涵价值是由期货价格与行权价格所决定的，随着时间的推移，标的物期货价格处于不断变动中，有可能高于、低于或等于行权价格，所以实值期权有可能会变成虚值期权，虚值期权当然也可能变成实值期权。

有读者会说，在虚值期权中，"期货价格与行权价格的差额"是负值，期权价格为什么不会变成负值呢？因为对于价值，我们可以说有价值，也就是价值大于0，也可以说没有价值，也就是价值等于0，却不能说价值为负。所以，在虚值期权中，"期货价格与行权价格的差额"没有内涵价值，那么它的内涵价值就是0，它就只有时间价值。

虚值期权并不是没有价值，它没有内涵价值，却有时间价值，只不过它的时间价值比平值期权的要低一些。平值期权变成实值期权的可能性是非常大的，有很多人愿意出价购买，竞买的人多，价格自然水涨船高，而虚值期权变成实值期权的可能性比平值期权要低不少，愿意出价购买的人当然也要少很多，价格自然就要低一些。虚值大小决定了虚值期权的价格高低，虚值越大，它变成实值期权的可能性就越小，买方也就越少，价格就会越低；虚值越小，变成实值期权的可能性就越大，买方就会越多，价格也就会越高。随着标的物价格变化，虚值期权有可能会变成实值期权，虚值期权的买方有可能获得数倍甚至数百倍的收益。

5. 收益与风险不同

期权买方与卖方的风险与收益不同是由其权利和义务不对等决定的。总体而言，期权买方的最大损失是权利金，最大收益从理论上讲是无限的；期权卖方的最大收益是权利金，最大亏损理论上是无限的。

对于期权买方来说，除了不错过未来价格波动机会以外，还可以通过支付权利金的方式获取巨额收益。尤其是以非常低的价格买入虚值期权，等到它变成实值期权后，往往会有数倍的收益。比如：当前棉花2109合约价格16000元/吨，平值看涨期权"棉花2109 - C - 16000"价格是420元/吨，虚值看涨期权"棉花2109 - C - 18000"的价格是70元/吨。大象根据对走势的判断，认为价格将会持续上涨，因此它支付权利金70元/吨买入1手虚值看涨期权"棉花2109 - C - 18000"。过了三个月，棉花2109合约的价格已上涨到18000元/吨，此时之前的虚值看涨期权变成了平值期权，价格为400元/吨（时间价值减小导致平值期权价格下降）。如果此时大象卖出平仓，可获得近5倍收益。又过了两个月，棉花2109合约上涨到19000元/吨，大象买入的虚值看涨期权已经变成了实值看涨期权，此时该看涨期权的价格为1300元/吨（内涵价值1000元/吨，时间价值有所减小），此时大象卖出平仓，可以获得约18倍收益。假如大象买入后价格没有上涨却下跌了，它的最大损失就是70元/吨，用这样高的盈亏比去衡量，这是一笔不错的交易。

但是期权卖方却没有这样巨额的收益机会，卖方的最大收益仅仅是收取的权利金。既然期权卖方面临着如此巨大的风险，而收益并不对等，为什么还有人愿意卖出期权呢？

首先，期权价格随着到期日的临近，时间价值会越来越小，最后只会剩余内涵价值，这给卖方提供了较安全的利润空间。

从前面的论述中我们知道，期权价格＝内涵价值＋时间价值。卖方在卖出期权后能够立刻获得买方支付的权利金，而随着时间的推移，距离到期日越来越近，期权的时间价值将越来越小，直至到期日变成0，时间价值就是卖方的主要收入之一；如果价格向不利于买方行权的方向运行，或者运行幅度小于买方支付的权利金，买方肯定是不会行权的，只要不行权，内涵价值也会变成0，这样，卖方是有可能获得全部权利金的。

其次，在长期上涨趋势中，卖出看涨期权肯定会面临着巨大风险，但是卖出看跌期权被行权的可能性就非常低。因而，大牛市中卖出看跌期权有很大概率能获得全部权利金，大熊市中卖出看涨期权获得全部权利金的胜算也很大。

另外，如果价格在很窄的区间震荡，一直未能出现有利于买方行权的走势，买方也会放弃行权，卖方就可以获得全部权利金。比如：大象买了1手"棉花2109－P－16000"平值期权，支付权利金400元。还记得该代号的意义吧？大象花了400元买了一手看跌期权，行权价格是16000元/吨，标的物是棉花2109合约，当前棉花2109合约的价格也是16000元/吨，因此这是平值期权。只有当价格下跌到15600元/吨以下时，大象行权才有利可图，否则完全没有必要行权。买入该期权后棉花2109合约一直在15600～16400元/吨之间振荡，没有跌破15600元/吨，大象就不会行权，因为行权没有意义，而该期权的卖方就能够完全占有这部分权利金。

还有一种卖方是通过卖出期权开展套保业务。有了期权工具之后，要对库存做保值，除了卖出期货合约，还可以买入看跌期权，也可以采用卖出看涨期权的方式。用卖出看涨期权的方式做套保，被行权后就相当于持有了期货空单，被行权意味着价格上涨了，卖方持有的空单是亏损的，但是实际套保价格要比卖出期货套保的方式高，高出的部分就是卖出期权获得的权利金。

例如：猴子卖出了1手"棉花2109－C－16000"平值期权，收到权利金400元/吨。当棉花2109合约价格上涨到16400元/吨以上，买方将会行权，假如棉花2109合约价格为17000元/吨时买方行权，买方将获得价格为16000元/吨的棉花2109合约多单，按照市价17000元/吨平仓将获得1000元/吨的收益，减掉支付的权利金400元/吨，买方的实际收益为600元/吨；与之相对应，卖方猴子将持有价格为16000元/吨的棉花2109空单，但是它收到了400元/吨的权利金，所以它的实际套保价格为16400元/吨，比直接以16000元/吨卖出棉花2109合约的套保方式要好一些。

四、期权交易策略

经过对期权基础知识的介绍，读者应该已经了解了相关专业术语。为了更好地理解其应用，笔者将通过介绍期权交易策略的方式，帮助读者巩固这部分基础。这部分内容相对比较复杂，笔者争取解读得简单点，加入了一些数据图表，但是会显得比较啰嗦，不过只要跟随节奏阅读下去，理解起来基本没有什么障碍。

1. 买入看涨期权

当投资者预期标的物价格将快速大幅上涨，又担心突发事件导致价格下跌时，通过买入看涨期权，就有机会获得标的物价格上涨产生的收益，无需担心价格下跌带来损失。因为如果价格上涨，行权看涨期权可以获取上涨收益；如果价格下跌，放弃行权自然不会有持仓，价格下跌不会有任何影响。一般而言，在标的物价格低位或波动率低位，预期后市将出现大涨时是看涨期权的最佳买点。

理论上，对于看涨期权买方来说，当市场价格上涨时，潜在盈利无限；当市场价格下跌时，风险有限，最大亏损就是支付的权利金。在不考虑交易成本的情况下，盈亏平衡点 = 行权价格 + 支付的权利金。市场价格上涨，超过盈亏平衡点越多，期权买方盈利越多。

支付一笔权利金 C 买进行权价格 X 的看涨期权，便可享有在到期日之前以价格 S 买入标的物的权利。若标的物价格 S 上涨，期权买方可以行权或平仓，获得价格上涨的收益；如果价格不涨反跌，损失全部权利金 C 放弃权利，也可以通过平仓减少亏损，如果市场证明已经没有行权的必要，一般都会选择平仓的方式了结持仓。买入看涨期权收益曲线见图 4-8（S 为标的物价格，X 为行权价格，C 为权利金）。

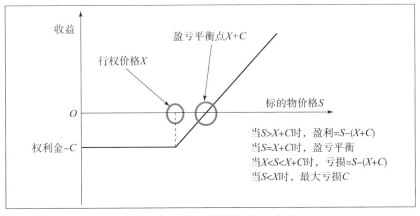

图 4-8 买入看涨期权收益曲线

举个例子：假设投资者买入行权价格为 16000 元/吨的棉花看涨期权，三个月后到期，权利金 400 元/吨。三个月后，如果棉花期货合约涨到 18000 元/吨，投资者选择行权。行权获利 = 期货价格 − 行权价格 = 18000 − 16000 = 2000（元/吨）。净盈亏 = 行权获利 − 权利金 = 2000 − 400 = 1600（元/吨）。盈亏平衡点 = 行权价格 + 权利金 = 16000 + 400 = 16400（元/吨），即棉花期货价格高于 16400 元/吨时，买入看涨期权获利；低于 16400 元/吨时，买入看涨期权亏损。当棉花期货处于盈亏平衡点以下时，没有必要行权，本例中选择放弃（实际交易中选择平仓可以挽回部分损失），损失全部权利金。

到期对应不同期货价格的期权盈亏如表 4 − 2 所示。

表 4 − 2　本案例中不同期货价格对应的期权盈亏　　　　单位：元/吨

标的物价格	行权价格	期权盈亏	权利金支出	净盈亏
15800	16000	0（放弃）	400	−400
16000	16000	0（放弃）	400	−400
16200	16000	0（放弃）	400	−400
16400	16000	400（行权）	400	0
16600	16000	600（行权）	400	200
16800	16000	800（行权）	400	400
17000	16000	1000（行权）	400	600

2. 卖出看涨期权

卖出看涨期权的使用动机取决于投资者对风险和收益的权衡。卖出看涨期权收取权利金，当标的物价格上涨时，卖出看涨期权与卖出期货合约的损失相同，但权利金收入可以弥补价格上涨产生的部分损失。当期货价格下跌时，卖出看涨期权的最大收益为权利金。当波动率较高、期权距到期时间较短、投资者预期标的物价格不涨（下跌或上涨幅度不大）时，卖出看涨期权是比较合理的选择，有很大机会获得权利金。

当标的物价格小于期权行权价格时，买方不会行权，卖方将获得全部权利金。当标的物价格大于期权行权价格与权利金之和时，买方如果选择行权，卖方将不得不履约。如果卖方发现履约的可能性在增加，还可以在买方未提出履约之前，将看涨期权平仓。卖出看涨期权收益曲线见图 4 − 9（S 为标的物价格，X 为行权价格，C 为权利金）。

举例说明：投资者卖出行权价为 16000 元/吨的棉花看涨期权，收取权利金 400 元/吨，期货价格涨到 16800 元/吨，如果买方行权，卖方必须履约。

履约盈亏 = 行权价格 − 期货价格 = 16000 − 16800 元 = −800（元/吨）。净盈

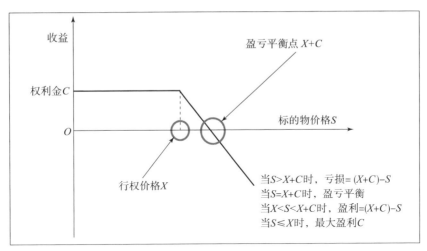

图 4 - 9 卖出看涨期权收益曲线

亏 = 权利金收入 + 履约盈亏 = 400 + (-800) = -400 (元/吨)。盈亏平衡点 = 行权价格 + 权利金 = 16000 + 400 = 16400 (元/吨)，即期货价格低于 16400 元/吨时，卖出看涨期权获利；高于 16400 元/吨时，卖出看涨期权亏损。到期时对应不同期货价格的期权盈亏表见表 4 - 3。

表 4 - 3 本案例中卖出期权在不同期货价格时候的盈亏 单位：元/吨

标的物价格	行权价格	期权盈亏	权利金收入	净盈亏
15600	16000	不履约 (0)	400	400
15800	16000	不履约 (0)	400	400
16000	16000	不履约 (0)	400	400
16200	16000	履约 (-200)	400	200
16400	16000	履约 (-400)	400	0
16600	16000	履约 (-600)	400	-200
16800	16000	履约 (-800)	400	-400

3. 买入看跌期权

与买入看涨期权一样，为了获得更大获利机会，一般选择在标的物波动率较低、价格即将大跌或即将进入下跌趋势时买入看跌期权。买入看跌期权而不直接卖出标的物，是为了防止卖出标的物后价格上涨导致风险不可控，买入看跌期权就可以用较少的资金博取价格下跌收益。标的物价格下跌至行权价格以下时，期权买方行权，高价获得标的物空头头寸，然后低价买入标的物平仓，获得价差利润，在扣除权利金后还有盈余；价格下跌时也可以卖出期权平仓，从而获得权利金价差收入。至于选择行权还是平仓，主要看哪种方式获利更大。如果价格不跌反涨，没有行权必要，可以放弃权利，但是一般都会通过平仓减少损失。

理论上，对看跌期权买方来说，当市场价格下跌时，潜在盈利巨大；当市场价格上涨时，风险有限，最大亏损就是支付的权利金。在不考虑成本的情况下，期权盈亏平衡点＝行权价格－权利金。买入看跌期权收益曲线见图 4 - 10（S 为标的物价格，X 为行权价格，P 为权利金）。

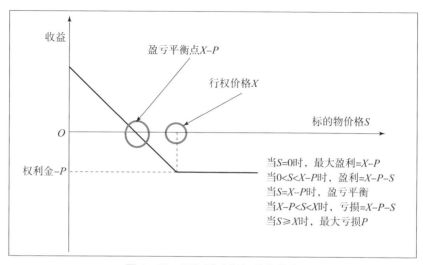

图 4 - 10　买入看跌期权收益曲线

4. 卖出看跌期权

与卖出看涨期权一样，一般选择在波动率较高、预期趋势由下跌变为上涨、期权到期时间较短、预期标的物价格不跌或上涨但幅度不大时卖出看跌期权，此时比较有利。

卖出看跌期权得到的是义务，而不是权利。当标的物价格下跌至执行价以下时，期权买方往往会行权，卖方则被迫履约，卖方将获得以行权价格计价的标的物多头，此时若按下跌后的价格卖出平仓，是高买低卖，会有价差损失，但权利金收入会弥补部分价差损失。如果价格不利于卖方，在买方提出履约前，卖方可以将看跌期权平仓，以减少损失。

对看跌期权卖方来说，当市场价格下跌时，看跌期权面临巨大风险，而当市场价格上涨时，可能获得全部权利金，盈亏平衡点＝行权价格－权利金。卖出看跌期权收益曲线见图 4 - 11（S 为标的物价格，X 为行权价格，P 为权利金）。

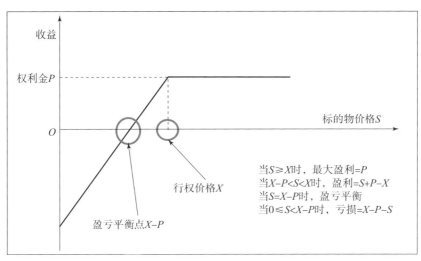

图 4 – 11 卖出看跌期权收益曲线

5. 牛市看涨期权价差策略

牛市价差策略是期权价差策略中比较常用的一种。假如投资者预期标的物价格在未来会上涨，但幅度有限，或者投资者想减少买入看涨期权所支付的权利金成本，可以选择采用较低成本的牛市价差策略。如果标的物价格下跌，卖出看涨期权获得权利金，从而减少了净权利金的支出；如果标的物价格上涨，卖出看涨期权被行权会限制买入看涨期权的收益。

牛市看涨期权价差策略使用看涨期权来构造：买入平值或较浅虚值的看涨期权，同时卖出等量虚值程度更深（行权价格更高）的看涨期权。平值或较浅虚值期权的权利金要比深度虚值期权的贵很多，所以收取的权利金无法弥补支付的权利金，权利金净支出。

如果标的物价格高于卖出看涨期权的行权价格，投资者可获得最大收益，但不管价格上涨到什么程度，最大收益都恒定不变。牛市看涨期权价差的最大盈利 = 卖出看涨期权行权价 – 买入看涨期权行权价 + 净权利金，最大风险是权利金净支出（不考虑交易成本）。

牛市看涨期权价差收益曲线见图 4 – 12。

下面我们以一个例子来说明运用看涨期权构建牛市价差策略的损益情况。

假设当前棉花期货合约价格为 16000 元/吨，预计价格会温和上涨，支付权利金 350 元/吨买入一份行权为 16200 元/吨的棉花期货看涨期权，同时卖出一份行权价为 16800 元/吨的看涨期权，获得权利金 170 元/吨，两个期权都还有 1个月到期。损益情况如下。

这种策略对于想捕捉价格温和上涨，而又不想承担太多下行风险的投资者十分适合。但该策略是中长期交易策略,不适用于短期交易。详情见图 4 – 13、表 4 – 4。

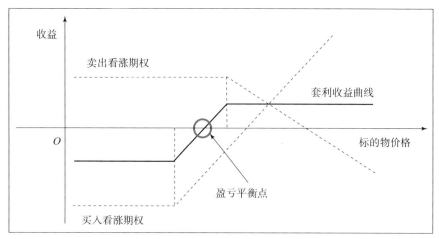

图 4 – 12　牛市看涨期权价差收益曲线

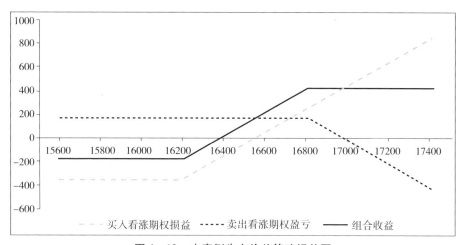

图 4 – 13　本案例牛市价差策略损益图

表 4 – 4　本策略在不同价格下的盈亏　　　　　　　　单位:元/吨

期货价格	权利金支出	权利金收入	买入期权损益	卖出期权盈亏	组合收益
15800	350	170	– 350	170	– 180
16000	350	170	– 350	170	– 180
16200	350	170	– 350	170	– 180

续表

期货价格	权利金支出	权利金收入	买入期权损益	卖出期权盈亏	组合收益
16400	350	170	−150	170	20
16600	350	170	50	170	220
16800	350	170	250	170	420
17000	350	170	450	−30	420
17200	350	170	650	−230	420
17400	350	170	850	−430	420

6. 牛市看跌期权价差策略

预期标的物价格上涨幅度有限，或者投资者不想承担卖出看跌期权的无限风险时，可使用牛市看跌期权价差策略。牛市看跌期权价差策略由卖出平值或虚值的看跌期权和买入虚值程度更深（行权价格更低）的看跌期权组成。由于卖出看跌期权的权利金高于买入看跌期权的权利金，所以会获得权利金。

如果标的物价格上涨，超过卖出看跌期权的行权价格，看跌期权买方放弃行权，在不考虑交易成本的情况下，卖出期权获得的权利金减去买入期权支付的权利金就是权利金的净收入，这将是投资者可获得的最大收益。最大亏损是卖出看跌期权与买入看跌期权的行权价格之差减去权利金净收入。盈亏平衡点 = 卖出看跌期权的行权价格 − 权利金净收入。

牛市看跌期权价差收益曲线见图 4 – 14。

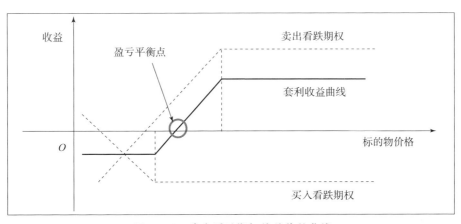

图 4 – 14　牛市看跌期权价差收益曲线

这里不再举例,有兴趣的读者可以通过 Excel 构建这样的组合,绘制出相应的损益表。

7. 熊市看跌期权价差策略

预期价格下跌但幅度有限,或者想减少买入看跌期权所支付的权利金成本,投资者可使用熊市看跌期权价差策略。熊市看跌期权价差交易由买入平值或虚值的看跌期权和卖出虚值程度更深(行权价更低)的看跌期权组成。由于买入看跌期权支付的权利金高于卖出看跌期权获得的权利金,所以投资者通常净支出权利金。

在标的物价格上涨时卖出看跌期权不会被行权,获得的权利金减少了总权利金的支出;在标的物价格下跌时卖出看跌期权被行权,限制了买入看跌期权的收益。熊市看跌期权价差策略的最大盈利 = 买入看跌期权行权价 - 卖出看跌期权行权价 + 权利金净支出,最大风险是权利金净支出。

盈亏平衡点 = 买入看跌期权的行权价格 + 权利金净支出

举例说明:假设当前棉花期货合约价格为 16000 元/吨,预计价格温和下跌,买入一份行权价为 15800 元/吨的棉花看跌期权,支付权利金 330 元/吨,同时卖出一份行权价为 15200 元/吨的棉花看跌期权,获得权利金 140 元/吨,两个期权距离到期日都剩余 1 个月。

这种策略对于想捕捉价格温和下跌,而又不想承担上涨风险的投资者十分适合。与牛市看涨期权价差策略一样,该策略是中长期交易策略,不适用于短期交易。详情见图 4 - 15、图 4 - 16、表 4 - 5。

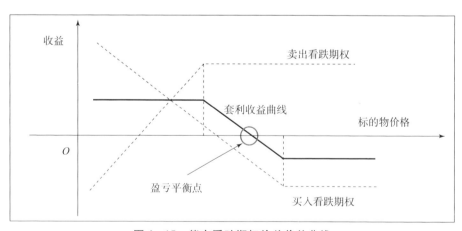

图 4 - 15　熊市看跌期权价差收益曲线

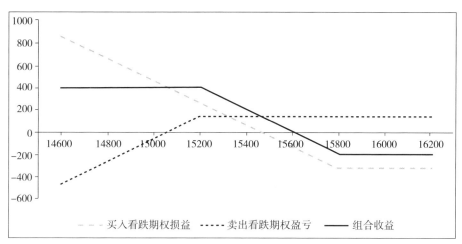

图 4 - 16　本案例熊市看跌期权价差收益曲线

表 4 - 5　本案例中不同价格下的组合收益　　　　单位：元/吨

期货价格	权利金支出	权利金收入	买入期权损益	卖出期权盈亏	组合收益
14600	330	140	870	− 460	410
14800	330	140	670	− 260	410
15000	330	140	470	− 60	410
15200	330	140	270	140	410
15400	330	140	70	140	210
15600	330	140	− 130	140	10
15800	330	140	− 330	140	− 190
16000	330	140	− 330	140	− 190
16200	330	140	− 330	140	− 190

8. 熊市看涨期权价差策略

　　卖方希望在熊市中获利，可以卖出看涨期权，但又不想承担太多价格上涨风险，买入看涨期权。熊市看涨期权价差交易由卖出平值或虚值（行权价格较低）的看涨期权和买入虚值程度更深（行权价格更高）的看涨期权组成。由于卖出看涨期权的权利金高于买入看涨期权的权利金，所以通常会净收入权利金。

　　当市场价高于买入看涨期权行权价时，两个期权都会执行，将获得的期货头寸同时平仓，假设平仓价是 P。卖出看涨期权转化为期货空单，卖权盈亏 = 卖出看涨期权行权价 − P + 权利金收入；买入看涨期权变成期货多单，买权盈亏 =

P – 买入看涨期权行权价 – 权利金支出。净权利金 = 权利金收入 – 权利金支出，所以总盈亏 = 卖权盈亏 + 买权盈亏 = 卖出看涨期权行权价 – 买入看涨期权行权价 + 净权利金。

当市场价高于买入看涨期权行权价时，两个期权都会执行，由于卖出看涨期权行权价低于买入看涨期权行权价，因此，总盈亏将是一个固定值，这也是该组合的最大亏损。

如果市场价低于买入看涨期权的行权价而高于卖出看涨期权的行权价，卖出看涨期权会被执行，而无法执行买入看涨期权。这时将持有期货空头，整体盈利随期货价格的上升而减少。如果上涨超过买入看涨期权的行权价，就会触发上一种情况，因此亏损不会超过最大亏损。

如果市场价格低于卖出看涨期权的行权价，两个期权都不会行权，此时收益是固定值，即权利金净收入，也是该组合的最大盈利。

熊市看涨期权价差收益曲线见图 4 – 17。

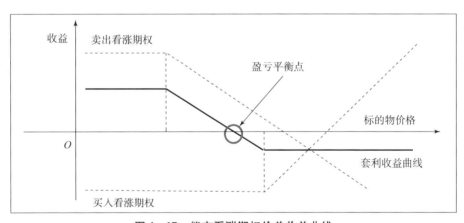

图 4 – 17　熊市看涨期权价差收益曲线

9. 卖出跨式期权策略

当价格刚刚经历了大幅波动，投资者预期近一段时间内将不会出现大幅涨跌，可以卖出跨式期权，它是适合短期使用的策略。卖出跨式期权策略由卖出同执行价格的平值看涨和平值看跌期权组成。

卖出跨式期权的最大收入是两个卖出期权的权利金之和。不考虑交易成本的情况下，当标的物价格等于行权价格时，跨式期权卖方获得最大盈利；价格上涨或下跌的幅度不超过总权利金，可以赢利。

当价格上涨或下跌幅度超过总权利金时，卖出跨式期权面临巨大风险，但此时两类期权不会同时履约：当价格利于看涨期权买方行权时，卖方将获得期货空头头寸，随着价格上涨，组合的亏损将扩大；当价格利于看跌期权买方时，卖方将获得期货多头，随着价格下跌，组合的亏损也将扩大。

卖出跨式期权策略收益曲线见图 4－18。

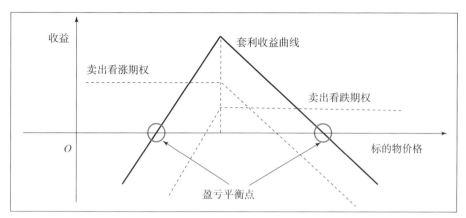

图 4－18　卖出跨式期权策略收益曲线

在该组合中，盈亏平衡点有两个，高平衡点 = 执行价格 + 总权利金，低平衡点 = 执行价格 － 总权利金。

10. 卖出宽跨式期权策略

预期价格不会剧烈波动，只是窄幅调整，市场波动率下降，可用卖出宽跨式期权获取权利金收入。卖出宽跨式期权策略由同时卖出虚值的看涨期权和虚值的看跌期权组成。宽跨式期权合约都是虚值期权，收取的权利金比跨式期权少。

卖出跨式期权的最大收入是权利金之和。不考虑交易成本的情况下，标的物价格介于两个期权的行权价格之间时，宽跨式期权卖方获得最大盈利。

卖出宽跨式期权盈利有限，如果市场价格大幅上涨或下跌，潜在风险极大。对于卖出看涨期权，标的物价格高于行权价，就会被行权，卖出看涨期权变为期货空头，如果上涨大于行权价的幅度小于总权利金，该组合是赢利的；对于卖出看跌期权，标的物价格低于行权价，也会被行权，只不过卖出看跌期权转换为期货多头，当下跌低于行权价的幅度小于总权利金，该组合依然是赢利的。也就是说，如果价格上涨或下跌幅度超过总权利金，就会亏损，幅度越大，亏损越多。

宽跨式期权的盈亏平衡点也有两个：一是看涨期权的行权价加总权利金，二是看跌期权的行权价减去总权利金。

卖出宽跨式期权策略收益曲线见图 4－19。

11. 买入跨式期权策略

预期价格将大幅波动，波动率会增大，但不确定波动的方向，可以使用买入跨式期权策略，从价格突破性波动中获利，投资者希望有消息刺激导致价格大幅波动。

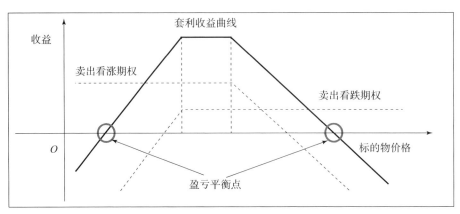

图 4 – 19　卖出宽跨式期权策略收益曲线

买入跨式期权策略由买入行权价格相同的平值看涨期权和平值看跌期权组成，最大风险是买入两个期权支付的权利金之和。

标的物价格等于行权价时，该组合面临最大亏损；当价格上涨或下跌的幅度不超过支付的总权利金时，即便行权，盈利也不足以涵盖总权利金，因此是亏损的；当市场价格大幅上涨或下跌的幅度超过总权利金时，该组合才是赢利的，价格上涨时，收益 = 标的物价格 – 执行价格 – 总权利金，价格下跌时，收益 = 执行价格 – 标的物价格 – 总权利金。

该组合的盈亏平衡点也有两个：一是行权价格加上支付的全部权利金，二是行权价减去支付的全部权利金。

买入跨式期权策略收益曲线见图 4 – 20。

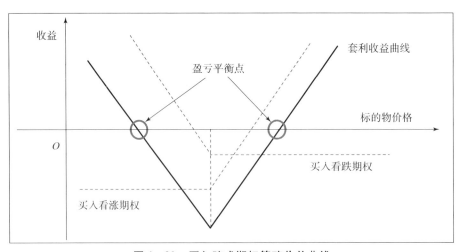

图 4 – 20　买入跨式期权策略收益曲线

举例说明：假设某棉花期货合约的当前价格是 16000 元/吨，一个月后到期、行权价格为 16000 元/吨的看涨期权的价格是 420 元/吨，看跌期权价格是 400 元/吨。同时买入上述看涨期权和看跌期权各 1 手，支付权利金 820 元/吨，则该组合策略的损益曲线如图 4－21 所示。

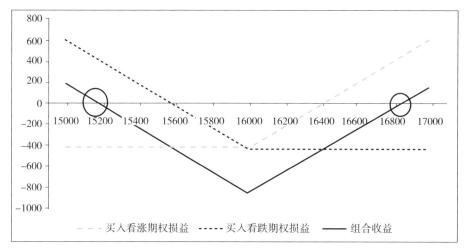

图 4－21　本案例买入跨式期权策略收益曲线

该组合的盈亏平衡点为：16820 元/吨（16000 元/吨 + 400 元/吨 + 420 元/吨）和 15180 元/吨（16000 元/吨 － 420 元/吨 － 400 元/吨）。当期货价格高于或低于盈亏平衡点，该组合才能实现赢利，即：当该棉花期货合约价格大于 16820 元/吨时，看涨期权的行权收益才能完全覆盖两个期权的权利金；当棉花期货合约价格小于 15180 元/吨时，看跌期权的行权收益才能完全覆盖两个期权的权利金。详情见表 4－6。

表 4－6　买入跨式期权组合在不同期货价格下的组合收益

单位：元/吨

期货价格	看涨支出	执行价格	看跌支出	看涨损益	看跌损益	组合收益
15000	420	16000	400	－ 420	600	180
15200	420	16000	400	－ 420	400	－ 20
15400	420	16000	400	－ 420	200	－ 220
15600	420	16000	400	－ 420	0	－ 420
15800	420	16000	400	－ 420	－ 200	－ 620
16000	420	16000	400	－ 420	－ 430	－ 850

期货价格	看涨支出	执行价格	看跌支出	看涨损益	看跌损益	组合收益
16200	420	16000	400	−220	−430	−650
16400	420	16000	400	−20	−430	−450
16600	420	16000	400	180	−430	−250
16800	420	16000	400	380	−430	−50
17000	420	16000	400	580	−430	150

12. 买入宽跨式期权策略

预期价格将剧烈波动，波动率上升，但不确定波动方向的时候，还可以使用买入宽跨式期权策略——买入虚值看涨期权和虚值看跌期权。宽跨式期权合约都是虚值期权合约，买方支付的权利金比跨式期权少。

与买入跨式一样，买入宽跨式期权的最大风险是支付两个期权的权利金之和。当价格介于宽跨式期权的行权价格之间时，面临最大亏损。盈亏平衡点也有两个，一是高平衡点 = 看涨期权行权价 + 总权利金，一是低平衡点 = 看跌期权行权价 − 总权利金。

当价格上涨超过高平衡点或者跌破低平衡点时，组合赢利；价格介于两个平衡点之间时亏损。

买入宽跨式期权策略收益曲线见图 4 - 22。

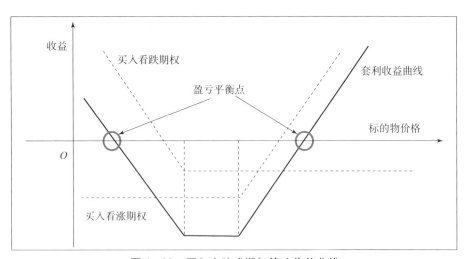

图 4 - 22　买入宽跨式期权策略收益曲线

举例说明：假设投资者认为未来一个月某棉花期货价格会有巨大波动，当前期货价格 16000 元/吨，一个月后到期、行权价格为 16400 元/吨的看涨期权权利金 270 元/吨，相同标的资产、一个月后到期、行权价格为 15600 元/吨的看跌期权权利金 260 元/吨。同时买入上述看涨期权和看跌期权各 1 手，支付权利金 530 元/吨。该策略损益如图 4-23 所示。

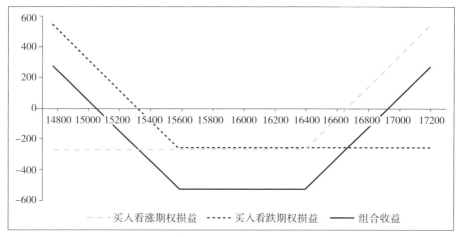

图 4-23 本案例买入宽跨式期权策略收益曲线

该策略的盈亏平衡点有两个：高平衡点 = 16400 + 270 + 260 = 16930 （元/吨），低平衡点 = 15600 - 270 - 260 = 15070 （元/吨）。

只有当价格高于 16930 元/吨或者低于 15070 元/吨时，才能赢利，而介于它们之间时是亏损的，当介于两个行权价 16400 元/吨和 15600 元/吨之间时达到最大亏损 530 元/吨，即买入两个期权合约支付的总权利金。详情见表 4-7。

表 4-7 买入宽跨式期权组合在不同期货价格下的组合收益

单位：元/吨

期货价格	看涨支出	看跌支出	看涨期权损益	看跌期权损益	组合收益
14800	270	260	-270	540	270
15000	270	260	-270	340	70
15200	270	260	-270	140	-130
15400	270	260	-270	-60	-330
15600	270	260	-270	-260	-530
15800	270	260	-270	-260	-530
16000	270	260	-270	-260	-530

期货价格	看涨支出	看跌支出	看涨期权损益	看跌期权损益	组合收益
16200	270	260	−270	−260	−530
16400	270	260	−270	−260	−530
16600	270	260	−70	−260	−330
16800	270	260	130	−260	−130
17000	270	260	330	−260	70
17200	270	260	530	−260	270

第七节 期权套保

在"套期保值"部分，我们解读过利用期货工具开展套期保值的目标、风险等基础知识，也通过简单的事例说明了套期保值的操作方式，那时笔者主要站在认知层面引导读者思考，并未非常深入地探讨。一是套保更注重出发点和目标，在操作之前，企业决策层有必要对套保建立正确的认知，只有认知正确，才能对是否开展套期保值做出客观决策，也才能对套保结果抱有合理预期，这对套期保值持续发挥作用意义重大；二是套期保值是个系统工程，单纯介绍套保方式意义不大，需要用制度建设、研究分析、交易体系、风险控制等完整的业务架构和组织体系来支撑。

我们已经知道，从原理上讲，套期保值可以达到锁定成本、锁定利润的目标，但是实际操作中，由于客观存在的基差波动风险，并无法完全实现套保目标。随着基差合同的出现，基差风险也有了转移的途径，将期货套保与基差合同结合在一起，就完全能够实现锁定成本、锁定利润的目标。

利用期货工具开展套期保值在管理了风险的同时，也放弃了可能的获利机会。在暴利面前，没有任何机构和个人有抵抗力，这也是很多企业开展套保时做着做着就变成投机的原因。期权的面世有其客观需求，而其权利和义务不对等的特性让交易者有机会获取更多获利机会，这也是企业规避价格波动风险的另一种方式和补充。随着基差贸易、含权贸易模式的发展，期货、期权在实体经济中发挥的作用已越来越重要。

一、期权套期保值

"期权"一节中"期权交易策略"的内容更适合投机的群体，但它也是套期保值经常采用的策略。我们在本节将重点介绍使用期权工具开展套期保值的方式、策略等内容。需要注意的是，期权套保是期货套保的补充，也是套期保值不可或缺的一种方式，它依然是套期保值这个系统工程的一部分，不能独立于制度、风控等模块单独存在。

1. 基本原理

期货是现货的衍生品，投资者可以根据方向相反、数量相等、月份相同或相近的操作原则建立期货头寸，管理现货价格波动风险。期权一般以商品期货为交易标的，它是期货的衍生品，由于存在期权行权、期货交割机制，期权价格与期货价格相关，所以也与现货价格相关。利用这种相关关系，使用期权既可以管理现货价格波动风险，也可以对冲期货头寸的风险。

期权交易有四个基本策略：买入看涨期权、卖出看涨期权、买入看跌期权和卖出看跌期权。其他因素不变时，若现货和期货价格上涨，则看涨期权价格上涨，看跌期权价格下跌；若现货和期货价格下跌，则看涨期权价格下跌，看跌期权价格上涨。因此，通过买入看涨期权或卖出看跌期权，行权或被行权后都转化为持有期货多头头寸，可以用于管理现货价格上涨的风险；通过买入看跌期权或卖出看涨期权，行权或被行权后都转化为持有期货空头头寸，可以用于管理现货价格下跌的风险。

2. 期权套期保值的优势

与期货套期保值相比，利用期权进行保值有以下优势。

（1）既可避险保值，又能保留获利机会。

期货套期保值的原理在于期货与现货持仓方向相反、价格变化方向相同，从而可以达到规避风险的目的。投资者用期货为现货保值时，如果现货价格发生不利变化，期货盈利将弥补现货的损失；相反，现货在价格朝有利方向变动时，其获取更多盈利的机会将会被期货的亏损抵消，投资者在规避风险的同时，也丧失了获取更多利润的机会。

买入期权套期保值时，若现货亏损，期权赢利，则期权的保值效果与期货相同，都可以规避价格不利变化的风险，但是，若现货赢利，期权亏损，不论价格变化多大，期权买方的亏损仅限于支付的权利金，现货的盈利却可以随着价格的有利变化而不断扩大。因此，买入期权，等于为企业买了"价格保险"，在避险保值的同时保留了获利的机会。

（2）资金占用少，买入期权无追加保证金风险。

对于期权买方，期权具有很强的杠杆作用，特别是虚值期权，权利金很低，与期货相比，期权的资金使用效率更高。对于期权卖方，收取的权利金可抵补部分保证金，降低资金成本。因此，利用期权套保，企业资金占用会更少。

用期货为现货保值时，如果期货亏损，就要追加交易保证金。若资金不能及时补足，会被强行平仓，套期保值计划就无法实现。利用期权保值时，买方支付的是权利金，不是保证金，买方是否行权由自己决定，并非强制行权，所以无论价格如何变化，都不需要追加保证金，也就不存在资金不足无法实施套保计划的问题，资金管理也更加便利。但是期权卖方受限于只有被行权义务，与期货套保一样，必须交纳保证金，需要根据价格走势应对追加保证金的情况。

（3）方式多样，策略灵活。

在期货保值策略中，为对冲价格上涨或下跌的风险，只能买入或卖出期货。利用期权保值时，可以有更多的策略选择，如买入看涨期权或卖出看跌期权都可以规避价格上涨风险，买入看跌期权或卖出看涨期权也都可以规避价格下跌风险。可以使用不同行权价格、不同到期月份的期权组合套保，在包含买入和卖出期权的套保组合策略中，保值者卖出期权获得的权利金可以抵补买入期权的权利金支出。因此，利用期权保值的方式多样，策略灵活，可以满足企业不同成本和效果的保值需求。

3. 期权套期保值的基本策略

在商业活动中，销售端已持有现货，为了防止价格下跌导致现货减值，有规避价格下跌风险的需求；采购端尚未持有现货，担心价格上涨，增加采购成本，需要对冲价格上涨的风险。

根据价格变动方向、变动幅度，保值成本及目标需要，期权提供了多样化的保值策略，但是构建策略的基础是期权的基本交易策略：买入看涨期权、卖出看涨期权、买入看跌期权和卖出看跌期权。这里必须再强调一遍，只要涉及套保，必须将期货、期权和现货统一核算，如果无法做到统一核算，关注点就会有偏差，最终不但有可能让套保夭折，还可能给企业带来灾难。

接下来的策略解读中，我们将节选《郑商所产业基地总结报告汇编——期权篇》中有代表性的真实案例，并在此基础上进一步探讨。有兴趣的读者可以关注郑州商品交易所官网上的"衍生品学苑"—"学习园地"—"案例汇编"。对国内市场来说，期权是新生事物，企业也在不断探索，阅读案例的过程实际上也是将知识点融会贯通的过程，可以发现企业实操案例中的不足之处，比如在行权还是平仓的问题上，有企业选择了平仓，实际上按照案例中的数据，行权比平仓要多获得40元/吨的收益。

二、采购端期权套保策略

需要购买原材料的企业，不管是生产加工企业，还是仓储商，抑或贸易商，只要未来有购买的需求，就有价格上涨的担忧。为了防止价格上涨增加采购成本，可以通过期货套保锁定采购成本，但是期货套保只能锁定成本，却无法把握价格下跌后更低的采购机会，期权的诞生就是为了满足该需求。此外，用期权套保也可以获得比期货套保更有利的保值价格，还可以将采购成本确定在某个价格区间内。

1. 确定最高采购价的套保策略

规避价格大幅上涨的风险，同时保留价格下跌后以更低成本采购的机会，就确定了最高采购价。这样的好事当然是需要付出代价的，代价就是支付权利金，也就是买入看涨期权。只不过买入实值、虚值还是平值期权，需要综合考虑价格走势、套保目标、交易成本等因素，一般情况下都会选择买入虚值或平值期权，因为实值期权需要支付的权利金会高很多。还需要选择合理时机买入，一般而言，在标的物价格低位或波动率低位，预期后市大涨时是看涨期权的最佳买入时机。

云南××投资有限公司于2019年10月通过买入看涨期权很好地规避了糖价的上涨风险。2019年10月初白糖2001期货价格5400元/吨，云南白糖现货价5800～5900元/吨，通过支付权利金30元/吨购买了"白糖2001－C－5700"（还记得该名称代表的含义吧？执行价格为5700元/吨，标的物为白糖2001合约的虚值看涨期权），10月下旬白糖2001合约上涨到5700元/吨以上，虚值期权变为实值期权，于130元/吨的价格平仓该看涨期权，获利100元/吨，有效降低采购成本100元/吨。该案例虽然也有代表性，但是由于缺乏平仓时的现货价格数据，而且是通过平仓而不是行权的方式做保值，我们无法有效了解具体的保值效果，为了更简单直观地解读该策略，我们通过下面的虚拟案例来阐述。

假定期货与现货的价差不变，2020年5月，玉米现货价格1850元/吨，此时玉米2009合约价格1750元/吨。某饲料公司根据生产和库存情况，拟在2020年8月初购买10000吨玉米，但担心价格会因为减产而太涨。为防止价格上涨风险，并且还想保留价格下跌后更低成本的采购机会，该饲料公司采取买入看涨期权套保策略：2020年5月买入"玉米2009－C－1850"（标的物是玉米2009合约，执行价格为1850元/吨的虚值看涨期权），支付权利金50元/吨。

（1）情景1：2020年8月初，玉米现货价格上涨到2300元/吨，期货2009合约上涨到2200元/吨，则现货亏损（采购成本上升）、期权赢利。如果没有买入看涨期权做保值，现货亏损（采购成本增加）450元/吨；买入看涨期权做保值，执行价格为1850元/吨，期货价格上涨到2200元/吨，行权后期权赢利350元/吨，扣除权利金成本50元/吨，期权赢利300元/吨。综合计算，现货加期权总亏损（总采购成本上升）150元/吨，比不套保降低采购成本300元/吨。

该套保策略的损益情况见表4－8。

表 4 - 8　玉米价格上涨时买入看涨期权套保损益　　单位：元/吨

项目	玉米现货	玉米 2009 合约	玉米 2009 - C - 1850
2020 年 5 月	1850	1750	− 50
2020 年 8 月	2300	2200	350
单项损益	− 450		300
综合损益	− 150		

（2）情景 2：2020 年 8 月初，若玉米现货价格下跌到 1600 元/吨，期货 2009 合约价格下跌到 1500 元/吨，则玉米现货、期权的损益情况见表 4 - 9。

表 4 - 9　玉米价格下跌时买入看涨期权套保损益　　单位：元/吨

项目	玉米现货	玉米 2009 合约	玉米 2009 - C - 1850
2020 年 5 月	1850	1750	− 50
2020 年 8 月	1600	1500	0
单项损益	250		− 50
综合损益	200		

如果不进行买入看涨期权保值操作，现货赢利（采购成本降低）250 元/吨；如果买入看涨期权做保值，该买入看涨期权不必行权，期权损失权利金 50 元/吨。综合计算，现货与期权总赢利（总采购成本降低）200 元/吨，比不做保值增加成本 50 元/吨，增加部分就是买入看涨期权支付的权利金。

（3）情景 3：2020 年 8 月初，如果现货和期货价格变动出现以下情况，则玉米现货、期权损益见表 4 - 10、图 4 - 24。

表 4 - 10　买入看涨期权套保损益表　　单位：元/吨

现货价格	现货收益	期货价格	期权收益	套保综合收益
1600	250	1500	− 50	200
1650	200	1550	− 50	150
1700	150	1600	− 50	100
1750	100	1650	− 50	50
1800	50	1700	− 50	0
1850	0	1750	− 50	− 50
1900	− 50	1800	− 50	− 100
1950	− 100	1850	− 50	− 150
2000	− 150	1900	0	− 150

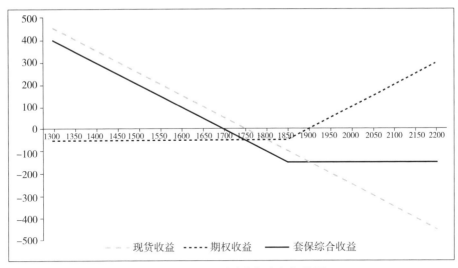

图 4 - 24　买入看涨期权套保损益图

由表 4 - 10 可知，由于买入看涨期权的行权价为 1850 元/吨，8 月初玉米期货价格高于 1900 元/吨时，对应的现货价格高于 2000 元/吨，将买入看涨期权行权获得盈利，而现货亏损，期权的盈利可以弥补现货的部分亏损，期权套保组合的损失（总采购成本上升）是有限的，最大损失为 150 元/吨，其中 50 元/吨是支出的权利金，100 元/吨是由于买入了虚值看涨期权，买入时的行权价 1850 元/吨比当时的期货价格 1750 元/吨高 100 元/吨。

8 月初价格如果出现有利变动，现货价格低于 1850 元/吨，现货逐渐出现盈利，且呈线性增长；相对应的期货价格低于 1750 元/吨，买入看涨期权没必要行权，最大亏损只是权利金 50 元/吨。由此可见，当价格下行时，该套保策略保留了以更低价采购的机会。

2. 降低采购成本的套保策略

假如需求方认为未来价格有可能保持相对稳定，涨跌幅度会比较小，通过卖出一个看跌期权，持有到期后收取的权利金可以冲抵一部分采购成本，从而达到降低成本的目的。需要注意的是，卖出看跌期权只适用于价格波动幅度较小的走势，如果价格大幅下跌，买方会行权，卖方将获得期货多头，相当于做了买入保值，只不过实际套保价格会比直接买入保值低，低的部分就是收取的权利金；如果价格大幅上涨，该看跌期权不会被行权，最大收益仅为收取的权利金，并不能完全规避价格上涨的风险。

浙江××化工有限公司于 2020 年 3 月底卖出甲醇看跌期权，持有至 4 月 3 日期权到期后收获了 14 元/吨的净权利金，有效增强了套保效果。为了更直观地解读该策略，我们采用下面的虚拟案例。

2020 年 5 月，甲醇现货 1900 元/吨，甲醇 2009 期货合约价格 1800 元/吨，某化工企业计划于 2020 年 8 月采购 1 万吨甲醇。考虑到当时价格处于成本价附近，且因疫情原因美联储大规模注入流动性，对市场构成波段支撑，不过下游开工率较低，需求尚处于恢复期，该企业认为价格将在 150 元/吨上下波动。为降低采购成本，该化工企业采用卖出看跌期权的套期保值策略：2020 年 5 月卖出"甲醇 2009 – P – 1650"（标的物为甲醇 2009 合约，行权价格 1650 元/吨的虚值看跌期权），收取 50 元/吨的权利金。

（1）情景 1：2020 年 8 月初，现货价格下降至 1650 元/吨，期货合约价格降到 1550 元/吨。不做保值时，现货盈利（购买成本降低）250 元/吨；卖出看跌期权套保时，价格 1550 元/吨低于执行价格 1650 元/吨，被买方行权，期权亏损 100 元/吨，权利金收入 50 元/吨，期权净亏损 50 元/吨；降低采购成本（现货加期权总盈利）200 元/吨。

该套保策略的损益情况见表 4 – 11。

表 4 – 11　甲醇价格下跌时卖出看跌期权套保损益　　单位：元/吨

项目	甲醇现货	甲醇 2009 合约	甲醇 2009 – P – 1650
2020 年 5 月	1900	1800	50
2020 年 8 月	1650	1550	– 100
单项损益	250		– 50
综合损益	200		

（2）情景 2：2020 年 8 月，甲醇现货价格上涨到 2100 元/吨，期货合约价格涨到 2000 元/吨。套保损益情况见表 4 – 12。

表 4 – 12　甲醇价格上涨时卖出看跌期权套保损益　　单位：元/吨

项目	甲醇现货	甲醇 2009 合约	甲醇 2009 – P – 1650
2020 年 5 月	1900	1800	50
2020 年 8 月	2100	2000	0
单项损益	– 200		50
综合损益	– 150		

如果不做保值，现货亏损（采购成本增加）200 元/吨；进行卖出看跌期权套保操作，价格高于执行价 1650 元/吨，所以买方不会行权，权利金收入为 50 元/吨，期权净盈利 50 元/吨，采购成本增加（现货加期权总亏损）150 元/吨。

（3）情景3：2020年8月，甲醇期货价格并不确定，有可能上涨，有可能下跌。不同价格下的套期保值损益见表4-13、图4-25。

表4-13　卖出看跌期权套保损益表　　　　　　单位：元/吨

现货价格	现货收益	期货价格	期权收益	套保综合收益
1700	200	1600	0	200
1750	150	1650	50	200
1800	100	1700	50	150
1850	50	1750	50	100
1900	0	1800	50	50
1950	-50	1850	50	0
2000	-100	1900	50	-50
2050	-150	1950	50	-100
2100	-200	2000	50	-150

当期货价格高于1650元/吨时，买方不会行权，收取50元/吨的权利金，故在图4-25中套期保值的收益曲线比现货收益曲线高50元/吨，也就使得现货采购成本降低了50元/吨。

而当期货价格低于1650元/吨时，买方会行权，卖方被动持有了多单，随着价格的下跌，现货盈利会被期权的亏损吞噬。卖出期权"甲醇2009-P-1650"时期货价格是1800元/吨，它是虚值期权，当被行权时，卖方将获得虚值期权的虚值部分150元/吨，同时还能收获全部权利金50元/吨，因此，当期货价格低于1650元/吨时，不论价格下跌幅度有多少，实际的盈利一直会保持在200元/吨。也就是说，如果卖出的是虚值期权，假如被行权，能够降低现货采购成本的幅度就是"虚值期权的虚值部分+收取的权利金"。

3. 接近0成本把握采购区间的套保策略

前面第一种策略确定了最高采购成本，可以完全把握下跌中的更低价采购机会，但是代价是支付权利金，这是净支出，随着时间的推移，能够收回来的越来越少；第二种策略通过收取权利金降低了采购成本，这个降低幅度是固定的，假如价格继续下跌，会错过更低价采购的机会。那么，有没有可能用极低或接近0成本的策略把握更低价采购的机会呢？答案是有，不过只能做到一定的区间，无法做到完全抓住所有的下跌空间。通过构建"买入虚值看涨期权+卖出虚值看跌期权"的组合策略就可以实现，这种策略适用于不过度追求价格大幅涨跌机会的企业，也适用于预期价格波动相对稳定的走势。

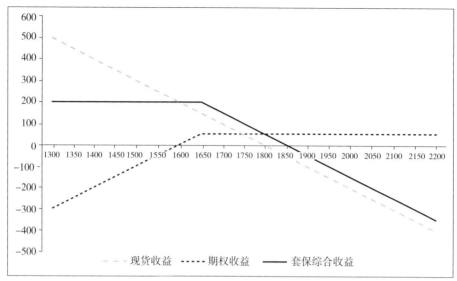

图 4 - 25   卖出看跌期权套保损益图

在有关报告中没有使用这种策略的具体案例，因而我们采用下面的虚拟案例进一步阐述该策略。

2020 年 5 月，某快消品企业计划于 2020 年 8 月采购 5000 吨白糖，当时的白糖现货价为 4800 元/吨，白糖 2009 期货价为 4900 元/吨。白糖有较强减产预期，但疫情肆虐导致消费减少，未来存在不确定性。为规避白糖价格上涨风险，可以买入虚值看涨期权，但是由于距离到期日时间较长，需要支付的权利金很高，为了降低保值成本，卖出虚值看跌期权。

2020 年 5 月，买入"白糖 2009 - C - 5100"（标的物是白糖 2009 合约，执行价格 5100 元/吨的看涨期权，当前白糖 2009 合约价格 4900 元/吨，所以是虚值期权），支付权利金 100 元/吨；为降低权利金成本，卖出"白糖 2009 - P - 4700"（标的物是白糖 2009 合约，执行价格 4700 元/吨的看跌期权，同理，它是虚值看跌期权），收到权利金 110 元/吨。该策略的套期保值损益情况见表 4 - 14、图 4 - 26。

表 4 - 14   策略损益   单位：元/吨

现货价格	期货价格	买看涨	卖看跌	现货收益	套保收益
4400	4500	- 100	- 90	400	210
4500	4600	- 100	10	300	210
4600	4700	- 100	110	200	210
4700	4800	- 100	110	100	110
4800	4900	- 100	110	0	10

续表

现货价格	期货价格	买看涨	卖看跌	现货收益	套保收益
4900	5000	– 100	110	– 100	– 90
5000	5100	– 100	110	– 200	– 190
5100	5200	0	110	– 300	– 190
5200	5300	100	110	– 400	– 190
5300	5400	200	110	– 500	– 190
5400	5500	300	110	– 600	– 190

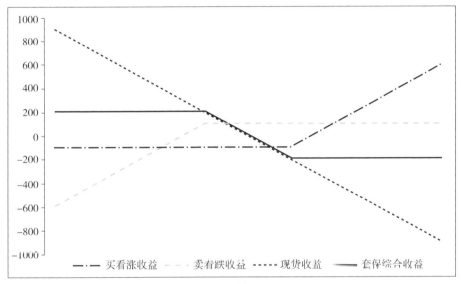

图 4 – 26　策略损益

买入看涨期权的支出为 100 元/吨，卖出看跌期权收入 110 元/吨。该套期保值组合成本变成 – 10 元/吨。该组合在做保值的同时还能收到额外收益，是负成本的套保策略。

当期货价格高于虚值看涨期权行权价时，出现最大亏损 190 元/吨，实际上该亏损值是由总权利金 10 元/吨和看涨期权的虚值 200 元/吨组成的：卖出看跌期权在价格上涨时肯定不会被行权，由背景资料可知，买入看涨期权时期货价格 4900 元/吨，而该看涨期权的行权价是 5100 元/吨，所以该看涨期权是虚值期权，虚值额为 200 元/吨，价格高于看涨期权行权价后可以行权，该虚值期权已变成实值期权，变成实值期权的过程中内含价值归卖方所有，买方行权就需要支出这部分虚值额，故而最大亏损应该为 10 – 200 = – 190 （元/吨），该亏损增加了现货采购成本，最终现货采购成本为 4800 + 190 = 4990（元/吨）。

期货价格低于 4700 元/吨，最大盈利 210 元/吨。该盈利由总权利金 10 元/吨和卖出看跌期权的虚值 200 元/吨组成：买入看涨期权在价格下跌时肯定不会行权，由背景资料可知，卖出该看跌期权时期货价格 4900 元/吨，而该看跌期权的行权价是 4700 元/吨，所以该看跌期权是虚值期权，虚值额为 200 元/吨，价格低于看跌期权行权价后被买方行权，该虚值期权已变成实值期权，变成实值期权的过程中内含价值收益归卖方所有，被行权结果必然要加上这部分虚值额，故而最大盈利应该为 10 + 200 = 210（元/吨），该盈利降低了现货采购成本，最终现货采购价格为 4800 - 210 = 4590（元/吨）。

也就是说，不论价格如何变动，这种策略将采购区间锁定在了区间（4590，4990）内，属于风险有限收益也有限的策略。基于套保开始时的现货价格，其采购价格区间下限由净权利金和卖出看跌期权的虚值额度决定，上限由净权利金和买入看涨期权的虚值额度决定。

三、销售端期权套保策略

持有现货的生产企业、仓储商或贸易商，如种植、销售棉花的农场，只要持有现货，就会担心价格下跌让商品减值。与采购端原理一样，销售端为了防止价格下跌，减少利润，用期权套保也可以获得比期货套保更高的保值价格，还可以将销售价格确定在某个价格区间内。

1. 确定最低销售价的套保策略

规避价格大幅下跌的风险，同时保留价格上涨后以更高价销售的机会，就确定了最低销售价。与采购端的原理一样，买入看跌期权就可以做到。一般情况下也都选择买入虚值或平值期权，在标的物价格高位或波动率低位、预期后市将大幅下跌时是看跌期权的最佳买入时机。

上海 ×× 贸易有限公司于 2018 年 5 月 30 日买入棉花看跌期权，至 7 月 9 日平仓，收获权利金 428 元/吨。该案例从结果来看是不错的交易，但是在波动率很高的情况下买入期权并不划算，而且没有现货价格支持，无法体现其套保意义，因此，我们用下面的虚拟案例进一步阐述这种套保策略。

2020 年 5 月，棉花现货价格为 12000 元/吨，棉花 2009 合约价格 11600 元/吨。某棉花贸易企业根据自身购销情况及市场判断 8 月份棉花有丰产预期，届时企业库存压力将会很大，而该企业尚有 5 万吨的风险敞口，担心价格下跌造成损失。为防止价格大幅下跌造成这部分棉花减值，并保留价格上涨后以更高价销售的机会，该企业于 2020 年 5 月支付权利金 130 元/吨买入"棉花 2009 - P - 11200"（标的物是棉花 2009 合约，执行价格为 11200 元/吨的虚值看跌期权）。

（1）情景1：2020年8月，棉花现货上涨到12800元/吨，期货价格12400元/吨，现货赢利，期权放弃行权，损失权利金130元/吨。套保损益情况见表4－15。

表4－15　棉花价格上涨时买入看跌期权套保损益　　单位：元/吨

项目	棉花现货	棉花2009合约	棉花2009－P－11200
2020年5月	12000	11600	－130
2020年8月	12800	12400	0
单项损益	800		－130
综合损益	670		

如果不做保值，现货赢利或销售收入增加800元/吨；买入看跌期权后，由于价格上涨，没有行权的必要，期权亏损的是权利金130元/吨，现货销售收入增加670元/吨。

（2）情景2：2020年8月，棉花现货价格下跌至11200元/吨，现货亏损，期货价格跌到10800元/吨，价格低于11200元/吨，所以行权，期权赢利，套保损益情况见表4－16。

表4－16　棉花价格下跌时买入看跌期权套保损益　　单位：元/吨

项目	棉花现货	棉花2009合约	棉花2009－P－11200
2020年5月	12000	11600	－130
2020年8月	11200	10800	400
单项损益	－800		270
综合损益	－530		

如果不做保值，现货销售收入下降800元/吨，买入看跌期权后，期权赢利400元/吨，扣除权利金支出130元/吨，期权总赢利270元/吨，所以现货销售收入减少530元/吨。

（3）情景3：2020年8月，若标的物出现以下价格变动，套保损益见表4－17、图4－27。

表4－17　买入看跌期权套保损益表　　单位：元/吨

现货价格	现货收益	期货价格	期权收益	套保综合收益
11200	－800	10800	270	－530
11400	－600	11000	70	－530
11600	－400	11200	－130	－530

续表

现货价格	现货收益	期货价格	期权收益	套保综合收益
11800	−200	11400	−130	−330
12000	0	11600	−130	−130
12200	200	11800	−130	70
12400	400	12000	−130	270
12600	600	12200	−130	470
12800	800	12400	−130	670
13000	1000	12600	−130	870

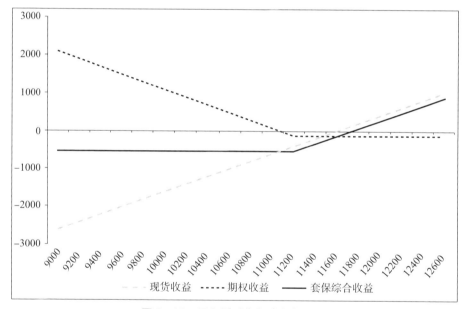

图 4 – 27　买入看跌期权套保损益图

看跌期权行权价是 11200 元/吨，当棉花期货价格低于 11200 元/吨后，买入看跌期权可以行权，期权赢利，期权的盈利能够弥补现货的部分损失。由于买入看跌期权行权价 11200 元/吨低于买入时的期货价格 11600 元/吨，属于虚值期权，虚值部分为 400 元/吨，该虚值期权变成实值期权的过程中内含价值归卖方所有，买方行权就需要支出这部分虚值额，支付权利金 130 元/吨，因而可以锁定的最大亏损为 530 元/吨。

若 8 月份棉花期货价格高于 11600 元/吨，期权没有必要行权，放弃期权行权的损失为权利金 130 元/吨，对应的现货价格高于 12000 元/吨，现货开始逐渐出现盈利。因此，当现货价格上行时，保留了赢利的可能。

2. 增加销售利润的套保策略

与采购端的原理一样，假如卖方认为未来价格有可能保持相对稳定，涨跌幅度会比较小，通过卖出一个看涨期权，持有到期后收取的权利金可以增加销售利润，从而达到提高售价的目的。需要注意的是，卖出看涨期权只适用于价格波动幅度较小的走势，如果价格大幅上涨，买方会行权，卖方将获得期货空头，相当于做了卖出保值，只不过实际套保价格会比直接卖出期货保值高，高的部分就是收取的权利金；如果价格大幅下跌，该看跌期权不会被行权，最大收益仅为收取的权利金，并不能完全规避价格下跌的风险。

宁波××实业有限公司于 2020 年 2 月份选择通过卖出看涨期权的方式对 PTA 库存进行风险管理，取得了很好的效果，说明面对不同市场情况需要选择更有利的套保方式。

2020 年春节期间新冠疫情暴发，国际原油价格大幅下跌，节后 PTA 连续跌停，随着恐慌情绪得以释放，国际油价企稳反弹，但是下游普遍停工，需求有限，预期上涨幅度有限，PTA 期权的隐含波动率跳涨到 25%，处于历史较高波动率水平。××实业在春节前就对 2 万吨 PTA 用卖出期货做了保值，在节后价格企稳的过程中将其中一半库存的期货转换为期权。2 月 5 日，以 4398 元/吨的均价将 1 万吨 PTA2005 合约空头平仓，同时卖出执行价格为 4400 元/吨和 4450 元/吨的看涨期权各 5000 吨，分别收到权利金 175 元/吨和 150.5 元/吨。2 月 20 日，PTA2005 合约价格上涨到 4528 元/吨，在 PTA 期货价格反弹的过程中，卖出的看涨期权由于隐含波动率下降，价格并没有跟随 PTA 期货价格上涨而上涨。随着客户开始承接 PTA 现货，将这部分期权平仓，净亏损 3 万元；而假如继续持有期货空头头寸，则将出现 130 万元的亏损，效果一目了然。

这是灵活运用套保工具的典型案例，但并不能直观展示卖出看涨期权的套保效果，因此，我们采用下面的虚拟案例进一步阐述。

2020 年 5 月，某贸易企业根据购销情况，预计在 2020 年 8 月有 1 万吨的 PTA 需要销售，综合考虑当时市场环境，认为 PTA 价格在区间波动的概率较大，但担心到时候 PTA 价格下跌减少利润。当时 PTA 现货 3600 元/吨，PTA2009 期货价格 3500 元/吨。卖出"PTA2009 – C – 3650"（标的物是 PTA2009 合约，行权价格 3650 元/吨的虚值看涨期权），收取权利金 90 元/吨。

（1）情景 1：2020 年 8 月，PTA 现货价格跌到 3400 元/吨，期货价格跌到 3300 元/吨，则具体损益情况见表 4 – 18。

表 4 – 18   **PTA 价格下跌时卖出看涨期权套保损益**   单位：元/吨

项目	PTA 现货	PTA2009 合约	PTA2009 – C – 3650
2020 年 5 月	3600	3500	90
2020 年 8 月	3400	3300	0
单项损益	– 200		90
综合损益	– 110		

不做保值时，现货销售收入减少 200 元/吨；卖出看涨期权保值时，由于价格下跌到 3300 元/吨，低于行权价 3650 元/吨，买方不会行权，卖方将收获全部权利金 90 元/吨，总销售收入减少（现货加期权总亏损）110 元/吨。相比没有做保值，减少了 90 元/吨的损失，这 90 元/吨就是收取的权利金。

（2）情景 2：2020 年 8 月，若 PTA 现货价格上涨到 3900 元/吨，对应的期货合约价格上涨到 3800 元/吨，则具体损益情况见表 4 – 19。

表 4 – 19   **PTA 价格上涨时卖出看涨期权套保损益**   单位：元/吨

项目	PTA 现货	PTA2009 合约	PTA2009 – C – 3650
2020 年 5 月	3600	3500	90
2020 年 8 月	3900	3800	– 150
单项损益	300		– 60
综合损益	240		

不做保值时，现货销售收入增加 300 元/吨；卖出看涨期权保值时，价格高于行权价，买方会行权，卖方将获得价格为 3650 元/吨的期货空头头寸，以市价 3800 元/吨平仓，亏损 150 元/吨，权利金净收入 90 元/吨，期权实际亏损 60 元/吨，现货加期权的总盈利 240 元/吨。也就是说，相比保值操作时的现货价格 3600 元/吨，经过套保操作后，实际销售价格将是 3840 元/吨。

（3）情景 3：2020 年 8 月，PTA 期货价格并不确定，可能会有很多情况，不同情况下的套期保值损益见表 4 – 20、图 4 – 28。

表 4 – 20   **卖出看涨期权套保损益**   单位：元/吨

现货价格	现货收益	期货价格	期权收益	套保综合收益
3300	– 300	3200	90	– 210
3350	– 250	3250	90	– 160
3400	– 200	3300	90	– 110

续表

现货价格	现货收益	期货价格	期权收益	套保综合收益
3450	−150	3350	90	−60
3500	−100	3400	90	−10
3550	−50	3450	90	40
3600	0	3500	90	90
3650	50	3550	90	140
3700	100	3600	90	190
3750	150	3650	90	240
3800	200	3700	40	240
3850	250	3750	−10	240
3900	300	3800	−60	240

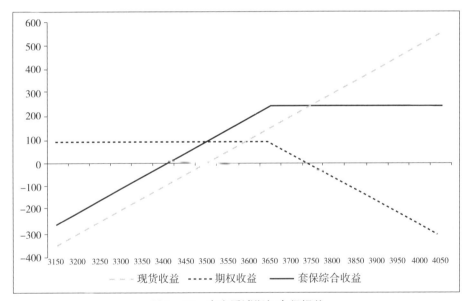

图 4 − 28 卖出看涨期权套保损益

当价格低于 3650 元/吨时，买方将不会行权，卖方能够获得全部权利金，故在图 4 − 28 中套期保值的收益曲线比现货收益高出了 90 元/吨，卖出看涨期权保值虽然能够增加现货盈利，但是，很显然它无法将价格下跌的风险完全转移出去。当价格高于 3650 元/吨后，买方行权，卖方获得期货空头头寸，锁定了销售价格，相当于在更高价格做了期货卖出保值，高出的部分就是收取的权利金。

也就是说，这样的组合在大幅上涨中会错过上涨带来的收益，最多只能获得 90 元/吨；在大幅下跌中无法将风险转移出去，只能做到比当时的现货价高 90 元/吨。所以只适合在价格波动不大且距离到期日较近的时候使用，而根据历史走势我们知道，短期大幅涨跌的情况并不多见，市场在短期内更多处于震荡中，这利于采用卖出期权保值策略，可以稳定地获取权利金，增加销售利润。

3. 接近 0 成本把握销售区间的套保策略

与采购端的逻辑一致，通过构建"买入虚值看跌期权 + 卖出虚值看涨期权"的组合策略，可以实现把握销售区间的目标。这种策略适用于不过度追求价格大幅涨跌机会的企业，也适用于预期价格波动相对稳定的走势。

武汉××农产品交易市场股份有限公司于 2019 年 10 月底 11 月初基于对当时棉花市场的看法——看不到大幅上涨的驱动力，也看不到继续大幅下跌的空间，多空双方分歧加剧，选择采用"买入虚值看跌期权 + 卖出虚值看涨期权"的组合策略。支付 100 元/吨买入了"棉花 2001 – P – 12600"，同时卖出"棉花 2005 – C – 14600"，获得 330 元/吨的权利金，当时棉花 2001 合约的价格在 13000 元/吨左右，因而买入的看跌期权是虚值期权，棉花 2005 合约价格在 13600 元/吨左右，卖出的看涨期权也是虚值期权，之所以卖出期权的权利金比买入期权的权利金高出很多，是到期日不同所致。在《郑商所产业基地总结报告》刊发时该组合策略尚未结束，因而不确定最终结果，但从棉花 2001 和 2005 合约走势来看，在 2019 年底之前价格处于先跌后涨的区间内，该策略应该可以获得较满意的结果。为了更直观地理解该策略，我们采用下面的虚拟案例进一步阐述。

2020 年 3 月，某农场计划于 8 月份卖出 10 万吨棉花现货，但受疫情影响全球加工业基本处于停滞状态，需求很弱，价格可能进一步下跌，但是基于全球央行大范围注入流动性，资产价格极有可能将不断上涨，棉花也不例外。当时棉花现货 16500 元/吨，期货 16000 元/吨，为规避棉花价格下跌的风险，可以买入看跌期权，但是由于距离到期日时间较长，需要支付的权利金很高，为了尽可能降低套保成本，卖出看涨期权。

2020 年 3 月，为了转移价格下跌风险，买入"棉花 2009 – P – 15000"（标的物是棉花 2009 合约，执行价格为 15000 元/吨的看跌期权，由于当前棉花 2009 价格为 16000 元/吨，所以是虚值看跌期权），支付权利金 400 元/吨；同时，为减少权利金支出，卖出"棉花 2009 – C – 17000"（标的物为棉花 2009 合约，执行价格为 17000 元/吨的看涨期权，同理，它是虚值看涨期权），收到权利金 380 元/吨。损益情况见表 4 – 21、图 4 – 29。

表 4 - 21 策略损益

现货价格	期货价格	买看跌	卖看涨	现货收益	套保收益
15300	14800	− 200	380	− 1200	− 1020
15500	15000	− 400	380	− 1000	− 1020
15700	15200	− 400	380	− 800	− 820
15900	15400	− 400	380	− 600	− 620
16100	15600	− 400	380	− 400	− 420
16300	15800	− 400	380	− 200	− 220
16500	16000	− 400	380	0	− 20
16700	16200	− 400	380	200	180
16900	16400	− 400	380	400	380
17100	16600	− 400	380	600	580
17300	16800	− 400	380	800	780
17500	17000	− 400	380	1000	980
17700	17200	− 400	180	1200	980

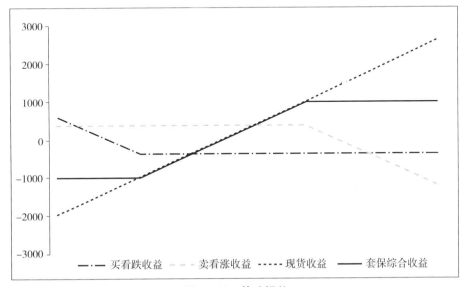

图 4 - 29 策略损益

买入看跌期权的支出为 400 元/吨，卖出看涨期权收入 380 元/吨，权利金净支出 20 元/吨。若仅采用买入看跌保护性套期保值，则需要支付 400 元/吨。显然，这基本是 0 成本的策略。

当价格低于看跌期权的行权价格时，出现最大亏损 –1020 元/吨，实际上该亏损值是由总权利金 –20/吨和买入看跌期权的虚值 1000 元/吨组成的：卖出看涨期权由于价格下跌肯定不会被行权，买入看跌期权时期货价格 16000 元/吨，而该看跌期权的行权价是 15000 元/吨，所以该看涨期权是虚值期权，虚值额为 1000 元/吨，价格低于看跌期权行权价后可以行权，该虚值期权已变成实值期权，变成实值过程中产生的收益归卖方所有，买方行权就需要支出这部分虚值额，故而最大亏损应该为 –20 –1000 = –1020（元/吨），此时现货销售价格为 16500 –1020 = 15480（元/吨）。

当期货价格高于看涨期权的行权价格时，出现最大盈利 980 元/吨。实际上该盈利值由总权利金 –20 元/吨和卖出看涨期权的虚值 1000 元/吨组成：买入看跌期权在价格上涨时肯定不会行权，卖出看涨期权时期货价格 16000 元/吨，而该看涨期权的行权价是 17000 元/吨，所以该看涨期权是虚值期权，虚值额为 1000 元/吨，价格高于看涨期权行权价后被买方行权，该虚值期权已变成实值期权，变成实值期权的收益归卖方，被行权必然要加上这部分虚值额，故而最大盈利应该为 –20 + 1000 = 980（元/吨），此时现货销售价格为 16500 + 980 = 17480（元/吨）。

也就是说，不论价格如何变动，这种策略将销售价格锁定在了区间（15480，17480）内，属于亏损有限、盈利也有限的策略。销售价格区间上限由净权利金和卖出看涨期权的虚值额度决定，下限由净权利金和买入看跌期权的虚值额度决定。

第八节　含权贸易

实体企业担心商品价格波动会降低既有利润，对开展套期保值有现实需求。期货市场提供了完善的风险管理工具，通过使用期货和期权工具，可以达到管理风险、转移风险的目的：要么锁定或降低采购成本，要么锁定或提高销售价格。

在"套期保值"一节中我们知道，使用期货套保有可能锁定原料采购成本、锁定产成品销售价格，但是，由于期货和现货价格的波动并不完全同步，期货套保面临基差风险，并不能完全锁定既定采购成本或销售价格，随着基差贸易的广泛应用，"期货套保 + 基差合同"的组合完全可以达到前述目标。但是，这里有两个问题需要解决。

一是期货套保让买卖双方都放弃了未来获利的机会，锁定成本是以放弃更低成本为代价的，锁定售价也是用放弃更高售价换取的。在巨额利益面前，很少有人能无动于衷。眼睁睁看着本可以更低价格采购原料、本该到手的利润被期货套保关在门外，很多企业就开始对套期保值产生了顾虑。于是，有些企业放弃了套期保值，有些企业将套保做成了投机。

二是在基差合同中卖方和买方是对手方，是相互对立的关系，不利于长期稳定合作。基差卖方更愿意预售基差合同，因为一方面可以合理安排生产计划，另一方面，在固定基差中加入预期利润，可以使用期货套保完全锁定利润。而基差买方更多地寄希望于价格下跌后点价获得更低的采购价，或者在基差处于有利位置时签订基差合同，等待更有利的位置点价，获得比市场价低的采购价，这就意味着需要承担价格上涨风险。

期权的面世为解决这两个问题提供了契机，让买卖双方都有机会获得更多利益，同时让对手方变成利益共同体，使其互通有无、加强研究合作、共同抵御市场风险成为可能。

对于第一个问题，作为基差卖方，在签订基差合同的同时买入看跌期权，就可以做到确定最低售价又不错过高价销售机会，"看跌期权的行权价＋固定基差－权利金"就是其最低售价。如果价格上涨，买入看跌期权肯定不会行权，就可以把握高价销售机会；如果价格下跌，买入看跌期权行权，获得期货空头，相当于做了卖出保值，完全可以锁定售价，而该售价就是最低售价。

作为基差买方，在签订基差合同的同时买入看涨期权，就可以做到确定最高采购价又不错过低价采购机会，其最高采购价＝看涨期权的行权价＋固定基差＋权利金。如果价格下跌，买入看涨期权肯定不行权，就可以把握低价点价的机会；如果价格上涨，买入看涨期权行权，获得了期货多头，相当于做了买入保值，完全可以锁定采购价，该采购价就是最高采购价。

狭义上讲，这种在基差合同中加入期权的合同称为"含权合同"。它完全可以让卖方锁定最低销售价，让买方锁定最高采购价，双方都不会错过更大的获利机会。广义上讲，在购销合同中加入期权或具有保价功能的合同统称为含权合同。

对于第二个问题，很好理解，买卖双方可以共享信息，共同应对市场风险，就可以组建成稳定的利益共同体。实践中，具备提供"含权合同"能力的企业将能够更好地维护客户关系，在稳定客户资源、广泛开拓市场方面有绝佳优势。

本节内容将站在贸易企业的角度，对采购端和销售端的含权贸易方式进行详细解读。

一、采购端含权贸易

如果上游供应商能够提供含权服务，就采用含权合同；如果上游供应商无法提供含权服务，在签订基差采购合同的时候，自行加入期权工具。这里只介绍自行加入期权工具的方式。

1. 目的

锁定最高采购价，市场价格上涨不跟涨，价格下跌同步降价结算。

2. 解决办法

基差采购合同就可以实现价格下跌同步降价结算的目的。市场价格上涨不跟涨，即锁定最高采购价，通过买入看涨期权的方式实现，即：基差采购合同 + 买入平值看涨期权。

3. 原理

担心价格上涨，就管理上涨风险。通过买入期货套保也能实现，但是如果价格不上涨却下跌，将很难受，操作不当还会影响到整体采购成本。买入期权具有未来行使某项权利的功能，对于买入看涨期权，付出权利金，就有权利在价格上涨后行权，行权即持有期货多头，将该多头平仓会获得上涨的收益，从而对冲掉结算价跟随期货价格上涨的部分，也就实现了锁定采购价的目的；如果未来价格不上涨，就不行使权利，只损失权利金；如果价格下跌，也不行权，但是在更低价格点价，就能获得更低的采购价格。

4. 具体操作

假设基差采购合同约定：在未来 5 个月内买方随时可以点价，结算价格为豆粕 2101 合约价格 + 120 元/吨。

当前豆粕期货 2101 合约价格为 2900 元/吨，期权权利金是 50 元/吨，根据贸易和生产需要，打算将采购成本限定为最高 3070 元/吨〔（2900 + 120 + 50）元/吨〕，但是又不想错过价格下跌的降价结算红利。买入行权价 2900 元/吨的平值看涨期权，支付权利金 50 元/吨，获得不高于 3070 元/吨采购豆粕的权利。

假如后市持续上涨，于 3250 元/吨点价，同时将买入的看涨期权行权，期权盈利 3250 − 2900 − 50 = 300（元/吨），现货结算价 = 3250 + 120 = 3370（元/吨），实际采购价为 3370 − 300 = 3070（元/吨）。

假如后市持续震荡，择机于 2850 元/吨点价，买入的看涨期权没有必要行权。为描述简单起见，假设不平仓选择放弃，损失全部权利金 50 元/吨，现货结算价 = 2850 + 120 = 2970（元/吨），实际采购价为 2970 + 50 = 3020（元/吨），较预期最高采购价低，价格下跌同步降价结算。

假如后市下跌，择机于 2700 元/吨点价，也放弃看涨期权的权利，损失全部权利金 50 元/吨，现货结算价 = 2700 + 120 = 2820（元/吨），实际采购价为 2820 + 50 = 2870（元/吨），较预期最高采购价低，价格下跌同步降价结算。

二、销售端含权贸易

销售端含权贸易的设计包括两部分：①向客户提供限价采购的保价服务，让客户锁定最高采购价，有机会享受下跌时同步降价结算的红利，在上涨时不涨价结算；②保证自身以限价销售，锁定最低售价，当市场价格下跌时不同步降价销售，在上涨时同步涨价结算。

很多人都会认为这两种保证是矛盾的，如果这两种保证的对手方只有销售端和客户，的确是个矛盾体，因为风险无法转移出去，但是实现这种保证的并不是这两个对手，而是场内期权市场的众多对手方，这样就可以通过多个对手方将这两种保证分别实现。设计其实很简单，只需要加入相应的看涨期权和看跌期权即可。需要注意的是，含权贸易中只使用期权工具就已足够，无需再用期货。

1. 目的

①下游客户锁定最高采购价，市场价格下跌同步下跌结算，价格上涨不涨价结算。

②锁定最低销售价，市场价格上涨获得高价销售机会，价格下跌不降价销售。

2. 解决办法

①由于下游客户有点价权，价格下跌过程中客户点价必然对客户有利，对客户端的保价措施主要是为了防止价格上涨，通过买入看涨期权的方式实现。原理同采购端的含权贸易，即：基差合同 + 买入平值看涨期权。

②自身限价销售：基差合同 + 买入平值看跌期权。如果价格一直在上涨，买方不得不在高价点价，基差合同赋予了基差卖方在价格上涨中高价销售的机会，这就解决了价格上涨同步涨价结算的问题；如果价格下跌，将看跌期权行权，自身就会持有期货空头，相当于做了卖出期货保值，平仓获得下跌收益，从而对冲掉结算价跟随期货价格下跌的部分，实现了锁定销售价格的目的。这样，就达到了市场价格下跌不同步降价销售的目标，即锁定了最低销售价。

3. 具体操作

假设基差销售合同约定：在未来 5 个月内客户随时可以点价，结算价格为豆粕 2101 合约价格 + 150 元/吨，当前豆粕期货 2101 合约价格为 2900 元/吨，不论看涨期权还是看跌期权，权利金都是 50 元/吨。

客户根据贸易和生产需要，计划将采购成本限定在最高 3100 元/吨 〔（2900 + 150 + 50）元/吨〕，但是又不想错过后期价格下跌的降价结算红利；我们打算将最低销售价限定在 3000 元/吨 ［（2900 + 150 – 50）元/吨］，但是又不想错过后期价格上涨的结算红利。

（1）下游客户的操作。

买入行权价 2900 元/吨的平值看涨期权，支付权利金 50 元/吨，获得了不高于 3100 元/吨采购豆粕的权利。

假如后市持续上涨，于 3250 元/吨点价，将行权价 2900 元/吨的看涨期权行权，行权后盈利 3250 – 2900 – 50 = 300（元/吨），现货结算价 = 3250 + 150 = 3400（元/吨），实际采购成本 3400 – 300 = 3100（元/吨）。

假如后市持续震荡，于 2850 元/吨点价，看涨期权没必要行权，选择放弃，权利金净支出 50 元/吨，现货结算价 = 2850 + 150 = 3000（元/吨），实际采购价为 3000 + 50 = 3050（元/吨），较预期最高采购价低，价格下跌同步降价结算。

假如后市下跌，于 2700 元/吨点价，看涨期权放弃行权，权利金净支出 50 元/吨，现货结算价 = 2700 + 150 = 2850（元/吨），实际采购价为 2850 + 50 = 2900（元/吨），较预期最高采购价低，价格下跌同步降价结算。

（2）自身的操作。

买入行权价 2900 元/吨的平值看跌期权，支出权利金 50 元/吨，获得了不低于 3000 元/吨销售豆粕的权利。

假如后市持续上涨，下游客户于 3250 元/吨点价，现货结算价 = 3250 + 150 = 3400（元/吨），买入的看跌期权不行权，损失全部权利金 50 元/吨，现货实际销售价 3350 元/吨 ［（3400 – 50）元/吨］，较预期最低售价高，实现了"价格上涨同步涨价结算"的目标。

假如后市持续震荡，下游客户于 2850 元/吨点价，现货结算价 = 2850 + 150 = 3000（元/吨），将行权价 2900 元/吨的看跌期权行权，得到开仓价为 2900 元/吨的期货空头，于客户的点价价位平仓，平仓收益 2900 – 2850 = 50（元/吨），权利金净支出 50 元/吨，因此期权盈亏为 50 – 50 = 0，实际销售价为 3000 + 0 = 3000（元/吨），实现了"价格下跌不同步降价结算"的目的。

假如后市下跌，下游客户于 2700 元/吨点价，现货结算价 = 2700 + 150 = 2850（元/吨），看跌期权行权，得到开仓价为 2900 元/吨的期货空头，于客户的点价价位平仓，平仓盈利 2900 – 2700 = 200（元/吨），权利金净支出 50 元/吨，因此期权盈亏为 200 – 50 = 150（元/吨），实际销售价为 2850 + 150 = 3000（元/吨），实现了"价格下跌不同步降价结算"的目的。

在上面的案例中，客户于 3250 元/吨点价，其采购成本是最高采购价 3100 元/吨，而我们的销售价格却是 3350 元/吨。在价格上涨中，客户并未得到高价产品，而我们高价销售了产品；客户于 2700 元/吨点价，客户的采购成本为 2900 元/吨，而我们的销售价格依然是最低限价 3000 元/吨，客户享受了降价的红利，我们并未因价格下跌而损失利润。是不是很有吸引力？

表面上看，购销的对手方是销售方和客户，实际上，通过期权市场，销售方和客户的交易对手方有很多，都将可能出现的风险转移了出去，从而在同一笔含权贸易合同中实现了客户限价采购、销售方限价销售的预期，实现了双赢。

由于很多下游客户没有买卖期权、期货的条件和能力，销售方就可以向客户输出该报价服务，客户只需要支付相应的服务费和必须支付的权利金。而此时，如果所有操作都在一个账户中，就相当于持有了一个买入跨式策略（请参考"期权"一节中"期权交易策略"部分），所不同的是，由客户支付了部分权利金。

上述策略也可以这样理解：由于交易双方都需要最终实现货款、货物的转移，客户按照保价合同约定的方式向销售方支付货款，而销售方通过看涨期权或看跌期权的收益来弥补减少的收入。当价格上涨时，客户以合同约定的最高采购价支付货款，看涨期权行权收益归销售方，销售方高价销售的同时为客户保证了最高采购价；当价格下跌时，客户以低价向销售方支付货款，看跌期权行权收益归销售方，在为客户保证了市场降价同步降价结算的同时销售方实现了最低售价销售的目标。

由此可见，这样的贸易模式对于建立牢固的合作伙伴关系有重大意义，也能够解决前文"基差合同"中提到的基差合同面临时间错配的问题。关于基差合同面临的时间错配问题，将在第七章重点介绍，这将为贸易商组合运用基差合同和含权合同获取稳定收益打开一个全新窗口，解决长久以来因时间错配困扰大家的贸易屏障。

第九节　探究期货与买入期权组合套保

现实中往往会有这样的需求：担心价格上涨，同时不想错过价格下跌后低价买入的机会。

面对该需求，思路一般是这样的：担心价格上涨，就买入期货做保值；不想错过价格下跌后低价买入的机会，就买入看跌期权，即构建了"买入期货＋买入看跌期权"的组合策略。

这种思路从原理上讲肯定是没问题的，需要考虑的仅是选择实值、虚值还是平值期权。但是，在有些情况下，"买入期货＋买入看跌期权"与买入看涨期权的效果是完全一样的，而"买入期货＋买入看跌期权"占用了更多保证金，这就要求我们有必要深入探讨一些细节，从而为更高效地合理构建策略提供理论依据。

针对上面的需求，我们从两个情景出发：一是尚未持有期货多单，二是已持有期货多单。在这两种情景下，枚举实值、虚值、平值期权，观察买入看涨期权与"买入期货＋买入看跌期权"的关系。由于方法完全一样，这里不再探讨买入看跌期权与"卖出期货＋买入看涨期权"的关系。需要强调的是，这里探讨的是"期货与买入期权"组合，而不是"期货与卖出期权"组合。

一、尚未持有期货多单

1. 看涨期权行权价 = 看跌期权行权价 = 期货开仓价

假如当前玉米期货 2009 合约价格 1800 元/吨，"玉米 2009 – P – 1800"（标的物为玉米 2009 合约，执行价格为 1800 元/吨的平值看跌期权）价格为 50 元/吨，"玉米 2009 – C – 1800"（标的物为玉米 2009 合约，执行价格为 1800 元/吨的平值看涨期权）价格也是 50 元/吨。我们观察"玉米 2009 – C – 1800"和玉米 2009 合约多单 + "玉米 2009 – P – 1800"的结果，如表 4 – 22 所示。

表 4 – 22 "买入期权行权价 = 期货多单开仓价"的对比 单位：元/吨

买入看涨期权		期货多单 + 买入看跌期权			
期货价格	期权收益	期货价格	期货收益	期权收益	组合收益
1700	– 50	1700	– 100	50	– 50
1750	– 50	1750	– 50	0	– 50
1800	– 50	1800	0	– 50	– 50
1850	0	1850	50	– 50	0
1900	50	1900	100	– 50	50
1950	100	1950	150	– 50	100
2000	150	2000	200	– 50	150
2050	200	2050	250	– 50	200
2100	250	2100	300	– 50	250

表格中加深颜色的两列就是需要对比的结果，很显然，当买入期权行权价（不论看涨还是看跌期权）= 期货多单开仓价，且看涨期权和看跌期权的权利金相等时，公式"买入看涨期权 = 期货多单 + 买入看跌期权"成立。假如看涨期权的权利金比看跌期权的高，那么买入看涨期权的收益水平将比期货多单和买入看跌期权组合的收益水平低，低的部分就是两个期权的权利金之差；同样的道理，假如看涨期权的权利金比看跌期权的低，单一期权策略与组合策略相比收益要高，高的部分就是两个权利金之差。

2. "买入期货+买入虚值看跌期权"与虚值、实值看涨期权

假如当前玉米期货2009合约价格1800元/吨，"玉米2009-P-1700"（标的物为玉米2009合约，执行价格为1700元/吨的虚值看跌期权）价格为10元/吨，"玉米2009-C-1900"（标的物为玉米2009合约，执行价格为1900元/吨的虚值看涨期权）价格也是10元/吨，"玉米2009-C-1700"（标的物为玉米2009合约，执行价格为1700元/吨的实值看涨期权）价格是150元/吨。我们观察玉米2009合约多单+"玉米2009-P-1700"组合与"玉米2009-C-1900""玉米2009-C-1700"随价格波动的收益，如表4-23所示。

表4-23 对比结果　　　　单位：元/吨

期货价格	玉米2009-C-1900 虚值收益	玉米2009-C-1700 实值收益	期货收益	玉米2009-P-1700 虚值收益	组合收益
1400	-10	-150	-400	290	-110
1450	-10	-150	-350	240	-110
1500	-10	-150	-300	190	-110
1550	-10	-150	-250	140	-110
1600	-10	-150	-200	90	-110
1650	-10	-150	-150	40	-110
1700	-10	-150	-100	-10	-110
1750	-10	-100	-50	-10	-60
1800	-10	-50	0	-10	-10
1850	-10	0	50	-10	40
1900	-10	50	100	-10	90
1950	40	100	150	-10	140
2000	90	150	200	-10	190
2050	140	200	250	-10	240
2100	190	250	300	-10	290
2150	240	300	350	-10	340
2200	290	350	400	-10	390

表中左半部分分别是"玉米2009-C-1900"这个虚值看涨期权随价格波动的收益、"玉米2009-C-1700"这个实值看涨期权的收益，右半部分的三列是玉米2009合约多单+"玉米2009-P-1700"组合的收益，很明显，公式"买入

看涨期权=期货多单+买入看跌期权"不成立。而且,买入实值期权风险比组合要高,收益却低,显然买入实值期权是最不划算的行为。

对于买入虚值期权,经过仔细观察,我们可以发现,玉米2009合约多单+"玉米2009-P-1700"组合的最大风险就是虚值期权的虚值与支付的权利金之和,与买入单一虚值期权"玉米2009-C-1900"相比,最大风险和收益比买入单一期权合约都高,高出的部分就是期货和期权组合中虚值期权的虚值部分。

这给我们的实操什么启示呢?当我们想用期货期权去组合防范风险的时候,更有利的策略应该是单独购买期权。在本案例中,期货期权组合承受的风险比单一期权策略高,收益也比单一期权策略高,但是风险与收益高出的部分等价,就是组合策略中期权的虚值部分,1:1的风报比并不是最优的交易机会,而且组合策略需要更大的资金量,资金成本更高。

3. "买入期货+买入实值看跌期权"与虚值、实值看涨期权

假设当前玉米期货2009合约价格是1800元/吨,"玉米2009-P-1900"(标的物为玉米2009合约,执行价格为1900元/吨的实值看跌期权)价格是150元/吨,"玉米2009-C-1900"(标的物为玉米2009合约,执行价格为1900元/吨的虚值看涨期权)价格是10元/吨,"玉米2009-C-1700"(标的物为玉米2009合约,执行价格为1700元/吨的实值看涨期权)价格是150元/吨。我们观察玉米2009合约多单+"玉米2009-P-1900"和"玉米2009-C-1900"、"玉米2009-C-1700"在不同价格下的收益情况,如表4-24所示。

表4-24 对比结果   单位:元/吨

期货价格	玉米2009-C-1900 虚值收益	玉米2009-C-1700 实值收益	期货收益	玉米2009-P-1900 期权收益	组合收益
1400	-10	-150	-400	350	-50
1450	-10	-150	-350	300	-50
1500	-10	-150	-300	250	-50
1550	-10	-150	-250	200	-50
1600	-10	-150	-200	150	-50
1650	-10	-150	-150	100	-50
1700	-10	-150	-100	50	-50
1750	-10	-100	-50	0	-50
1800	-10	-50	0	-50	-50
1850	-10	0	50	-100	-50

续表

期货价格	玉米 2009 - C - 1900 虚值收益	玉米 2009 - C - 1700 实值收益	期货收益	玉米 2009 - P - 1900 期权收益	组合收益
1900	– 10	50	100	– 150	– 50
1950	40	100	150	– 150	0
2000	90	150	200	– 150	50
2050	140	200	250	– 150	100
2100	190	250	300	– 150	150
2150	240	300	350	– 150	200
2200	290	350	400	– 150	250

与表 4 - 23 一样，公式"买入看涨期权 = 期货多单 + 买入看跌期权"同样不成立。不过我们也还是能够从上述数据中得出有价值的结论：相对于组合策略，买入虚值期权的单一策略更有利。

二、已持有期货多单

已持有期货多单盈亏情况分为三种：赢利、亏损和持平。持平的情形等价于前文的"尚未持有期货多单"，因此，下面只对赢利和亏损两种分类进行分析。

1. 期货持仓赢利

假设"玉米 2009 - P - 2000"（标的为玉米 2009 合约，执行价格为 2000 元/吨的平值看跌期权）价格为 50 元/吨，那么实值看跌期权"玉米 2009 - P - 2200"的价格大约是 250 元/吨［内涵价值是 200 元/吨，因为执行价格比当前价格高 200 元/吨，行权就可立刻获利，时间价值约等于平值期权的价值，故其价格约等于 200 + 50 = 250（元/吨）］，而虚值看跌期权"玉米 2009 - P - 1800"的价格肯定低于 50 元/吨，假设其价格为 10 元/吨。

如果先买入期货，期货赢利后，担心失去这部分盈利，买入看跌期权。假如以 1800 元/吨的价格买入玉米期货 2009 合约，当价格上涨到 2000 元/吨时，已获利 200 元/吨，为了防止价格下跌减少利润，又不想错过后面的上涨机会，买入看跌期权。我们首先对比期货赢利后买入上述平值看跌期权、买入实值看跌期权、买入虚值看跌期权的组合收益，详情见表 4 - 25。

表 4-25　不同组合收益对比　　　　　　　单位：元/吨

期货价格	期货收益	平值收益	平值组合	虚值收益	虚值组合	实值收益	实值组合
1600	-200	350	150	190	-10	350	150
1650	-150	300	150	140	-10	300	150
1700	-100	250	150	90	-10	250	150
1750	-50	200	150	40	-10	200	150
1800	0	150	150	-10	-10	150	150
1850	50	100	150	-10	40	100	150
1900	100	50	150	-10	90	50	150
1950	150	0	150	-10	140	0	150
2000	200	-50	150	-10	190	-50	150
2050	250	-50	200	-10	240	-100	150
2100	300	-50	250	-10	290	-150	150
2150	350	-50	300	-10	340	-200	150
2200	400	-50	350	-10	390	-250	150
2250	450	-50	400	-10	440	-250	200
2300	500	-50	450	-10	490	-250	250
2350	550	-50	500	-10	540	-250	300
2400	600	-50	550	-10	590	-250	350

请注意表 4-25 中各看跌期权的特性：

平值——玉米 2009-P-2000 期权合约价格为 50 元/吨；

实值——玉米 2009-P-2200 的价格大约是 250 元/吨；

虚值——玉米 2009-P-1800 的价格假设为 10 元/吨。

对比分析表 4-25 中加深颜色的三列可以发现，当期货多单有盈利后，买入平值看跌期权的综合收益效果更佳。买入虚值看跌期权支付的权利金更低，所以当盈利出现后会比平值期权高一些，高的部分就是虚值和平值期权权利金的差额，但是当价格下跌后利于看跌期权行权时，会吞噬掉期货多单原本的盈利，减少的部分就是虚值部分；买入实值看跌期权虽然也可以锁定最低收益，但是会减少收益增长的空间，减少的部分就是实值期权的实值，同时支付的权利金也更高，资金使用率会降低。

既然明确了当期货赢利后买入平值期权的效果更佳，我们以后只会采用该组合，不再考虑实值期权或虚值期权。

接下来，我们将观察该组合能否用某一个买入看涨期权来代替，也就是检验"买入看涨期权＝期货多单＋买入看跌期权"在这种情况下是否有效。

还是用上面的例子，假如以 1800 元/吨的价格买入玉米期货 2009 合约，当价格上涨到 2000 元/吨时，已获利 200 元/吨。为了防止价格下跌减少利润，又不想错过后面的上涨机会，买入平值看跌期权，此时，平值看涨期权价格和平值看跌期权价格都是 50 元/吨，行权价格都是 2000 元/吨。对比结果见表 4 – 26。

表 4 – 26　对比结果　　　　　　　　单位：元/吨

买入平值看涨期权		期货多单 + 买入平值看跌期权			
期货价格	期权收益	期货价格	期货收益	期权收益	组合收益
1700	− 50	1700	− 100	250	150
1750	− 50	1750	− 50	200	150
1800	− 50	1800	0	150	150
1850	− 50	1850	50	100	150
1900	− 50	1900	100	50	150
1950	− 50	1950	150	0	150
2000	− 50	2000	200	− 50	150
2050	0	2050	250	− 50	200
2100	50	2100	300	− 50	250
2150	100	2150	350	− 50	300
2200	150	2200	400	− 50	350
2250	200	2250	450	− 50	400
2300	250	2300	500	− 50	450
2350	300	2350	550	− 50	500
2400	350	2400	600	− 50	550

我们已经知道，不论是平值、实值还是虚值期权，买入看涨期权的最大损失都是权利金，肯定是负值，最高收益原理上是无限的。

期货多单在赢利的情况下买入看跌期权，收益比买入平值看涨期权高，高出的部分就是期货多单的盈利。也就是说，在这种情况下，将期货直接平仓获得实际收益 200 元/吨，同时买入看涨期权，将期货盈利叠加到该买入看涨期权上，就等价于"期货多单＋买入看跌期权"。

由此，我们可以得出结论，如果期货实现赢利，直接将期货平仓获得收益，同时买入平值看涨期权，将该期货多单的盈利和买入平值看涨期权统一结算，就等价于不平仓已赢利的多单 + 买入平值看跌期权。而在期货平仓的同时买入看涨期权这种方式能够节约更多资金，可以提高资金利用率。

那么，如果买入的期货合约是亏损的，此时担心价格进一步下跌，却又不想放弃可能的上涨机会，是不是也应该直接将期货合约平仓的同时买入看涨期权呢？

2. 期货持仓亏损

上文中对采用平值、实值还是虚值期权的探讨同样适用于这里，我们不再赘述，比较迷糊的读者可以再验算一下，这里直接采用前文结论：买入平值看跌期权是最优选择，没必要买入虚值或实值期权。也就是说，接下来的讨论中，只采用期货 + 平值期权的组合，我们继续观察该组合能否用某一个买入看涨期权来代替，也就是检验"买入看涨期权 = 期货多单 + 买入看跌期权"在这种情况下是否有效。

假如于 1800 元/吨的价格买入玉米期货 2009 合约后价格持续下跌，下跌到 1600 元/吨时，已亏损 200 元/吨，本应该平仓止损，但基于对走势的判断，并不想错过后面的上涨机会，可又无法忍受价格下跌的风险，从而买入平值看跌期权，此时，平值看涨期权价格和平值看跌期权价格都是 50 元/吨，行权价都是 1600 元/吨。表 4 - 27 为对比结果。

表 4 - 27　对比结果　　　　　　　　单位：元/吨

买入看涨期权		期货多单 + 买入平值看跌期权			
期货价格	期权收益	期货价格	期货收益	期权收益	组合收益
1300	− 50	1300	− 500	250	− 250
1350	− 50	1350	− 450	200	− 250
1400	− 50	1400	− 400	150	− 250
1450	− 50	1450	− 350	100	− 250
1500	− 50	1500	− 300	50	− 250
1550	− 50	1550	− 250	0	− 250
1600	− 50	1600	− 200	− 50	− 250
1650	0	1650	− 150	− 50	− 200
1700	50	1700	− 100	− 50	− 150
1750	100	1750	− 50	− 50	− 100
1800	150	1800	0	− 50	− 50
1850	200	1850	50	− 50	0
1900	250	1900	100	− 50	50
1950	300	1950	150	− 50	100
2000	350	2000	200	− 50	150

很显然，如果想把握后市上涨的机会，又不想承担下跌的风险，将浮亏的头寸平仓，同时买入平值看涨期权依然是最能提高资金利用率的选择。

三、具备实操价值的结论

如果没有经过论证，我们往往会采用一些看起来有效，实际上会增加资金成本的策略。经过上面的论述，我们可以得出几个重要结论。

1. 买入期权时平值期权效果更理想

在理想状态下，虽然虚值期权权利金支出会少一些，但是整体效果却不如平值期权；实值期权看起来可以马上行权，似乎能达到提高收益的目的，但实际上支出的权利金包含实值部分，效果和买入平值期权完全一样，却会增加初始投入资金。当然，在实操中平值、实值和虚值期权的价格可能会有偏差，这其实也是期权套利的基础，建议从业人员按照上述思路自行建立量化模型，实时观测是否有套利机会。

2. 直接买入期权比组合策略更优

对买入保值而言，我们可以买入期货保值，这样是可以锁定采购成本的，但是会错失价格下跌后的更优采购机会。为了把握价格下跌后的采购机会，最好的办法是只买入平值看涨期权，而非买入期货的同时买入平值看跌期权。因为在两种平值期权价格一样的情况下，这两种策略效果完全一样，后一种策略会占用更多资金，不利于提高资金利用率。在实操中，当买入看涨期权的权利金更低的时候，更应该坚持这个策略。

对卖出保值来说，原理同上，为了把握价格上涨后的销售机会，最好的办法是只买入平值看跌期权，而非卖出期货的同时买入平值看涨期权。

买入虚值看涨期权的效果优于"买入期货合约＋买入虚值看跌期权"组合策略；买入虚值看跌期权的效果优于"卖出期货合约＋买入虚值看涨期权"组合策略。该论点是在两个虚值期权的虚值部分相等的情况下得出的，其他情况下孰优孰劣建议读者自行深入探究。

3. 单一策略与组合策略等价的条件

"买入看涨期权＝期货多单＋买入看跌期权""买入看跌期权＝期货空单＋买入看涨期权"成立的前提条件是：①行权价＝期货开仓价；②两个期权的权利金相等。其余时候都不成立。

4. 已有期货持仓，期货平仓后买入期权策略更优

如果首先买入了期货合约，也就是已持有期货多单情况下，担心后市下跌又不想错过上涨的获利机会，只需要将期货平仓，同时买入平值看涨期权，无需采

用"期货多单＋买入看跌期权"的组合策略；如果已持有期货空单，担心后市上涨又不想错过下跌的获利机会，只需要将期货平仓，同时买入平值看跌期权，无需采用"期货空单＋买入看涨期权"的组合策略。因为单独买入期权就可以实现"期货＋期权"组合的效果，还能提高资金利用率。

5. 任何情况下，买入实值期权都是最不划算的交易

在实际交易中，买入实值期权会支付更高的权利金，除了不利于资金使用率外，其效果并不比平值和虚值期权好多少。它更适用于卖出操作，尤其是对走势有极大把握的情况下，能够收获丰厚的权利金。

第五章 分析研究体系

从本章开始，我们将进入实践领域的探讨。实践中最重要的是分析、交易和风控，其中分析是基础，也是核心，交易考验的是执行力和人性，风控作为防火墙可以确保不出现重大风险事故。笔者结合多年从业经历，分别用三个独立章节探讨相关问题。这部分内容更适合从业人员，决策层如有兴趣，也可以了解相关脉络，不过要深入理解可能需要下一些功夫。

虽然套保和投机的原理差不多，但目标不同，出发点不同，需要考虑的因素也会有所不同。具体到分析、交易和风控这几个最重要的环节上，投机者一般兼任了所有角色，由于人性作祟，重点往往会放在"交易"上，而忽略了"分析"和"风控"的重要性，对"风控"的疏忽是个人投机者出现暴赚暴亏的原因；而套保往往是机构投资者的行为，通过设置不同职能岗位，可以互相制衡、降低风险，有机会更好地实现交易目标。虽然本书重在探讨套期保值，对投机几乎没有深入介绍，但是分析、交易和风控几个重要环节同样适用于投机。

分析研究是制订交易策略的核心依据，它决定了交易方向、买卖时机、资金安排和风控标准等细节，其重要性不言而喻。要通过分析研究获得具有价值的结论，就必须分清主要矛盾和次要矛盾。影响价格走势的因素纷繁复杂，如果不能抓住主要矛盾，就会感觉非常无助，虽然做了很多工作，但是最终也得不出有价值的结论，甚至最终的结论只是出于个人主观判断，通过放大有利论据、忽略不利因素支持该判断。只有抓住了主要矛盾，才能在庞杂的数据中找到主线，不会被细枝末节所影响。抓住主要矛盾是分析研究的关键，也是分析师的必备素质。

套期保值需要有非常明确的数据支持，有必要做到精细化研究；而投机交易中，一般能做到"模糊的正确"就已足够，否则个人投机者在追求"精确"的过程中有可能走偏，出现"精确的错误"。这一点笔者在实操中体会很深，因为套保业务要做出决策，必须和决策层达成共识，这个共识是由分析研究支撑的，需要做到有理有据，而非仅从个人主观判断出发，除了明确交易目标，还应揭示可能出现的风险；而在个人投机过程中，完全靠自己，花费了大量时间精力也不见得能够实现赢利，因为投机中人性的弱点会被无限放大，在没有外界强力辅助控制的情况下，会在"精确的错误"的道路上越走越远。

本章将重点探讨分析研究体系的建立，主要从基本面、统计分析、技术分析几个方面构建，主要关注矛盾的分析逻辑是否合理，其次是数据的搜集和处理。基本面具有战略价值，它决定了价格走势的长期方向，是趋势产生、发展、终结的原动力；统计分析一方面用于验证长期方向的有效性，另一方面可以提示阶段性机会，但要注意的是，统计结论有一定的局限性，它的有效性建立在相似的供需关系基础上；技术分析的价值在于把握较理想的买卖时机，主要用于具体操作层面。

在此基础上，我们从企业实际需求出发，基于不同侧重点分别构建以基差为核心的分析研究体系、以季节性为核心的分析研究体系和以价值核算为核心的分析研究体系。

第一节　基本面分析

广义的基本面分析包括宏观环境、产业形势和供需关系，狭义的基本面分析主要指供需关系。供需关系决定了价格走势的长期方向，但是如果宏观环境和产业形势与供需关系指引的长期方向相左，供需关系所指引的长期方向并不会很顺利地运行，所以我们的分析首先从宏观环境和产业形势入手，再观察供需关系。

一、分析框架和研究逻辑

要分析价格走势的长期方向，首先需要明确当前宏观环境处于经济循环的哪个阶段，经济政策是宽松的还是紧缩的。在此基础上，根据供需关系得出的结论才能针对不同的宏观环境有相应的操作策略。

产业形势主要为供需关系服务，对它的分析主要用于衡量弹性较小的变量是否出现了剧烈变化。如果弹性较小的变量保持相对稳定，分析方法将基本不变；如果弹性较小的变量出现不利变化，分析方法就需要进行调整。

不同商品有不同的特性，一般而言，农产品价格波动主要由供给推动，工业品价格波动主要来自需求的变化。

农产品的需求相对稳定，是相对刚性的，其弹性很小。

这一点很好理解，因为农产品不论是直接还是间接，最终都进入了"五脏庙"，只要人口没有急剧减少，对农产品的消耗就不会出现剧烈变化。当然，对于间接进入肚子的农产品，需要分析转化途径，比如饲用的豆粕、玉米等品种，需要考虑养殖行业现状，只要养殖量没有剧烈变化，需求就不会有大的变动。

在需求变动没有严重影响供需平衡的情况下，价格波动主要受供给变化影响。供给量增加，价格将下跌；供给量减小，价格将上涨。在分析研究过程中主要关注供给这个变量。但是，如果产业形势不好，需求出现了急剧萎缩，供过于求的局面势必出现，这时，需要同时关注供给和需求的变化。比如，2018年非洲猪瘟的暴发重创了生猪养殖行业，原料需求锐减，直接导致豆粕价格持续低位运行超过2年，随着生猪养殖行业的超预期复苏，对原料的需求也持续增加，豆粕价格出现快速上涨。当然，单纯地将这期间的走势归结于非洲猪瘟的影响有些片面，但是我们可以得出重要结论：对农产品的分析首先需要明确的，是需求是否相对稳定。非洲猪瘟暴发以来豆粕价格的走势见图5-1。

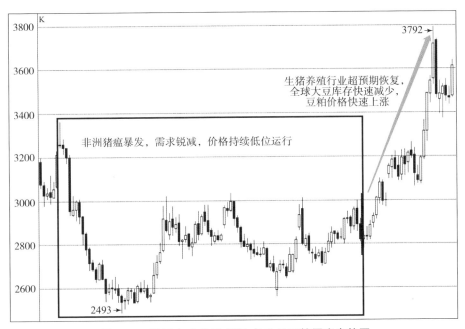

图5-1　2018年9月至2021年2月豆粕周度走势图
来源：博易大师

工业品的供给相对稳定，是偏刚性的，其弹性较小。

面对上游原料端的挤压、不断高企的库存与不断增加的销售压力，盈利急剧下滑，生产企业不会随意调整生产节奏，所以供给量很难出现急剧变化。这主要是由工业品生产行业重资产属性和行业内部博弈造成的：①重资产和高折旧让生产规模化效应显著，产销量对企业利润的影响更敏感，对生产连续性有更高要求，生产行为存在惯性；②行业内部关于减产的博弈更加激烈，担心永久失去市场份额，因此对待减产问题更加谨慎。但这并不是说供给是不可以改变的，相反，在政策和市场环境影响下，供给有时会出现快速变化，当供需关系改变到接近平衡的时候，才会出现价格拐点。

在供给没有出现较大变化的情况下，价格波动主要受需求变化影响。需求增加，价格将上涨；需求减少，价格将下跌。在分析研究过程中重点关注需求这个变量。但是，如果产业形势不好，供给出现了急剧变化，就需要同时关注供给和需求的变化。比如，自2015年环保部门加大环保检查力度以来，配合钢铁行业供给侧结构性改革措施，钢铁行业关停了很多污染严重的企业和小作坊，钢材市场由原来的供过于求格局逐步转变为供需平衡甚至供不应求，钢材价格持续上涨超过2年，随着钢铁行业扩大产能，供应量增加，价格才出现回落。同样，将这轮走势归因于环保检查和钢铁行业供给侧结构性改革也并不全面，但是我们依然可以清楚地知道，分析工业品的时候首先需要明确的是供给是否保持相对稳定。受政策影响的螺纹钢价格走势见图5-2。

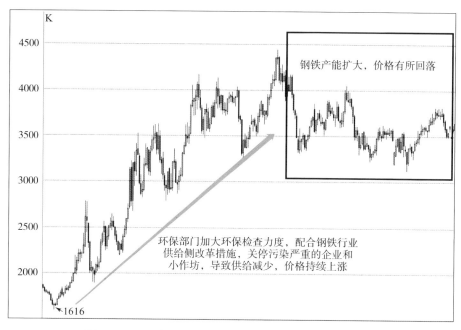

图5-2　2015年12月至2020年10月螺纹钢周度走势图

来源：博易大师

在明确了供需关系中弹性较小的变量是否出现较大变化的情况下，对供需关系的分析才有价值。在弹性较小的变量没有较大变化的情况下，就需要重点关注另一个变量。

对供需关系的分析，直观信息是供需平衡表。在供需平衡表中，需求主要包括消费量和出口量，供给由产量、进口量和期初库存组成，库存消费比（期末库存/消费量）这个指标可以显示供需处于宽松、紧缺还是平衡状态。

综上所述，基本面分析的逻辑可以总结为：首先明确当前宏观环境处于经济周期的哪个阶段，再通过分析产业形势，明确供需关系中弹性较小的变量是否出现了剧烈变化，最后分析具体的供给和需求，用库存消费比这个指标直观体现供需关系。这是自上而下、从面到线再到点的分析框架，这种从宏观到中观再到微观的研究结构（图5-3），要求我们对不同宏观环境、不同产业形势和不同供需关系有不同的应对策略。

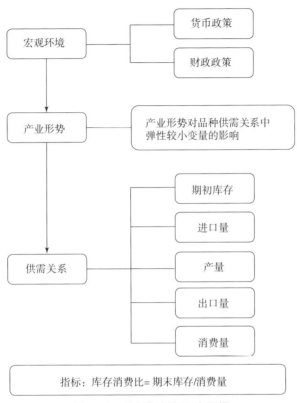

图5-3　分析框架和研究逻辑

二、经济政策与经济循环

自1929年大萧条以来，凯恩斯的经济理论成为各国政府治理经济的灵丹妙药。现阶段，全球绝大部分经济体实行的都不是严格意义上的市场经济，准确地说是政府这只"看得见的手"在调配资源，即凯恩斯"新经济学"中倡导的"财政政策与货币政策"：通过通货膨胀的手段，增加信用与货币供给，以促进生产，同时又针对最具生产力的企业，课征"超额利润"的税金；通过预算赤字的方式，向"被剥削者"提供公平的机会，同时又强迫可能为他们提供就业机会的企业支付最低的工资、社会安全的摊派与失业保险；通过贸易障碍保护国内产业，同时又给其他国家提供低利率贷款或援助；通过价格津贴政策补助产品生产，以维系本国竞争力。①

在这种政策背景下，政府先以宽松的信用政策驱动通货膨胀的繁荣，接着又以紧缩货币与信用的手段控制通货膨胀，于是又造成经济衰退。这便是经济循环（繁荣与衰退，图 5－4）的基本逻辑。

经济循环：央行持续创造货币，不断增加货币供给，当人们发现货币的实质购买力不断下降时，便开始囤积实物，导致基源利率（基源利率——目前物品与未来物品在价值上的比率，决定市场中的产品供给有多少用于目前消费，多少用于未来消费，是市场利率的组成部分）急速上升，货币需求骤减，最终演变为失控的通货膨胀。此后央行紧缩信用，物价开始下跌，通常会爆发震撼性的新闻，危机变为了恐慌，价格崩跌。物价下跌过程中生产资料的跌幅远大于消费资料（即 PPI 跌幅大于 CPI 跌幅）。

由此可见，只要主要经济体的经济政策不变，就不会终结经济循环。

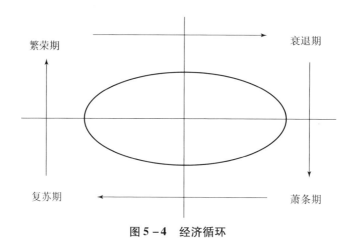

图 5－4　经济循环

三、货币政策与商品价格

金本位制会限制纸币的发行，随着金本位制和布雷顿森林体系的终结，货币超发几乎不受控制。

在当前环境下，美联储政策取向依然是必须考虑的货币政策取向。

2008 年金融危机时，美联储在实行零利率或近似零利率政策后，通过购买国债等中长期债券，增加基础货币供给，最高至每月 850 亿美元的 QE 规模，导致其他经济体出现输入性通货膨胀，加上中国 4 万亿宽松政策刺激，国内商品价

---

① 维克多·斯波朗迪. 专业投机原理［M］.北京：机械工业出版社，2010：4－114.

格一路暴涨。2013 年市场预期美联储缩减 QE 规模，实际上只是降低了货币供应的速度，而不是缩减信用，商品价格触及高位后开始下跌，随着美联储逐步缩减 QE 规模，商品价格也逐步下跌。

2020 年暴发新冠疫情，美联储通过 3 月 3 日、16 日两次分别 50 基点、100 基点的紧急降息，直接把联邦基金利率目标区间下调至 0%～0.25%，并启动 7000 亿美元量化宽松计划。此外，美联储宣布建立商业票据融资便利机制（CPFF），以支持家庭和企业信用，这是 2008 年金融危机后，美联储再度重启这一工具。2021 年 2 月 18 日晚，美联储公布 1 月议息会议纪要，重申美国经济还远未达到目标，美联储将在未来继续保持宽松政策，将联邦基金利率的目标范围保持在 0% 至 0.25%，将继续购买每月至少 800 亿美元的美国国库证券和 400 亿美元的机构抵押支持证券。如此一来，美联储的 QE 规模将至少达到 1200 亿美元，是 2008 年的 1.4 倍。

而在此次危机中，我国货币政策取向总体稳健，较 2008 年已显示出成熟有序的调控能力。2020 年，我国月度货币供应量 M2 同比增长最高值 11.12%，我国应对疫情冲击的宽松力度远低于亚洲金融危机和国际金融危机时的力度。2008 年底开始实施"适度宽松"的货币政策，到 2010 年底，M2 增速最高值达到 29.64%。相对于我国，应对疫情冲击的其他主要经济体量化宽松力度空前，2021 年 1 月，美国 M2 增速达到创纪录的 25.88%，自 1959 年有数据记录以来最大数值也未超过 14%，M2 增速是史无前例的（图 5-5）。

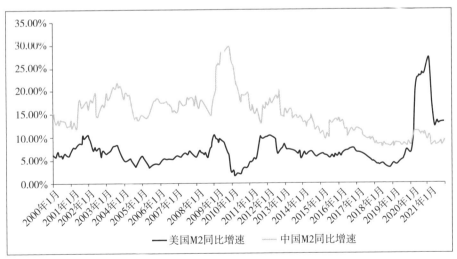

图 5-5　2000 年至 2021 年 12 月中美 M2 增速

数据来源：中国人民银行、美联储

可以预见，由于全球范围内大幅增发货币，资产价格势必被推高，除非期间发生全球性金融危机，而随着疫情得到控制，经济呈现出复苏迹象后，各央行通过加息收缩信贷，此时将导致资产价格不断下跌。

需要注意的是，当发生全球性金融危机等极端事件的时候，央行的刺激政策往往无法产生立竿见影的效果，但是会在未来较长一段时间对资产价格有实质性影响。

目前中国人民银行的货币政策工具主要有存款准备金、中央银行贷款、利率政策、公开市场操作、常备借贷便利、中期借贷便利等。

存款准备金是指金融机构为保证客户提取存款和资金清算需要而准备的资金，金融机构按规定向中央银行缴纳的存款准备金占其存款总额的比例就是存款准备金率。存款准备金制度是在中央银行体制下建立起来的，美国最早以法律形式规定商业银行向中央银行缴存存款准备金。存款准备金制度的初始作用是保证存款的支付和清算，之后才逐渐演变成为货币政策工具，中央银行通过调整存款准备金率，影响金融机构的信贷资金供应能力，从而间接调控货币供应量。

中央银行贷款主要包括再贴现和再贷款，再贴现是中央银行对金融机构持有的未到期已贴现商业汇票予以贴现的行为。在我国，中央银行通过适时调整再贴现总量及利率，明确再贴现票据选择，达到吞吐基础货币和实施金融宏观调控的目的，同时发挥调整信贷结构的功能。再贷款也就是中央银行贷款，指中央银行对金融机构的贷款，是中央银行调控基础货币的渠道之一。中央银行通过适时调整再贷款的总量及利率，吞吐基础货币，促进实现货币信贷总量调控目标，合理引导资金流向和信贷投向。自1984年中国人民银行专门行使中央银行职能以来，再贷款一直是其重要货币政策工具。近年来，金融宏观调控方式由直接调控转向间接调控，再贷款所占基础货币的比重逐步下降，结构和投向发生重要变化。新增再贷款主要用于促进信贷结构调整，引导扩大县域和"三农"信贷投放。

利率主要是不同期限的存款基准利率和贷款基准利率，为了更好地发挥市场的主体作用，2015年后，利率政策已逐步被常备借贷便利和公开市场操作所替代。

从国际经验看，中央银行通常综合运用常备借贷便利和公开市场操作两大类货币政策工具管理流动性。借鉴国际经验，中国人民银行于2013年初创设了常备借贷便利（Standing Lending Facility，SLF）。常备借贷便利是中国人民银行正常的流动性供给渠道，主要功能是满足金融机构期限较长的大额流动性需求，对象主要为政策性银行和全国性商业银行，期限为1~3个月，利率水平根据货币政策调控、引导市场利率的需要等综合确定。常备借贷便利以抵押方式发放，合格抵押品包括高信用评级的债券类资产及优质信贷资产等。

在多数发达国家，公开市场操作是中央银行吞吐基础货币，调节市场流动性的主要货币政策工具，通过中央银行与市场交易对手进行有价证券和外汇交易，实现货币政策调控的目标。我国公开市场操作包括人民币操作和外汇操作两部分。1999 年以来，公开市场操作发展较快，目前已成为中国人民银行货币政策日常操作的主要工具之一，对于调节银行体系流动性水平、引导货币市场利率走势、促进货币供应量合理增长发挥了积极作用。从交易品种上看，中国人民银行公开市场业务债券交易主要包括回购交易、现券交易和发行中央银行票据。其中回购交易分为正回购和逆回购两种，正回购是中国人民银行向一级交易商卖出有价证券，并约定在未来特定日期买回有价证券的交易行为，是中国人民银行从市场收回流动性的操作，正回购到期则是中国人民银行向市场投放流动性的操作；逆回购是中国人民银行向一级交易商购买有价证券，并约定在未来特定日期将有价证券卖给一级交易商的交易行为，是中国人民银行向市场上投放流动性的操作，逆回购到期则是中国人民银行从市场上收回流动性的操作。现券交易分为现券买断和现券卖断两种，前者为中国人民银行直接从二级市场买入债券，一次性投放基础货币；后者为中国人民银行直接卖出持有债券，一次性回笼基础货币。中央银行票据即中国人民银行发行的短期债券，中国人民银行通过发行央行票据可以回笼基础货币，央行票据到期则体现为投放基础货币。根据货币调控需要，近年来中国人民银行不断开展公开市场业务工具创新。2013 年 1 月，立足现有货币政策操作框架并借鉴国际经验，中国人民银行创设了"短期流动性调节工具（Short - term Liquidity Operations，SLO）"，作为公开市场常规操作的必要补充，在银行体系流动性出现临时性波动时相机使用。这一工具的及时创设，既有利于调节市场短期资金供给，熨平突发性、临时性因素导致的市场资金供求大幅波动，促进金融市场平稳运行，也有助于稳定市场预期和有效防范金融风险。

2014 年 9 月，中国人民银行创设了"中期借贷便利（Medium - term Lending Facility，MLF）"。中期借贷便利是中国人民银行提供中期基础货币的货币政策工具，对象为符合宏观审慎管理要求的商业银行、政策性银行，通过招标方式开展。中期借贷便利采取质押方式发放，金融机构提供国债、央行票据、政策性金融债、高等级信用债等优质债券作为合格质押品。中期借贷便利利率发挥中期政策利率的作用，通过调节向金融机构中期融资的成本来对金融机构的资产负债表和市场预期产生影响，引导其向符合国家政策导向的实体经济部门提供低成本资金，促进降低社会融资成本。

综合而言，向市场投放流动性的措施包括降低基准利率、下调法定准备金率、下调贴现率、逆回购、正回购到期、现券买断和央行票据到期。紧缩货币措施包括提高基准利率、上调法定准备金率、上调贴现率、正回购、逆回购到期、现券卖断和发行央行票据。

四、财政政策与商品价格

财政政策是指政府变动税收和支出以影响总需求，进而影响就业和国民收入的政策，它是国家整个经济政策的组成部分，主要由政府支出和税收政策组成。

政府支出有两种形式：一是政府购买，指的是政府在物品和劳务上的花费——修建道路、支付政府工作人员的薪水等；二是政府转移支付，以提高某些群体（如老人或失业者）的收入。

税收是财政政策的另一种形式，它通过两种途径影响经济：一方面，税收影响人们的收入，另一方面，税收影响物品和生产要素，因而也能影响激励机制和经济行为方式。

在经济萧条时期，为缓解通货紧缩的影响，政府通过增加支出、减少税收来增加投资和消费，增加社会有效需求，刺激经济增长；反之，经济繁荣时期，为抑制通货膨胀，政府通过增加税收、减少支出等政策来抑制和减少社会过剩需求，降低经济波动影响。

1. 政府支出

政府支出主要用于公共事业，如国防、义务教育、社会医疗体系等。在经济比较低迷的时候，政府会通过增加支出来刺激投资和消费。比较常见的方法是增加公路、铁路、电网、通信等基础设施方面的投资，同时增加社会最低收入阶层的收入水平。对于公共设施的投资不仅能够改善社会生活环境，还可以带动相关行业发展，比如增加水利建设投资就会刺激水利机电设备生产和相关企业工人的消费，也会带动水利建设所在地的就业。给予低收入者的转移支付直接增加这部分人的可支配收入，他们的消费也会相应增加，基本生活用品的生产单位可以间接地从转移支付中得到资金支持。

适度的赤字支出将增加经济活力，如果控制得当，将促使相关支出领域的商品价格上涨；若控制不当，在没有货币供应做支撑的情况下，会阻碍经济发展。

2. 税收

税收收入中增值税的增长应当与工业生产增加值一致，所得税则与企业效益和居民收入相关，证券交易印花税直接与证券市场的交易量紧密相关。在国家严厉打击走私的时候，海关关税收入会相应增加。

并非所有税制必然会限制经济的活动与增长，理想的税收制度是收入重新分配的工具。

任何新税制造成的价格上涨，必然会影响边际购买需求，又会使边际生产停顿。因此，直接的减税和变相减税带来的资本净值增加，可以用作投资或支出的信用扩张，都将增加经济活力，也将促使相关原料价格上涨。

在财政政策实施中还存在许多实际问题，这些问题都会影响到政策效果。

首先，任何一种财政政策实现其最终目标时必然产生某些副作用。例如，扩张性财政政策在刺激经济的同时，也会导致通货膨胀加剧，实现充分就业的代价是通货膨胀；财政政策在刺激总需求的同时又会使利率上升，抑制投资，这就是财政政策的挤出效应，这种挤出效应降低了财政政策刺激总需求的作用。

其次，宏观经济政策仅仅是从经济的角度来分析政策问题，实际上政策效应还受到许多非经济因素尤其是政治因素的影响，政治经济学因此应运而生，在我国现行体制中，政治经济学的影响力远大于其他经济学分支。

因此，仅仅从经济的角度来分析政策效果是不够的，还需要对各种经济与非经济因素做出综合的分析，否则很难达到预期效果。

五、供需关系

供给：经济学中的供给是指在某一特定时期内，在每一价格水平上生产者愿意并且能够生产的一定数量的商品或劳务，或生产出一定数量商品或劳务后愿意并且能够售出的商品或劳务数量。能够提供给市场出售的商品总量包括已经处在市场上的商品流量、生产者能够提供给市场的商品存量。

供给规律：当影响商品供给的其他因素不变时，商品的供给量随着商品价格的上升而增加，随着商品价格的下降而减少。

需求：需求是在一定时期内，在既定的价格水平上，消费者愿意并且能够购买的商品数量。在其他因素不变的情况下，需求显示了随着价格升降，某个体愿意购买的某货物的数量。在某一价格下，消费者愿意购买的某一货物的总数量称为需求量。

需求规律：当影响商品需求量的其他因素不变时，商品的需求量随着商品价格的上升而减少，随着商品价格的下降而增加。

供需关系是指在商品经济条件下，商品供给和需求之间的相互联系、相互制约的关系，它同时也是生产和消费之间的关系在市场上的反映，这种关系包括质的适应性和量的平衡。

1. 供需关系分类

供不应求：在一定时期内，市场上生产部门生产出的商品（即提供给人们消费的商品总额）小于（落后于）人们在这段时间内满足物质资料与生活所需要产品的总额。在这种情况下，需求大于供给，卖方处于有利的地位，就成了卖方市场。

供大于求：在一定时期内，市场上生产部门生产出的商品（即提供给人们消费的商品总额）大于（超出）人们在这段时间内满足物质资料和生活所需要产品的总额。这就是供给大于需求，买方处于主动地位，是买方市场。

供求均衡：在一定时期内，商品的供给与人们的需求达到了理想的平衡状态，即供给刚好满足需求。这种平衡只是相对的，需要在严格的假定条件下才能实现。在这种情况下，买方和卖方的关系是相对和谐、稳定的。

我们不再深入介绍经济学中供给弹性、需求弹性等知识，大家只需要知道，如果价格波动不会对供给量或需求量产生较大影响，就说明该变量的弹性很小，或者该变量是刚性的，比如粮食，不管价格涨跌如何剧烈，人总得吃饭，不会因为价格很便宜而吃很多，也不会因价格很高而不吃饭，对粮食的需求就是刚性的，它的需求弹性就很小。

这里有必要介绍供求均衡的动态分析理论——蛛网理论，这对于农产品供需关系的分析有较大作用。

2. 蛛网理论

许多农产品的生产周期比较长，需要相当长的时间调节供给需求，因此，当农产品的价格波动时，需求会立刻做出反应，供给却无法立刻调整，致使生产者的供给与市场价格信号之间形成一个时间差。运用蛛网理论可以对农产品的供求均衡进行动态分析。所谓蛛网理论，是指随着价格变化，商品的供给量和需求量均衡点呈蛛网状波动的理论。这是 1934 年由英国经济学家 N·卡尔多命名的。[①]

农产品的需求和供给弹性不同，随着价格波动，需求和供给必将发生变化，从而形成不同的蛛网类型。

（1）收敛型蛛网。

如果农产品的供给弹性小于需求弹性，价格变化对供给的影响程度就小于对需求的影响程度，这种蛛网就是收敛型的。假定某种农产品第一生产周期的产量为 Q_1，此时，农产品市场供给量大于需求量，供过于求，消费者只愿意以较低的价格 P_1 购买，P_1 远远低于均衡价格 P_0，于是生产者决定在第二个生产周期将产量调减到 Q_2。产量减少，市场出现供不应求情况，消费者以高于均衡价格的价格 P_2 购买。价格提高，生产者又决定在第三个生产周期把产量增加到 Q_3。如此反复，价格最后收敛于均衡点，如图 5-6 所示。

（2）发散型蛛网。

如果农产品的供给弹性大于需求弹性，价格变动对供给的影响程度大于对需求的影响程度，那么这种蛛网就是发散型的。在连续时期内价格和产量的波动越来越大，距离均衡点越来越远，震荡发散，不再回归均衡，无法恢复到均衡点。因此，在这种情况下，均衡是不稳定或不存在的，如图 5-7 所示。

---

① 李秉龙，薛兴利. 农业经济学 [M]. 2 版. 北京：中国农业大学出版社，2009：45-48.

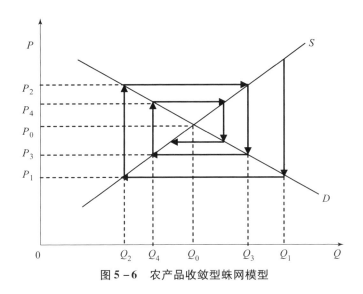

图 5 - 6　农产品收敛型蛛网模型

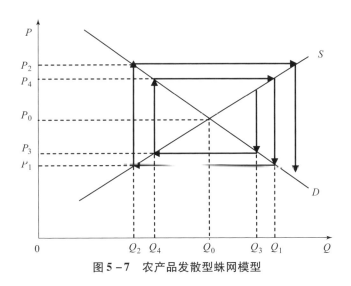

图 5 - 7　农产品发散型蛛网模型

（3）封闭型蛛网。

如果农产品供给弹性等于需求弹性，价格变动对供给和需求的影响相等，这种蛛网就是封闭型的。当价格下降时，需求增加的幅度与供给减少的幅度相等；当价格上升时，需求下降的幅度与供给增加的幅度也相等。产量与价格总是对等波动，从而形成一个封闭型循环，如图 5 - 8 所示。

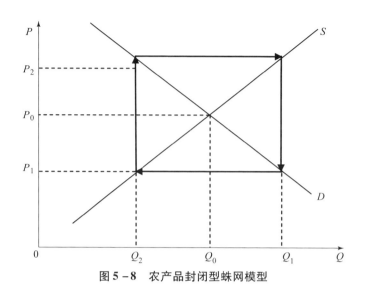

图 5 - 8　农产品封闭型蛛网模型

3. 价格政策的应用

蛛网理论说明在市场自发调节机制下，农产品市场经常发生蛛网型波动，从而影响农业生产的稳定性。在现实生活中，农产品广泛存在着发散型蛛网波动的现象。为了消除或减轻农产品的这种蛛网型波动，政府可能实行价格管制，主要包括最高限价和最低限价。

在图 5 - 9 中，假定农产品的均衡数量为 Q_0，均衡价格为 P_0。在有些情况下，比如说为了抑制通货膨胀或者某些产品或服务的价格上涨，政府可能采取最高限价政策。政府通常对某种产品规定一个低于均衡价格 P_0 的最高价格 P_H，如

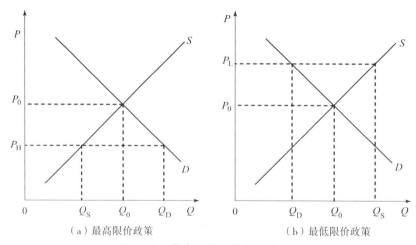

（a）最高限价政策　　　　　（b）最低限价政策

图 5 - 9　最高限价和最低限价政策

图 5 - 9 （a） 所示，不难看出，在价格 P_H 上，需求量大于供给量，产品供不应求。因此，最高限价政策的结果是商品短缺，可能导致配给、排队、抢购等现象。

在另外一些情况下，为了保护某些行业利益，政府对相应的产品规定最低限价，例如一些国家对农产品所实行的保护价。政府通常对某种农产品规定一个高于均衡价格 P_0 的最低价格 P_L，如图 5 - 9 （b） 所示。同样不难看出，在价格 P_L 上，农产品供给量大于需求量，供过于求。因此，最低限价政策的结果是产品过剩，政府收购市场过剩产品是应对策略之一。

近年来国内玉米价格波动是受最低限价政策影响的典型案例：2008 年以来，为了维护农民利益，对玉米实行最低采购价政策，玉米供应量快速增加，截至 2016 年，国内玉米临储库存量接近 2.36 亿吨，自 2015 年开始，当停止最低价收购政策后，玉米价格持续下跌近 2 年，跌幅超过 30%。

六、事件对供需关系的影响

1. 事件

对于大宗商品的分析研究，供需关系是核心，它是决定价格走势的关键因素。权威数据发布、传言扩散、突发事故等，都能影响供需关系，左右市场参与者的预期，进而造成价格波动，我们将这类能够影响到供需关系的因素统称为事件。

有些事件的发生有据可循、有固定时间，比如有关部门在固定时间发布的经济数据、产业数据、统计数据等，投资者在事件发生前会有相应预期，在事件发生后与市场普遍预期有偏差的情况下，就会导致价格波动，偏差越大，波动越剧烈。随着事件的叠加和积累，往往能够产生量变到质变的效果，最终改变原来的供需格局。比如美国农业部每月发布的供需报告等数据，会对供需格局产生深远影响。长期趋势是延续还是会发生转变，市场预期是关键，持续跟踪这类事件，就有可能发现供需失衡的机会，也将有机会把握价格走势的拐点。

有些事件是突发的，事前毫无征兆，根据事件的严重程度和影响范围，事件对供需关系和价格波动的影响也有所不同。比如 9·11、新冠疫情等事件发生后，首先重创经济，资产价格快速下跌，但是随着投资者预期政府将推出经济刺激政策，价格会有所回升，当政策落地，市场又会根据预期与实际力度的偏差，对后期走势产生不同影响：当实际力度远超市场预期，价格将快速上涨；当实际力度与市场预期相当或者不及市场预期，价格将再次下跌。不管怎样，在现行的宏观经济政策框架下，只要政府推出较长期的刺激政策，在事件造成的影响保持常态或有所减弱后，价格都将会不断上涨，直到刺激政策有所收缩，才会终结这种由刺激政策推动的牛市。

2. 事件与供需关系

这里涉及一个重要命题：在基本面事件发生后，供需关系将立刻呈现某种失衡状态，这种失衡状态反映到价格走势上，就是上涨或者下跌；在下次事件出现之前，价格走势按照惯性运行，即延续上涨或者下跌走势。

该命题的主要依据是供求理论和惯性定律。

基本面事件即影响供给或需求的事件，根据"经济学原理之供求理论"，供给与需求的变化引起价格的变化。供大于求，价格下降；供不应求，价格上涨。很显然，在基本面事件发生后，供求关系必然出现某种失衡，表现为价格的上涨或者下跌，只不过失衡的幅度和持续时间不同，对价格波动的影响也有所不同。

将牛顿第一运动定律——惯性定律（所有物体都将一直处于静止或者匀速直线运动状态，直到出现施加其上的力改变它的运动状态为止，或者，一个不受任何外力或者合外力为 0 的物体将保持静止或匀速直线运动）应用到价格走势方面一点也不违和，它解释了在没有事件冲击的情况下价格走势所呈现的状态：在没有受到事件冲击的时候，价格走势持续保持某一种状态，即在没有受到事件冲击的时候，价格走势不会发生改变，上涨走势将保持上涨，下跌走势将保持下跌，震荡走势将保持震荡。

需要注意的是，在实际应用中，只需要关注对供需关系有影响的核心事件，而不能眉毛胡子一把抓。有些事件的影响是短暂的，并不会对长期走势产生深远影响，这就需要结合实际情况进行筛选并制订相应对策。如果对所有事件不区分主次地进行分析，当正负两面都有事件发生的时候，往往会扰乱分析思路，得出不利结论，即便得出了合理的结论，也会影响实际的操作效果。

3. 事件与走势

对供需关系的分析是判断长期走势的依据，而对事件影响的分析是判断中短期走势方向、长期走势是否改变的依据。

对长期走势而言，最核心的事件就是能够导致供需失衡的事件。在这类事件没有发生和事件发生前后这两个阶段，市场预期都会左右价格走势，具体到价格走势的不同阶段，有以下表现。

（1）在核心事件没有发生的情况下，供需关系将呈现短期的平衡，价格会惯性移动：

①牛市中，供给小于需求，价格将稳步上涨，但是幅度不大；

②牛市末期、熊市初期，供给小于需求，但是未来的供给将大幅增加，价格将宽幅震荡；

③熊市中，供给大于需求，价格将稳步下跌，但是幅度不大；

④熊市末期、牛市初期，供给大于需求，但是未来产量将大幅减少，价格将

宽幅震荡。

（2）当发生核心事件时，基于市场预期与事件实际结果之间的偏差，不同市场中的表现也不同：

①牛市中，如果事件利空，价格将有所下跌，根据事件影响程度，涨跌幅度不同，如果事件利多，价格将大幅上涨；

②牛市末期、熊市初期，如果事件利多，价格将大幅上涨，极有可能上演最后的疯狂，但是持续性不够，如果事件利空，价格将大幅下跌，事件影响巨大的情况下，将确认熊市的开始；

③熊市中，如果事件利多，价格将有所上涨，根据事件影响程度，上涨幅度不同，如果事件利空，价格将大幅下挫；

④熊市末期、牛市初期，如果事件利多，价格将大幅上涨，事件影响巨大的情况下，将确认牛市开始，如果事件利空，价格将大幅下挫，也极有可能上演最后的疯狂，但是持续性不够。

七、分析逻辑的直观演示

站在理论角度解读供需关系枯燥乏味，为了更好地解读供需关系的影响，向读者演示分析逻辑。我们结合豆粕和玉米两个品种，分别探讨它们的供需关系对价格走势的影响。

（一）豆粕供需关系分析

1. 分析框架与逻辑①

豆粕是比较特殊的品种，需求主要由养殖行业的发展形势决定，供给主要由美洲大豆生产形势决定。

在供需平衡表中，需求由出口量、消费量组成。国产豆粕的出口量非常小，可以忽略不计；豆粕作为蛋白原料，主要用于养殖行业，消费量由下游——养殖行业决定。因此，养殖行业的形势决定了豆粕的需求。

在供需平衡表中，供给由期初库存、进口量和产量构成。作为压榨行业的副产品，豆粕保质期较短，因此期初库存维持在很小的波动范围内，可以不考虑期初库存对豆粕供给量的影响；国内豆粕进口量很小，也可以忽略不计；产量由压榨行业决定，而压榨行业只是加工环节，虽然豆粕供给短期会受到压榨行业运输、压榨、库存等环节的影响，但从中长期来看，大豆的供给直接决定了豆粕的供给，也就是说，豆粕的供给主要由上游——大豆决定。

---

① 李录林. 豆粕　上行进入下半程［N］.期货日报，2021－06－08（004）.

国产大豆主要用于食用，压榨大豆几乎全部来自进口。中国大豆供应结构如图 5-10 所示：2022 年 1 月份农业农村部发布的中国大豆供需平衡表中的数据显示，预计 2021/22 年度大豆进口量 10200 万吨，压榨量 10047 万吨，由于进口大豆一般都是转基因大豆，出油率较国产大豆高 2% 左右，所以进口大豆几乎全部用于压榨；食用消费 1355 万吨，国产大豆产量 1640 万吨，绝大多数国产大豆用于食用消费。

中国大豆供需平衡表

	2019/20	2020/21 (1 月估计)	2021/22 (12 月预测)	2021/22 (1 月预测)
千公顷 (1000 hectares)				
播种面积	9354	9882	8400	8400
收获面积	9354	9882	8400	8400
公斤/公顷 (kg per hectare)				
单产	1935	1983	1950	1950
万吨 (10000 tons)				
产量	1810	1960	1640	1640
进口	9853	9978	10200	10200
消费	10860	11326	11808	11808
压榨消费	9100	9500	10047	10047
食用消费	1380	1420	1355	1355
种子用量	80	76	76	76
损耗及其它	300	330	330	330
出口	9	6	15	15
结余变化	794	606	17	17

图 5-10　中国大豆供应结构

来源：农业农村部

因此，对豆粕供给的分析，我们主要关注大豆的供给，在国内大豆供应结构未出现重大改变的情况下，重点关注进口大豆的种植情况。也就是说，我们需要将供给的注意力转移到进口大豆供应地的生产形势上，美洲的大豆产量超过全球产量的 80%，所以必须关注美洲大豆的生产形势。

对于需求的分析，虽然豆粕更多用于加工饲料，但是饲料行业与压榨行业一样，都是加工环节，饲料生产量主要由下游养殖行业决定，因此，我们的焦点将集中于养殖行业形势，而非饲料行业形势，饲料行业生产情况只是侧面印证养殖行业发展形势的参考变量。

除此之外，还需要根据豆粕与其他蛋白原料的比价关系考虑替代的可能性，比如菜粕、花生粕等杂粕和小麦等蛋白原料的替代关系。只有当比价关系不利于豆粕的时候，才会减少豆粕的用量，从而影响到豆粕的需求。但是有些杂粕含有毒素，会影响到饲料品质，小麦既可以算作蛋白原料，也可以称为能量原料，因此，对豆粕的替代不是无止境的，根据饲料品质标准，会有相应的均衡值限制。

作为国家粮食安全和种业振兴的重要举措，2021 年 4 月农业农村部发布《饲料中玉米豆粕减量替代技术方案》，方案中提出了可操作的配方指引，有机构根据该替代方案测算的理想结果显示，每年将减少豆粕用量 2000 万吨。但笔者认为，这只是技术方案，即使具备强制执行效力，也需要遵从市场规律，而且豆粕在饲用中更加安全适口，该方案能否施行还是要看豆粕与其他替代品的比价关系，没有绝对比价优势的时候很难被大量替代。只不过，该技术方案的推行有助于饲料和养殖企业根据比价关系灵活修改配方，在一定程度上有助于减小对进口大豆的依赖，再配合国家大豆振兴计划，未来国内大豆供应格局会不会发生巨变尚未可知。

不管怎样，在当前环境下，我们可以将豆粕的供需分析框架和逻辑汇总到图 5 - 11 中。

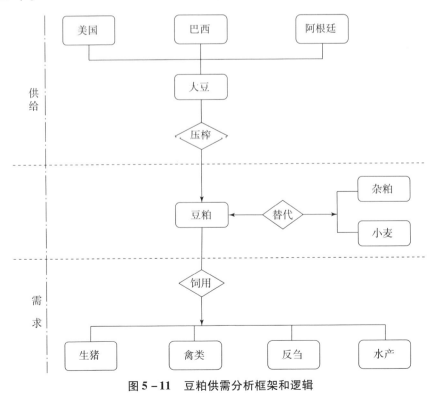

图 5 - 11　豆粕供需分析框架和逻辑

2. 需求

对于需求,我们主要关注养殖行业的发展形势,存栏量直接决定了当前需求量的多寡,对存栏量还可以进一步细分,比如生猪养殖行业的能繁母猪存栏量直接决定了未来半年以上的育肥猪存栏量,育肥猪存栏量影响当前豆粕的需求量。由于国内养殖规模大小不一,精确统计存栏量是很困难的事,但是从饲料各品种的产量中基本可以推测出养殖行业的结构,从而为我们分析不同养殖品种对豆粕价格的影响提供依据。

根据饲料工业协会发布的数据,猪料和禽料长期占据饲料总产量的 85% 以上,但 2019 年度受非洲猪瘟影响,猪饲料占比大幅下降,仅 33.35%,禽料占比接近 50%;2020 年猪料产量虽然有所恢复,但禽料依然占据了更大份额,详情见表 5-1。

表 5-1　中国饲料结构　　　　　　　单位:万吨

年度	饲料总产量	猪料	肉禽料	蛋禽料	水产料	反刍料
2015	20009	8343.6	5514.8	3019.8	1893.1	884.2
		41.70%	27.56%	15.09%	9.46%	4.42%
2016	20918	8726	6011	3005	1930	880
		41.72%	28.74%	14.37%	9.23%	4.21%
2017	22161	9808	6016	2931	2080	922
		44.26%	27.15%	13.23%	9.39%	4.16%
2018	22788	9720	6509	2984	2211	1004
		42.65%	28.56%	13.09%	9.70%	4.41%
2019	22885.4	7633.2	8464.8	3116.6	2202.9	1108.9
		33.35%	36.99%	13.62%	9.63%	4.85%
2020	25276.1	8922.5	9175.8	3351.9	2123.6	1318.8
		35.30%	36.30%	13.26%	8.40%	5.22%

数据来源:饲料工业协会。

由于肉禽(主要指肉鸡)生长周期很短,一般仅需 45 天即可出栏,价格波动相对比较大,但由于养殖周期很短,养殖亏损的时候可以快速减少养殖量,养殖赢利的时候可以快速增加养殖量,没有非常明显的周期性特点,因而对豆粕的需求是相对比较稳定的。因此,肉禽养殖行业增减存栏量不会产生长远影响,除非大范围暴发禽流感等疫病,整个养殖行业受到重创,才会减少豆粕需求量。

蛋禽(主要指蛋鸡)的生长周期一般在 520 天左右,从出壳到产蛋要 120 天左右，在理想状态下，当养殖利润极具吸引力的时候，鸡蛋价格从高位回落至少需要 4 个月，虽然由此导致的饲料需求会有较明显的周期性，但是蛋禽料一般占比不足 15%，因而对豆粕的需求影响相对有限。

大部分商品猪养殖周期约 165 天，其中保育阶段 60 天，育肥阶段 105 天，如考虑妊娠阶段的 114 天，则从能繁母猪存栏量增加开始到商品猪（100 ~ 120kg）出栏需要 9 个多月。这也说明在理想状态下，养殖利润极具吸引力的时候，猪肉价格从高位回落至少需要 9 个多月，由此导致的饲料需求将呈现出较明显的周期性。如图 5 - 12 所示，经过对比分析，我们发现豆粕价格走势与生猪价格走势没有非常明显的关系，但是我们可以得出一个重要结论：随着生猪存栏量的减少，猪肉价格向高位移动，猪肉价格临近高位时，往往会大幅减少豆粕需求，从而导致供应端的季节性规律失效。这对于按照季节性规律进行分析研究和实操具有重要价值。

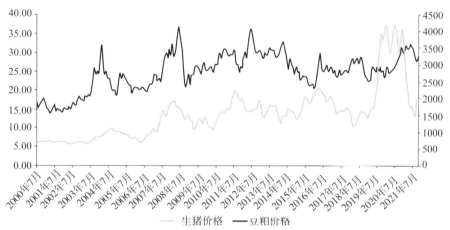

图 5 - 12　2000 年 7 月—2021 年 12 月生猪和豆粕价格走势

数据来源：农业农村部、大商所

综上所述，豆粕的需求相对稳定，我们关注的是猪周期价格上涨阶段和养殖行业是否有大规模突发疫病等导致大幅度减少存栏量的事件。在需求量相对平稳或增长的情况下，可以得出以下基础结论：

（1）豆粕的季节性规律在此期间持续有效；

（2）供给量的变动是豆粕价格波动的核心因素。

对于猪周期的影响，我们主要关注两个变量：能繁母猪存栏量和生猪存栏量。能繁母猪存栏量决定了生猪存栏的增量，对未来较长时间的需求量有深远影响，在能繁母猪存栏量持续增加的情况下，需求量将保持稳步增长；而生猪存栏量主要决定当前和未来一段时间的需求量，受消费和生产阶段性影响，生猪存栏量有一定的季节性，在重要节假日前一般会集中出栏，节后逐渐恢复。

对需求端的分析，我们秉承"模糊的正确"原则，不追求数据的精确，更多关注当前行业大趋势处于增长还是萎缩中。只要养殖行业没有发生重大疫情造成存栏量急剧减少的情况，就可以视为需求保持相对稳定。

3. 供给

全球大豆主要由美洲供应，根据美国农业部于2022年1月份发布的供需报告数据测算，美洲的产量超过全球的80%，其中美国约占30%，南美约占50%，见表5-2。

表5-2　全球大豆主产区产量与种植、收割月份

地区	全球	美国	巴西	阿根廷
产量/万吨	37256	12071	13900	4650
占比		32.40%	37.31%	12.48%
种植时间		4—6月	11—12月	12—1月
收割时间		9—11月	3—5月	4—5月

数据来源：美国农业部。

随着国内经济的增长、国民生活水平的不断提高，我国大豆进口量越来越大，显示出国内消费的持续增长。2020年我国进口大豆超1亿吨，占美洲总产量的27.8%，进口主要来自巴西和美国。受全球政治因素影响，过去几年进口来源国和进口量有所改变，但只影响到进口来源国结构发生变化，并未对进口量造成冲击，如图5-13所示。

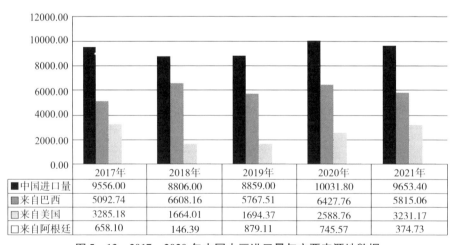

	2017年	2018年	2019年	2020年	2021年
■中国进口量	9556.00	8806.00	8859.00	10031.80	9653.40
▨来自巴西	5092.74	6608.16	5767.51	6427.76	5815.06
□来自美国	3285.18	1664.01	1694.37	2588.76	3231.17
□来自阿根廷	658.10	146.39	879.11	745.57	374.73

图5-13　2017—2020年中国大豆进口量与主要来源地数据

数据来源：海关总署

美国、巴西和阿根廷的大豆生产形势直接决定了我国的大豆供应量。从目前的进口结构看，美国和巴西的大豆生产影响最大，需要关注主产国种植面积、天气状况、生长情况、收获进度、产量、库存、销售进度等诸多可以影响到大豆供给的因素。目前在全球范围内影响最大的是以权威、规范著称的美国农业部相关报告，它不仅发布美国的数据，还发布全球主产国和主要消费国的系列数据。

（1）美国农业部报告及其发布时间。

月度供需报告：每月8—12日；

农作物种植意向报告：3月31日；

农作物种植面积报告：6月30日；

每季度公布的数据：季度谷物库存（每季度末）、季度猪肉和活猪状况（每季度末）；

每月公布的数据：世界农产品供需预测、饲养情况展望、作物产量报告、美国农业贸易状况报告（每月中旬）、农产品价格（月末）、油作物预测、家畜家禽和牛奶产量状况、农作物化学药品使用情况报告（7月、8月、9月、10月每月中旬）、谷物月度出口报告；

每周公布数据：周度出口销售报告（每周五）、周度出口检测报告（每周二）、作物进度状况报告（4—11月每周一）、天气－作物状况综述（每周二）、每周粮食价格报告、美国CFTC持仓报告（每周六）。

其中，影响最大的报告是月度供需报告，它综合了种植、生长、收割、销售等环节发布的相关报告，以供需平衡表的形式呈现统计结果，是判断供需形势的重要参考依据。

美国农业部将当年9月1日至来年8月31日划分为一个产季，报告中只列示近3个产季的数据，其中新产季数据是预测值，上个产季数据是预估值，较早产季数据是终值。上个产季数据影响较大的是期末库存，它也是新产季供给部分的期初库存，会影响到新产季的供需关系。从每年5月份开始，供需报告中将开始预测新产季的供需情况，每月的报告都会根据最新统计情况对近3年（尤其是近2年）的产季数据进行不断调整。

在供需平衡表中，供应量包括期初库存、进口量和产量。对于主产国的大豆供应量，进口量可以忽略不计，期初库存会有一定变动，主要通过对上个产季的数据调整获得。由此可见，对供给影响最大的是产量，主要分析种植面积、生长情况、收割进度等因素。

（2）美豆供应——种植面积。

每年2月下旬，USDA都会召开农业展望论坛，主要对当年春播作物的种植面积和生长情况做早期预测。对于大豆来说，此时正是南北美市场的转换之际，南美作物已经进入收割期，北美新作开始准备播种，国际市场的关注焦点将向美豆新作倾斜。农业展望论坛是基于温度和降水的历史平均水平对当季作物做出的早期预测，距离真正开始播种还有两个月时间，离作物的关键生长期时间更长，存在较强不确定性。例如2019年，由于春播时持续降雨，作物的播种和生长均受到较大影响，2月种植面积数据较实际种植面积高出10%。

除了2月农业展望论坛上的种植面积，市场还会特别关注的面积数据包括3月底种植意向面积和6月底实际播种面积。种植意向报告在3月底发布，基于3月前两周美国农业部对农民的直接调查，即通过邮件、电话、面谈等形式去询问农场主的春播计划统计处理得到的数据。但3月到实际播种还有一段时间，其间价格变化、种植进度等因素会影响到实际播种面积；种植面积数据在6月底发布，来自美国农业部对约9000块土地、68100名农场主的调查，此时播种工作已接近结束，数据相对准确。每年1月的月度供需报告通常被认为是该季作物的终产报告，此时作物收割已经完成，通过收割时的调查数据调整种植面积，所以理论上来说，1月的种植面积数据最准确，却有滞后性，主要价值在于对期末库存的影响。

影响美国农民种植选择的因素如下。

①种植收益比较。

美国玉米和大豆主要种植区域重叠，播种时间都是春季，两者会竞争土地资源。农场主主要依据种植收益做出种植选择。

美国玉米和大豆种植成本构成基本一致，从收益上看，2016—2018年大豆种植收益明显好于玉米，基本能解释这3年美豆的种植面积振荡上升，而玉米种植面积稳中有降。2019年受国际政治、产区天气等多种因素影响，美豆的种植收益大幅下滑。

种植收益可以用价格和种植成本来衡量。相对来说，种植成本稳定，而市场价格波动频繁，所以通常用价格比值来对比种植收益，一般采用每年2月份的芝加哥期货交易所11月大豆合约和12月玉米合约的比值。结合种植成本，通常将大豆玉米比价的均衡值设置在2.4左右。若比价偏高，说明种植大豆收益更高，农户会选择多种大豆，反之选择多种玉米。比如2021年2月份大豆价格与玉米价格之比为2.59，这也是1989年以来的最高水平，这意味着期货市场向农户发出的信号是：多种大豆，而不是玉米。

②政府补贴与农业保险。

除了经济因素，政府政策倾向也会影响种植面积。农业保险在美国农业发展过程中起着重要作用，旨在保障生长季节期间的价格，当农作物的实际价格低于美国农业部制定的保险价格时，购买了保险的农户可以获得政府支付的保险金。美国的农作物保险制度经过了多次改革调整，现在实行的是由政府提供补贴并完全交由私营商业保险公司独家经营的"单轨制"。在美国大部分农业种植带，玉米和大豆保险价格分别是芝加哥期货交易所 12 月玉米期货和 11 月大豆期货在 2 月份的平均结算价。2017 年美国的参保面积已接近 3 亿英亩，达到可耕种面积的 90% 以上，政府对农业保险补贴超过纯保费的 50%。

③不确定因素。

大豆玉米比价和种植政策补贴在农民早期选择播种作物时非常重要，但播种期开始后，种植期天气的变化、政治环境等因素会影响实际种植面积。玉米比大豆早播种一个月，如果播种早期天气出现极端情况，玉米播种受阻，农民将不得不改种大豆，但也有可能像 2019 年，整个春季降雨过多，农民不但种不了玉米，也种不了大豆，弃种面积大增。政治风险方面，比如由于贸易关系的问题，美豆的出口遇到阻力，农民就有少种大豆规避政治风险的意愿。

（3）美豆供应——生长情况、收割进度。

4—11 月每周一发布的作物进度状况报告将会持续跟踪作物的种植、生长和收割进度，主要指标包括播种率、出芽率、优良率等。根据美国农业部作物生长报告，将美豆生长进度划为下列 6 阶段，不同阶段对气候的要求有所不同。

播种期：随着气候的变化、种子培育技术及种植技术的进步，美豆播种期不断提前，2000 年以后基本开始于每年的第 17 周，结束于第 25 周，即 4 月底到 6 月底是美豆的播种期。

出芽期：种子发芽时，白色胚根伸入土中，子叶拱出地面，子叶出土称为出芽。近年来，美豆出芽期大多在第 19 ~ 25 周，即 5 月中旬至 6 月底。大豆发芽最适宜的温度是 15 ~ 22℃，大豆发芽需吸收相当于本身重量 58% 的水分。其间不利天气是干旱，另外，如果气温低于 12℃，会造成出苗延迟。

扬花期：美豆扬花期通常集中在每年的第 25 ~ 33 周，即 6 月下旬至 8 月中旬。扬花期对水分最为敏感，是大豆的水分临界期，扬花阶段最适宜温度为 19 ~ 25℃。不利天气是干旱，同时，如果气温低于 17℃，扬花期将大大推迟。

结荚期：美豆结荚期主要集中在每年的第 28 ~ 35 周，即 7 月中旬至 9 月初。灌浆成熟期最适宜的温度为 19 ~ 23℃。高温和干旱将会造成严重减产，但是如果低于 18℃ 则鼓粒不佳，低于 15℃ 则灌浆速度明显下降，不能正常成熟。

落叶期：落叶期的结束往往意味着优良率及单产的确定，通常在每年的第 34 ~ 41 周，即 8 月下旬至 10 月中旬。

收获期：收获期主要集中在每年的第 37 ~ 47 周，即 9 月中旬至 11 月下旬。

其中，扬花、结荚期对大豆的最终产量起着决定性作用，也就是说，需要密切关注 6 月下旬至 9 月初的天气状况，尤以 8 月份的天气状况最关键。这是大豆需水的关键时期，蒸腾作用的强度在这个时期达到高峰，干物质也直线上升。如果出现干旱和极端高温天气，则瘪粒、瘪荚增多，粒重下降，势必造成减产。

大豆的灾害性天气有干旱、水灾、低温、霜冻、冰雹以及引起病虫害的其他气象条件。

①旱灾。

干旱是大豆最常见的灾害性天气，对市场的影响也是最大的，干旱的持续时间和强度决定大豆的减产量。2009 年阿根廷发生干旱，导致 2008/09 年度阿根廷大豆减产 30%，促使美豆从次债危机后的价格低位重回 1000 美分以上。

②涝灾。

涝灾是大豆生长的重要影响因素，暴雨天气会造成大豆田地积水，如果积水时间过长，易致烂根、死苗而出现缺苗现象。出苗期若土壤水分过多，根不下扎，茎节细长，中后期易倒伏。大豆花荚期雨水过多时，若排水不良，土壤水分长期处于饱和状态，也会造成大量花荚脱落。大豆收割期如果遇到暴雨，将会延误收获。

③低温、霜冻。

低温天气会使大豆延迟成熟，大豆株矮叶小，从而影响大豆结荚数量，最终影响大豆的单产。2009 年 8 月，我国东北地区持续低温阴雨天气，低温寡照天气导致大豆长势不佳，是大豆减产的重要原因之一。霜冻天气会使大豆干枯死亡，如果大豆播种收割延迟，9 月末、10 月份霜冻天气可能来临，就会对晚熟大豆造成重大伤害。

④厄尔尼诺。

厄尔尼诺是太平洋赤道带大范围内海洋和大气相互作用后失去平衡而产生的一种气候现象。正常情况下，热带太平洋区域的季风洋流从美洲走向亚洲，使太平洋表面保持温暖，给印尼周围带来热带降雨。但这种模式每 2～7 年会被打乱一次，使风向和洋流发生逆转，太平洋表层的热流就转而向东到达美洲，随之便带走了热带降雨，出现所谓的厄尔尼诺现象。厄尔尼诺现象一般持续一年，对不同国家和地区有不同的影响。

美国大豆主要种植区集中在中西部地区，接近东太平洋，因此，受气候影响较大。如果厄尔尼诺现象出现，按照一般惯例，东太平洋地区出现洪涝的可能性较大，这会对大豆的播种和生长产生不利影响，甚至有可能出现大面积减产。

巴西和阿根廷两国与大西洋接近，直接遭受厄尔尼诺现象影响的程度不会太大。厄尔尼诺通常给南美地区带来更多降雨，湿润天气利于大豆生长，2009 年发生的厄尔尼诺现象是南美大豆增产的重要原因。

20 世纪 90 年代至 2021 年共发生了强弱不同的 8 次厄尔尼诺气候现象，分别在以下年份出现：1986—1987 年、1991—1994 年、1997—1998 年、2002—2003 年、2004—2005 年、2006—2007 年、2009—2010 年、2014—2016 年。虽然影响程度各有不同，但是基本导致美国南部及巴西、阿根廷等地区降水量增加，东南亚、澳大利亚及美国北部地区干旱的局面，在我国则呈现南涝北旱的气候状态。

　　⑤拉尼娜。

　　与厄尔尼诺相反，拉尼娜是指赤道中、东太平洋海表温度大范围持续异常偏冷的现象，所以也有人称之为"反厄尔尼诺"。一旦发生，美国西南部地区将异常干燥，影响美豆生长，降低大豆产量，但美豆主产区位于中部，受到的影响相对有限，因此拉尼娜的持续时间和强度决定了大豆产量的下降幅度。拉尼娜现象整体对巴西影响并不明显，但会对阿根廷造成减产。

　　（4）其他变量的不同解读。

　　如表5－3所示，美豆出口和国内消费在美豆供需平衡表中归属于需求，但是对于中国市场来说，它却实实在在影响着中国的供给量，因为不论是美豆的供给还是需求，最终都会影响到期末库存。期末库存是衡量供需关系的基础变量，决定了供需关系是供需平衡、供大于求还是供不应求。

表5－3　美豆供需平衡表　　　　　　　　　单位：万吨

产季	期初库存	产量	进口量	压榨量	国内消费	出口量	期末库存
2020/21（预测）	1428	11255	95	5987	6329	6124	325
2019/20（预估）	2474	9667	42	5891	6177	4578	1428
2018/19	1192	12052	38	5694	6040	4768	2474
2017/18	821	12007	59	5593	5887	5807	1192
2016/17	535	11692	61	5174	5571	5896	821
2015/16	519	10686	64	5134	5447	5286	535
2014/15	250	10688	90	5098	5493	5017	519
2013/14	383	9139	195	4719	4985	4482	250
2012/13	461	8256	98	4597	4842	3591	383
2011/12	585	8419	44	4635	4881	3706	461
2010/11	411	9061	39	4485	4839	4086	585

数据来源：美国农业部。

　　美豆国内消费量增加，反映到期末库存上，必然减少期末库存，可供出口的大豆将相应减少，也就会对中国造成供应偏紧的预期。这种预期将推动美豆价格上涨，推高豆粕成本。

　　美豆出口这个变量需要辩证分析。销售速度加快、出口量增加将减少期末库存，助推美豆价格上涨，但同时需要关注出口的流向，如果向中国出口量持续增加，市场会有不同解读：有可能是中国压榨企业认为价格合理，提前签订了远期订单，未来供给压力将减小，价格继续上涨的空间有限；也有可能是由于中国需求快速增加导致进口量增加，这将持续推动价格上涨。因而美国农业部发布的周度销售报告和出口检验报告就成为重要参考依据，周度出口检验数据是已检验完毕并装船发运的量，周度销售数据包含已签约的所有订单，即出口检验量和尚未执行的量。按照出口检验数据和船期可推算出未来一段时间的到港量，这部分进口量就成为国内某段时间的大豆供应量，而未执行订单是未来供应量，月度供需报告中的预期出口量与销售数据的差额基本就是潜在供应量。比如：2021年2月供需报告显示美豆2020/21产季预期出口量是6124万吨，2月26日发布的周度出口销售报告显示，截至2021年2月18日，美国2020/21年度大豆已装船外运5166万吨，有829万吨已签约，尚未发运，829万吨就是未来供应量。据此推算，美国大豆仅余129万吨可供签约销售，这129万吨就是潜在供应量。销售进度加快、未来供应量和潜在供应量减少，都会增加供给偏紧的预期，就会造成大豆价格上涨。

（5）全球大豆的阶段性关注变量。

前面论述了美豆从种植、收割到销售等环节的报告对中国供给量的影响，对巴西和阿根廷的分析，基本逻辑和原理与美豆没有区别，只是数据来源没有非常权威的机构。巴西有多个部门和咨询公司都会发布数据，可以参考巴西国家供应公司（CONAB）发布的进度报告和月度供需平衡表；阿根廷布宜诺斯艾利斯交易所会有相关数据发布，市场普遍以美国农业报告为依据进行分析。从全球范围看，在大豆生产、销售的不同阶段，市场关注的焦点会有所不同，这主要是由大豆生产、销售等环节的特性决定的。

1月份是巴西大豆开花结荚期和阿根廷大豆的播种期，也是美国大豆的销售期，需要关注巴西的实际种植面积、阿根廷播种进度和面积，同时需要关注美豆的销售进度。

2月份需要关注巴西天气状况、阿根廷实际播种面积，因为当月是巴西大豆的结荚灌浆期和阿根廷大豆的开花结荚期，美豆的销售已基本结束。

3月巴西大豆进入收割期，也是阿根廷大豆的结荚灌浆期，市场将焦点向美豆倾斜，需要关注美豆新季大豆种植意向、巴西收割进度。

4月正值南美大豆收割期，需要关注巴西和阿根廷的收割进度及产量，同时需要关注美豆种植意向的调整信息。

5月份南美大豆基本收割完毕，南美大豆集中上市，同时美豆将开始种植，需要关注的是美豆种植面积、种植进度和天气状况，南美大豆的收割进度、运输条件与销售情况也是需要关注的因素。美国农业部月度报告于5月开始预测新季作物的供需平衡表。

6、7月份美豆处于种植开花结荚期，需要关注美豆种植面积、种植进度、生长进度、天气状况和上个产季的结转库存，南美大豆实际产量基本确定，但运输条件和销售进度依然会有一定影响。

8 月份美豆处于结荚灌浆期，天气因素成为核心影响因素，这段时间的炒作题材最多，价格波动幅度明显加大。南美大豆销售期基本结束，全球大豆供应面临青黄不接的形势。

9、10 月份美豆进入收割期，10 月份左右美豆集中上市，收割进度、预计产量成为影响变量，市场将焦点逐渐向南美的种植意向上转移。

11 月份美豆收割结束，巴西大豆开始种植，种植面积和种植进度成为焦点，同时美豆收割进度、销售进度对市场依然有不小影响。

12 月份巴西大豆种植完毕，阿根廷大豆开始种植，种植面积和种植进度对市场影响较大，美豆销售进度和实际产量会对市场造成冲击。

综合而言，每年的 5 月前后和 10 月前后是大豆集中上市期，容易对大豆价格造成打压，尤其是在供给非常宽松的情况下，极易出现年度低点。2、3 月前后和 8 月前后容易出现剧烈变化，尤其是当大豆主产区高温干旱时，最容易推动价格上涨。需要重点关注美国农业部每月的供需报告数据，每当市场预期与报告数据出现偏差时，非常容易造成价格的剧烈变动。

4. 库存消费比

库存消费比 = 期末库存/消费量，是供需关系的最直观表示，通过纵向和横向对比，可以衡量供需松紧状态以及变动趋势。纵向对比是对不同产季的库存消费比进行连续对比，可用于预测供需关系是否出现拐点；横向对比主要是连续对比每月的库存消费比，观察库存消费比变化的延续性，也就是供需关系是否有所改变。

以美豆的库存消费比为例，根据 2021 年美国农业部 2 月份供需数据报告计算的库存消费比是 5.14%，处于近 20 年来的历史第二低值，最低值 5.02% 出现在 2013/14 产季，第三低值出现在 2003/04 产季。我们都知道，在上述两个产季，大豆价格都创了历史新高，库存消费比显示出供不应求的形势非常明确，如图 5 - 14 所示。

但是库存消费比在 2020 年 8 月的供需报告中还处于近 20 年来的历史第三高，为 26.27%，自 2018/19 产季创出历史最高值 40.96% 以来，逐年在下降，当时我们根据各项数据得出的结论是供需较宽松，但是正在向供需平衡过渡，因为在非洲猪瘟常态化管理后，在政府激励政策和有史以来最高养猪利润的合力影响下，中国生猪养殖行业将超预期复苏。

自 2020 年 9 月份开始美国农业部逐月调整数据，短短 6 个月内，美豆供给由较宽松向平衡过渡，最后变为极度紧缺，如图 5 - 15 所示。

美国农业部通过不断调低产量，调降上个产季的结转库存，调高预期出口量，使供给减少、需求增加，最终导致期末库存预期值快速降低。2020 年 9 月的

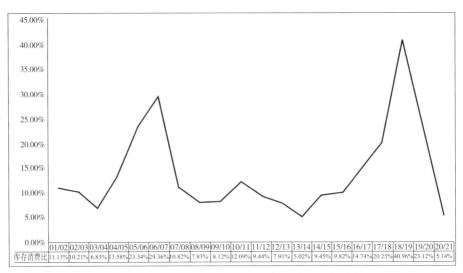

图 5-14　2001/02 产季—2020/21 产季美豆库存消费比

数据来源：美国农业部

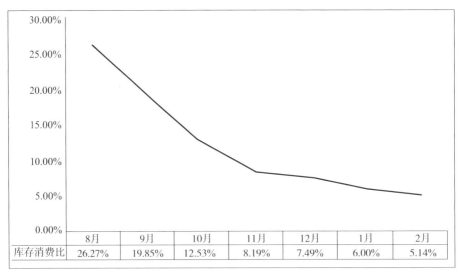

图 5-15　2020 年 8 月—2021 年 2 月 2020/21 产季逐月库存消费比

数据来源：美国农业部

供需报告是转折点，让宽松的供给开始向平衡过渡，而且当时正好是 2020/21 产季大豆的收割期，该节点的数据更具影响力。2020 年 10 月的报告已经呈现出平衡偏紧的迹象，此时正值美豆大量上市，产量数据逐渐明朗。自 2020 年 11 月的报告开始，供应紧缺状况越来越明显。

2021 年 2 月的报告与 2020 年 8 月的报告相比，产量调低了 787 万吨，上个产季结转库存调低了 245 万吨，出口量调升 341 万吨，微调其余变量，使得期末库存降低 1334 万吨，至 325 万吨，该数值从绝对值来看是近 20 年来的第三低，用库存消费比来衡量属于第二低。

随着库存消费比的快速降低，美豆价格处于快速上涨中，成本助推国内豆粕价格稳步上涨，如图 5 – 16 所示。

图 5 – 16　2020 年 8 月—2021 年 2 月豆粕和美豆期货走势

数据来源：博易大师

由此我们可以得出一个重要结论：库存消费比临近历史高点的时候，往往是价格的起涨点，随着库存消费比的降低，价格会不断上涨。

随着美豆价格持续上涨，高昂的种植利润会让种植户扩大下个产季的种植面积。如果天气因素没有造成减产，供应量的增加将会让库存消费比开始回升，价格也将开始下跌。

故而，与上面的结论相对应，也可以得出另一个重要结论：库存消费比临近历史低点的时候，往往是价格的拐点，随着库存消费比的提高，价格会不断下跌。

需要注意的是，库存消费比是对供需关系最直接的量化，看到库存消费比处于历史高点就认为价格一定上涨、处于历史低点就认为价格一定下跌都是以偏概全，还是需要从底层逻辑和现实情况入手去探寻库存消费比变动的可能性与规模。此外，库存消费比的转变往往会影响到整个产季的价格趋势，比如2021年2月历史第二低的库存消费比的影响将持续到下个产季数据公布的时候，也就是从2021年5月份开始预测的2021/22产季数据发布的时候，在此期间，关注影响变量基本就可以做出基本判断。

（二）玉米供需关系分析

1. 分析框架与逻辑

玉米是农产品，也是重要的工业原料，主要用于加工玉米淀粉、玉米酒精和氨基酸等产品，因此，玉米除了具备农产品属性外，还具备工业品的属性。对玉米的需求由养殖行业形势和工业环境共同决定，供给主要由国内玉米生产形势决定，但是随着进口量的增加，国际玉米生产形势的影响有加大的趋势。

在供需平衡表中，需求包括出口量和消费量。国产玉米的出口量非常小，可以忽略不计；玉米的消费结构中，近64%饲用，饲料行业作为加工行业，加工量直接受到养殖行业的影响，因而养殖行业发展形势对玉米需求量有至关重要的影响，与此同时，有超过28%的玉米消费量用于深加工，玉米深加工行业发展形势也会对需求有不小影响。

供给由期初库存、进口量和产量构成。上个产季的结转库存决定当期的期初库存，一般情况下，很少对上个产季的结转库存进行大规模的调整，因此，可以不必过多关注该变量；随着国内玉米供应缺口越来越大，玉米进口量将不断增加，玉米进口量将成为不得不考虑的因素，现阶段我国进口玉米主要来自美国和乌克兰；产量由种植情况决定，随着进口量的增加，有必要对主要进口来源国的生产形势进行跟踪分析。因此，对玉米供给的分析，主要考虑两个变量——进口量和产量，需要密切关注国产玉米和进口来源国的玉米生产形势（现阶段为美国和乌克兰，后期如果进口来源结构发生改变，需要实时调整关注对象）。

除此之外，还需要根据玉米与其他能量原料和深加工原料的比价关系考虑替代的可能性，比如水稻、小麦、大麦和高粱等能量原料，甘薯等深加工原料替代玉米的可能性。只有当比价关系不利于玉米的时候，才会减少玉米的用量，从而影响到玉米的需求量。

综上所述，我们可以将玉米的供需分析框架和逻辑汇总到图5-17中。

2. 需求

根据农业农村部于2022年1月发布的月度农产品供需表中的数据，2021/22年度国内玉米消费量达到28770万吨，其中饲用消费量18600万吨，超过玉米总消费量的64%，工业用玉米8000万吨，约占玉米总消费量的28%，如图5-18所示。

消费结构中，饲用消费量和工业用消费量都成为必须考虑的因素。

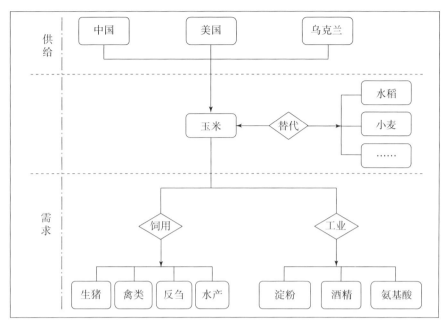

图 5-17　玉米供需分析框架和逻辑

饲用玉米的消费量主要由养殖行业的发展形势决定，分析逻辑和研究框架与豆粕完全一致，这里不再赘述，这里只强调结论：玉米的饲用消费相对稳定，我们关注的是猪周期价格上涨阶段和养殖行业是否有大规模突发疫病等导致大幅度减少存栏量的事件。

根据中国淀粉行业协会 2020 年数据推算，淀粉用玉米占工业用玉米总量的57%，约 4670 万吨，酒精用玉米占 28%，约 2300 万吨，氨基酸用玉米占 15%，约 1230 万吨。随着玉米供给侧结构性改革的收官，玉米高库存已成为历史，为了确保国内口粮安全，国家宏观调控政策必然会限制玉米深加工行业尤其是玉米酒精的产能扩张。在玉米去库存阶段，玉米深加工领域有不少新增产能，但是产能过剩较严重，开机率普遍保持在 50%～70% 之间。笔者大胆预测，为了优先确保口粮安全，国内玉米需求格局极有可能会逐步转变，饲用玉米量将持续增加，而玉米深加工对玉米需求量的占比会不断减小。

但是在现阶段，玉米的工业属性依然会发挥作用，需求结构中还是需要关注深加工领域带来的需求变化。工业属性主要由宏观经济和产业形势决定，影响因素较多。对于玉米的工业属性，我们只能做到粗略研判：玉米深加工行业增加玉米需求量的可能性较小，如果有关行业被限制发展或者成本增加导致产量减少，在一定程度上将造成玉米需求萎缩。

综上所述，首先需要明确当前需求量是否有急剧萎缩的可能或趋势，重点关

中国玉米供需平衡表

	2019/20	2020/21 （1月估计）	2021/22 （12月预测）	2021/22 （1月预测）
千公顷（1000 hectares）				
播种面积	41284	41264	43324	43324
收获面积	41284	41264	43324	43324
公斤/公顷（kg per hectare）				
单产	6316	6317	6291	6291
万吨（10000 tons）				
产量	26077	26067	27255	27255
进口	760	2956	2000	2000
消费	27830	28216	29070	28770
食用消费	943	955	965	965
饲用消费	17400	18000	18700	18600
工业消费	8200	8000	8200	8000
种子用量	187	187	195	195
损耗及其它	1100	1074	1010	1010
出口	1	0	2	2
结余变化	-994	807	183	483

图 5－18　玉米供需平衡表

来源：农业农村部市场预警专家委员会

注金融危机爆发的可能性、猪周期价格上涨阶段和养殖行业是否有大规模突发疫病等导致大幅度减少存栏量的事件。在需求量相对平稳或增长的情况下，可以得出以下基础结论：

（1）供给量的变动是玉米价格波动的核心因素；

（2）玉米的季节性规律在此期间将持续有效。

对于猪周期的影响，我们在豆粕供需关系分析内容中有详细论述，依然秉承"模糊的正确"原则，不追求数据的精确，更多关注当前行业大趋势处于增长还是萎缩状态。只要养殖行业没有发生重大疫情，造成存栏量急剧减少，就可以视为饲用玉米需求量保持相对稳定。

3. 供给

（1）供需情况。

根据农业农村部于 2021 年 2 月发布的月度农产品供需表计算，自 2017/18 产季以来，中国玉米供应持续出现缺口，累计缺口 5433 万吨。其中 2017/18 产季缺口 773 万吨，2018/19 产季缺口 1815 万吨，2019/20 产季缺口 994 万吨，2020/21 产季缺口 1851 万吨。

2021 年之前，供应缺口完全可以用国家临储拍卖量弥补。2016 年的临储改革开启了玉米去库存进程。从历年结转库存情况来看，2015/16 年度达到创纪录的 2.37 亿吨，随后经过四年的拍卖，临储玉米已彻底清空。临储玉米拍卖情况见图 5–19。

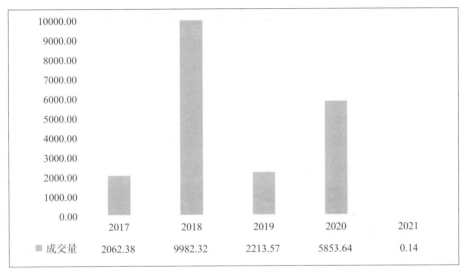

	2017	2018	2019	2020	2021
■ 成交量	2062.38	9982.32	2213.57	5853.64	0.14

图 5–19 成为历史的临储玉米库存量与拍卖量（单位：万吨）
数据来源：国家粮食交易中心 粮桥网整理

随着国家玉米临储库存的清空，宏观调控的直接工具已不复存在，过去囤粮于仓的模式将变为囤粮于市，终端用户受到仓储等条件限制无法大量囤积，玉米将主要囤积在贸易环节，玉米价格将实现市场化，这也意味着玉米价格波动将剧烈起来。国家储备玉米作为战略物资，不会轻易大量抛售，每年的轮库操作只是用新粮换陈粮，不会对总的供给量有影响。

弥补供应缺口无法依赖国储粮的出库，在市场化和国内玉米供不应求格局下，弥补缺口有可能通过几个渠道解决。

①玉米去库存已结束，为小麦和水稻的去库存奠定了基础，小麦和水稻开始去库存，将为饲用和深加工提供充裕的原料，从而压制玉米价格。

②通过进口来弥补。这是未来大趋势，也是在国内供不应求格局下不得已的补充方式，只不过基于国家粮食安全考虑，进口量虽然将加大，却不会失控，依然会实行进口配额制。但是由于玉米将由市场起配置作用，国内外价格联动将成为大趋势，全球玉米供过于求的时候国内外价格将同步下跌，供不应求的时候国内外价格将同步上涨。在国内玉米供给缺口增大、价格大幅上涨的市场环境下，

进口量会越来越大，随着国内进口量的增加，国际玉米价格也开始上涨，当全球范围内出现供应紧张苗头后，反过来将助推国内玉米价格进一步上涨。2020 年 8 月初我们根据这个逻辑判断全球玉米价格将大幅上涨，截至 2021 年 4 月底，美国玉米价格已大幅上涨 113.75%，达到近 8 年来的新高，如图 5 – 20 所示。

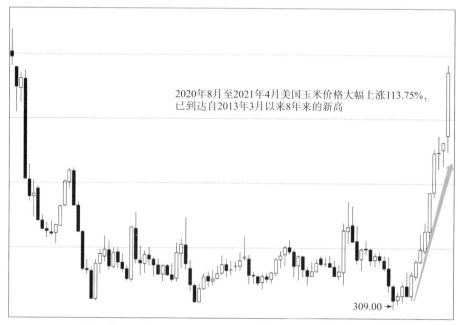

2020年8月至2021年4月美国玉米价格大幅上涨113.75%，已到达自2013年3月以来8年来的新高

309.00 →

图 5 – 20　2020 年 8 月至 2021 年 4 月美国玉米价格大幅上涨

数据来源：CBOT

（2）进口结构及趋势。

2020 年将成为中国玉米进口的转折点，根据海关总署公布的统计数据，2020 年中国进口玉米达到 1129.39 万吨，首次超过 1000 万吨，而在此之前，进口量从来没有超过 500 万吨，2021 年达到创纪录的 2835.7 万吨。

根据海关总署 2021 年 4 月发布的数据，2021 年第一季度中国已进口 672.66 万吨玉米，其中自美国进口 348.73 万吨；美国农业部发布的周度销售数据显示，截至 2021 年 4 月 22 日，已向中国装船发运 1068.22 万吨，还有 1247.9 万吨待发运，且不考虑此后是否还会有从美国采购的订单，也不考虑后期从其他国家进口的玉米，单就截至 2021 年 4 月底公开的数据测算，2021 年玉米进口量肯定超过 2640 万吨，已接近国内需求量的 10%。

从进口来源结构来看，进口量主要来自乌克兰和美国，极少量来自俄罗斯。2021 年总进口量 2835.7 万吨，从乌克兰和美国分别进口 823.94 万吨和 1983.07 万吨，仅有 8.91 万吨来自俄罗斯，如图 5 – 21 所示。

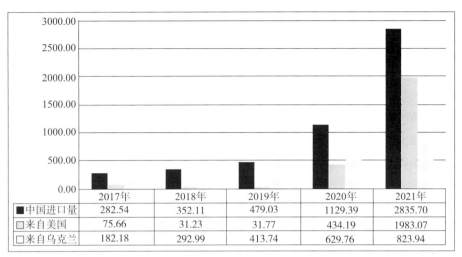

图 5 – 21　中国玉米进口来源结构（单位：万吨）

数据来源：海关总署

乌克兰产量相对有限，根据 2022 年 1 月美国农业部供需报告数据，2021/22 产季乌克兰产量预测值为 4200 万吨，是全球第五大主产国，未来中国进口量或将向美国倾斜，也有可能会向南美转移，因为巴西和阿根廷玉米产量排名第三和第四，而且南美这两大农产品主产国有更大比例的玉米用于出口。全球玉米主产国产量见表 5 – 4。

表 5 – 4　2021/22 产季全球玉米主产国产量　　　　单位：万吨

地区	全球	美国	中国	巴西	阿根廷	乌克兰
产量/万吨	120696	38394	27255	11500	5400	4200
占比		31.81%	22.58%	9.53%	4.47%	3.48%

数据来源：美国农业部

美国是全球第一大玉米生产国，根据 2022 年 1 月美国农业部供需报告数据，2020/21 产季预计收获 38394 万吨玉米，但在供需结构中，有 82% 的产量用于国内消费，其中不到一半饲用，其余用于深加工，尤其是燃料乙醇的加工，可供出口的为 6160 万吨，见表 5 – 5。

表 5 – 5　美国玉米供需平衡表　　　　单位：万吨

发布年度	初始库存	产量	进口量	饲用量	国内消费	出口量	期末库存
2021/22	3136	38394	64	14352	31523	6160	3577
2020/21	4876	35845	62	14230	30654	6992	3015

续表

发布年度	初始库存	产量	进口量	饲用量	国内消费	出口量	期末库存
2019/20	5641	34596	106	14987	30955	4513	4876
2018/19	5437	36426	71	13791	31045	5248	5641
2017/18	5825	37110	92	13474	31398	6192	5437
2016/17	4412	38478	145	13895	31383	5827	5825
2015/16	4397	34551	172	12987	29879	4829	4412
2014/15	3129	36109	80	13505	30185	4736	4397
2013/14	2086	35127	91	12787	29305	4870	3129
2012/13	2512	27383	413	10988	26364	1858	2086
2011/12	2864	31395	74	11546	27902	3918	2512
2010/11	4338	31617	70	12174	28501	4660	2864

数据来源：美国农业部。

相对于美国玉米主要用于国内消费，巴西和阿根廷的玉米主要用于出口，以美国农业部 2022 年 1 月供需报告中的 2021/22 产季为例，巴西产量预计 11500 万吨，国内消费 7300 万吨，可供出口 4300 万吨，占产量的 37.4%；阿根廷有更高的出口占比，产量预计 5400 万吨，国内消费仅 1400 万吨，可供出口量 3900 万吨，占比高达 72.2%。

随着玉米进口量的增加和全球供需格局的改变，未来的玉米进口也有可能会和大豆一样，10—3 月主要进口美国玉米，4—9 月主要进口南美玉米。

（3）供给——分析依据。

现阶段，我们依然主要关注中国、美国和乌克兰的供需状况。这三大玉米主产国全部位于北半球，种植带有类似的气候特点，需要注意主产国种植面积、天气状况、生长情况、收获进度、产量、库存、销售进度等诸多可以影响到玉米供给的因素。

中国权威数据尚未有广泛的影响力，需要从多个渠道收集信息，发布机构主要包括国家粮食和物资储备局、中央气象台、农业农村部和国家统计局。其中国家粮食和物资储备局会发布粮食收购进度和价格周报；中央气象台有专门的农业气象频道发布气象信息，用于监测种植、生长进度；农业农村部除了发布月度供需报告数据，可持续跟踪外，更多通过新闻发布会的形式发布有关数据；而国家统计局的数据虽然全面，却缺失很多细节信息，也较迟缓。因此，我们分析中国玉米供应情况的时候，除了关注上述机构的数据外，不得不参考美国农业部的供需报告。

对于乌克兰的供应情况，只能通过有关报道来获取，无法第一时间掌握数据，所以美国农业部的供需报告成为重要的参考依据。有关美国农业部供需报告发布方面的内容在"豆粕供需关系分析"一节中有详细介绍，这里不再赘述，与豆粕不同的是玉米的生长环节。北半球的播种期在4—5月份，收获期是9—10月份。

玉米的种植特性如下。

玉米是喜温作物，全生育期要求较高的温度。玉米生物学有效温度为10℃。种子发芽要求6~10℃，低于10℃发芽慢，16~21℃发芽旺盛，发芽最适温度为28~35℃，40℃以上停止发芽。拔节期要求15~27℃，开花期要求25~26℃，灌浆期要求20~24℃。

不同玉米品种对温度的要求也不相同。我国早熟品种要求积温2000~2200℃，中熟品种2300~2600℃，晚熟品种2500~2800℃。世界玉米产区多数集中在7月份等温线21~27℃、无霜期120~180天的范围内。

玉米是短日照植物，在短日照（8~10小时）条件下可以开花结实。玉米生长期间最适降水量为410~640mm，干旱影响玉米的产量和品质。一般认为夏季低于150mm降水量的地区不适于种植玉米，而降水过多将影响光照，增加病害、倒伏和杂草危害，也影响玉米产量和品质的提高。

因此，玉米和大豆一样，都对灾害性天气非常敏感，相关内容请参考"豆粕供需关系分析"。

玉米是喜温短日照作物。从种子萌动发芽到成熟，全生育期需要90~150天。中美乌三国处于相似的气候环境中，拥有类似的生长周期，对各环节的影响因素原理上基本一致，但是数据来源却有差异。

（4）美国玉米影响因素。

玉米在美国分布广泛，全美40余州均有种植，但又具有高度集中的特点，尤其集中在美国中北部平原和五大湖以南地区，东部和南部沿海一带也有一定分布。美国中部地区地势平坦，土层深厚，属肥沃的草原黑钙土，有机质含量高达3%~5%；温度适宜，在玉米全生育期大于10℃，无霜期160~180天，积温在3300~4600℃；降雨量大且均匀，玉米生长季节降雨量可达530~650mm。这些优越的自然条件非常适宜玉米生长发育，进而形成了闻名于世的美国黄金玉米带。在美国玉米带上，多种植一年一熟春播玉米，与我国东北地区的种植方式类似；冬季休闲或与豆科杂草、绿肥作物轮作，基本上形成了玉米－大豆的轮作体系。

美国玉米生产最主要的特点就是大规模、集约化，大规模农场基本配备大型联合收割机、播种机以及撒药施肥的现代化机械设备。这些设备几乎都装有卫星系统，因此在玉米生产过程中，从播种、施肥、收获、土壤情况到单产测量等都有精细化的数据管理，大大提高了劳动生产率和单产水平，也为美国农业部搜集整理数据提供了一手数据。另外，美国大量种植转基因玉米，自2013年以来占比一直维持在90%以上。转基因玉米育种时间短，针对性强，在种植过程中易于管理，不仅增产增收，还能减少农药用量，具有明显的经济效益。

与大豆类似，每年2月份开始，市场首先会收集早春的天气状况、土壤墒情及大豆与玉米轮种的结构特点，开始预测播种面积和种植意愿，相关内容请参考"豆粕供需关系分析"，玉米与大豆的生长环节不同，下面只介绍关键环节的关注点。

①美国玉米供应——生长、收割。

4—11月每周一发布的作物进度状况报告将会持续跟踪作物的种植进度、生长和收割进度，主要指标包括播种率、出苗率、吐丝率、凹损率、蜡熟率、收割率、优良率等，其中优良率是关键指标。玉米生长进度一般划为下列6阶段，不同阶段对气候要求有所不同。

a. 种植期：美国玉米一般比大豆提前一个月种植，从每年的4月初就开始种植，一般持续到6月上旬结束。其间土壤过湿或墒情不足，都会延迟种植进度，甚至错过最佳播种期。比如2019年美国中西部地区持续寒冷潮湿天气，推迟玉米播种，为当年产量减少埋下伏笔。从历史数据来看，如果种植进度比平均水平落后超过10%，玉米种植面积下降的概率为83%，平均减少140万英亩。种植期的推迟还会带来持续影响，假如收割时霜期来临，对产量又是一大打击。

b. 抽穗期一般处于6月下旬至8月中旬，这是玉米需水最多的时候，遇到伏旱，将影响雄穗的正常开花和雌穗花丝的抽出，造成抽雄提前和花丝延后。其中7月是美国玉米生长周期中最为关键的开花灌浆期，干旱对玉米单产影响极大。

c. 7月中旬到9月中旬是花粒期，其中开花授粉期决定着玉米单产规模。温度高于38℃或低于18℃时雌雄不能正常开花授粉、受精；如果遇到连续的阴雨天气，光照不足，花粉吸水膨胀破裂而死亡或黏结成团，会形成秃尖或空秆。

d. 持续降雨不利于8月初到10月上旬的抽雄期，雄花持续时间变短，引起授粉不足，颗粒数减少。

e. 8月中旬到10月中旬是成熟期，在成熟期只要不出现严重干旱、霜冻灾害，就不会对产量有重大影响。

f. 美国玉米一般从9月上旬逐步进入收获期，持续到11月份。

在整个玉米生长阶段，需要密切关注7、8月份的天气状况，这是美国玉米生长周期中最为关键的阶段，干旱、高温对玉米单产影响极大，对最终产量起着决定性作用。

②其他变量的不同解读。

美国不仅是一个玉米生产大国，更是玉米消费大国，其终端主要包括食用、饲用和燃料乙醇加工，其中燃料乙醇加工在近十几年呈现爆发式增长，虽然生产起始晚于巴西，但已超越巴西，成为全球最大的燃料乙醇生产国。2000年，美国燃料乙醇年产量约为17.65亿加仑，玉米用量不及年产量的10%，而到2017年，燃料乙醇产量已达到158.18亿加仑，占据国内玉米消费的半壁江山，当前燃料乙醇的玉米用量已基本稳定在国内总消费量的 40%~50%。

除了国内消费，美国玉米也在国际贸易中占有举足轻重的地位，出口量占据较高比重。2021/22 年度美国玉米年出口量约为 6160 万吨，2020/21 年度 6962 万吨。相对于国内消费的稳定性，美国玉米出口的波动比较大，如 2019/20 年度玉米出口仅为 4513 万吨，而 2017/18 年度及 2018/19 年度分别为 6192 万吨和 5248 万吨。这主要是由于国际贸易受到多种因素影响，因此美国玉米出口的长期趋势并不明显。

同美豆一样，美国玉米出口和国内消费在美国玉米供需平衡表中归属于需求，但是对于中国市场来说，它却实实在在影响着中国的供给量，这部分内容的分析逻辑与上节一致，不再赘述。

（5）中国玉米影响因素。

根据国家统计局数据测算，自 2000 年开始的近 20 年，东北地区（黑龙江、内蒙古、吉林、辽宁）和冀鲁豫三省一直都是中国最主要的玉米产区，且产量占比以平均每年 0.5% 的速度增长。按照 2019 年的数据，全国玉米产量 26077.9 万吨，上述主产区产量达到 18362.41 万吨，占全国总产量的 70.41%，全国其余省份加起来不足 30%。2009 年至 2019 年上述主产区产量与全国总产量对比见图 5-22。

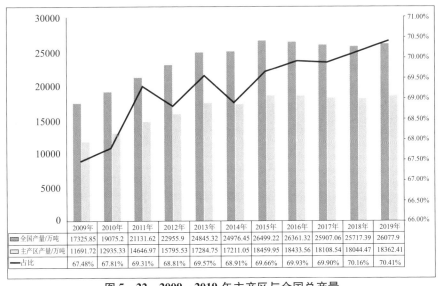

图 5-22 2009—2019 年主产区与全国总产量

数据来源：国家统计局

可见，东北地区和冀鲁豫三省的玉米产量对玉米供给具有举足轻重的作用，因此，接下来的分析对象主要是上述主产区。

①我国玉米主产区。

我国玉米分春玉米和夏玉米，春玉米的产量一般高于夏玉米，因为春玉米播种时间早，生育期长。春玉米主要种植在东北、西北和华北北部地区，华北平原、黄淮海平原地区主要种植夏玉米。

各地玉米种植、收获时间如下。

东北：播种时间在谷雨（4月20日左右）之后、5月10日之前这段时间，收获大体在10月1日以后、10月20日之前。

山东：一般4月初播种春玉米，8月末收获。

河南：夏玉米的种植面积远大于春玉米，夏玉米播种时间在5月底收获小麦之后，在中秋节前后即9月底收获；春玉米播种和收获时间与山东基本一致。

河北：根据水热条件差异，河北玉米种植区域根据播种期大致分为北部春玉米区和中南部夏玉米区，小部分区域可兼有春夏播。春玉米4月下旬、5月上旬播种，8月下旬可收获；秋玉米最迟不能迟于7月中旬播种，10月中下旬收获。

总的来说，玉米播种期普遍集中于4月到5月上旬，收获时间一般在9—10月，但全国各地的时间不太一致。就上述主产区而言，冀鲁豫三省的春玉米于8月末率先收获，东北三省与内蒙古的春玉米及河南河北的夏玉米于10月份集中收获。按照国家统计局发布的2019年各省玉米产量数据推算，上述主产区8月末率先收获的玉米量约3300万吨（山东省2536万吨，其余由河南和河北组成），10月份集中收获的玉米量约15000万吨。

②影响因素。

与所有农产品一样，天气是玉米生长期间的核心影响因素。

春、夏玉米的生育期长短和生育期间的气候变化不同，耗水量也不同，总体特性如下。

从播种到出苗需水量少。试验证明，播种时土壤田间最大持水量应保持在60%~70%，才能保证全苗；出苗至拔节，需水量增加，土壤水分应控制在田间最大持水量的60%，为玉米苗期促根生长创造条件。

拔节至抽雄需水量剧增，抽雄至灌浆需水量达到高峰，从开花前8天开始，30天内的耗水量约占总量的一半。田间水分状况对玉米开花、授粉和子粒的形成有重要影响，要求土壤保持田间最大持水量的80%左右，是玉米的水分临界期。

灌浆至成熟仍耗水较多，乳熟以后逐渐减少。

不同生育时期对温度的要求也不同。玉米种子在10℃时能正常发芽，24℃时发芽最快。拔节最低温度为18℃，最适温度为20℃，最高温度为25℃。开花期是玉米一生中对温度要求最高，反应最敏感的时期，最适温度为25~28℃。温度高于32~35℃，大气相对湿度低于30%时，花粉粒因失水失去活力，花柱易枯萎，难于授粉、受精。花粒期要求日平均温度在20~24℃，如遇低于16℃或高于25℃，影响淀粉酶活性，养分合成、转移减慢，积累减少，成熟延迟，粒重降低，从而减产。

综合而言，与美国玉米类似，在整个玉米生长阶段，需要密切关注 7、8 月份的天气状况，这是玉米生长周期中最为关键的阶段。干旱、高温对玉米单产影响极大，对最终产量起着决定性作用。

4. 国内外联动是大势所趋

虽然国产玉米产量也在逐年增长，但国内土地资源限制产量无法快速增长，国内玉米需求增速明显快于供给增速，供应紧缺将成为常态。为了弥补国内供应缺口，进口量必然会增加，进口量增加将影响到国际市场，国际市场也会反过来影响国内价格。与此同时，国内玉米价格形成机制已经改变，政府最低价托市政策成为历史，随着国内玉米临储库存的清空，2020 年开始，市场将代替政府政策手段成为决定价格的核心力量，未来的玉米价格波动将会明显加大。在这种背景下，笔者认为国内外价格联动将是大势所趋。

我们需要密切关注美国玉米未来的走势，因为美国拥有全球最具影响力的玉米生产、贸易和定价中心，现阶段国际玉米价格最直接的观察对象是芝加哥商品交易所的玉米期货。如果美国玉米价格大幅上涨，国内价格也将跟随上涨；如果大幅下跌，国内价格也会下跌。以上涨为例，极有可能形成正反馈机制：国内需求持续增加导致价格上涨——进口量增加——美国玉米价格跟随上涨——美国农业部调整供需报告，促使美国玉米价格继续上涨——国内玉米价格跟随上涨。

前面笔者用了大量篇幅探讨"基本面分析"，因为它是整个分析研究体系的基础，不论是统计分析还是技术分析，都离不开基本面的支撑，脱离了基本面的其他分析方法都是舍本逐末的。接下来要讨论的"统计分析"和"技术分析"是在基本面分析基础上的延伸和验证。

第二节　统计分析

统计分析是把隐没在大量杂乱无章的数据中的信息，集中、萃取和提炼出来，以找出研究对象的内在规律，为决策提供支持的一系列分析过程。随着人们对定量研究的日益重视，统计分析已被应用到自然科学和社会科学的众多领域，统计学也已发展成为由若干分支学科组成的学科体系。只要有数据的地方，就会用到统计学，它适用于所有学科领域的通用数据分析，比如政府部门、学术研究领域、日常生活、企业的生产经营管理都要用到统计。

一、统计分析的逻辑

人类认识世界有两种逻辑思维过程：演绎和归纳。演绎是由一般（总体）推及个别（特殊），归纳是由个别（特殊）推断出一般（总体）。

在抽象的意义下，一切科学都是数学：在抽象的情况下，物理学、化学、生物学、社会科学，甚至语言学，都可以用数学符号、数学方程和数学模型来表示。数学是演绎过程，是由一般推及特殊的过程。数学上的推导在逻辑上是一种必然的存在，比如说 2+2=4，在数学上如此，在生活中任何 2 个事物加上 2 个事物都是 4 个，这是一种逻辑的必然。在抽象的情况下，任何科学都有这个严密的数学逻辑基础。然而世界不是抽象的，不是理想的，世界的复杂在于现实，所以很多时候数学的完美演绎过程并不完全适用于现实。现实中的情况是不确定的、变化的，而且人类认识世界更多是从个别现象推及本质，这是一个归纳过程，由于是从特殊到一般，本身就存在不确定性。概率作为衡量不确定性大小的工具，为统计提供了归纳的逻辑基础。

统计作为一个强有力的归纳工具，从 19 世纪开始就在发挥作用，发展至今，尤其是在现在的大数据时代，发挥了巨大的作用。比如，医院里的数据库有很多病人的信息，根据病人的患病特征和所患疾病，可以得到优化的统计模型。当有新病人来了之后，可根据患病特征，来预测出他患哪种疾病，针对容易诊断错误和混淆的疾病，也就是对多种疾病具有同样特征的情况，模型给出的是具体特征下患有 A、B、C 病的概率，概率最大的就是病人最可能患的病。除了医学，统计在金融、计算机、社会科学、心理学等领域都发挥着基础作用。这是一个大数据的时代，更是统计的时代。

统计看似是万能的，但事实真是如此吗？著名的黑天鹅事件彻底反映了预测的无知。欧洲人看到的所有天鹅都是白色的，所以他们认为黑天鹅不存在，直到黑天鹅出现，他们才意识到预测的局限。黑天鹅这个未来的现象从未出现在过去白天鹅的集合中，所以人类的认知模型出了问题，即使这个概率很小，却并不意味着它不会发生。大卫·休谟说："运用归纳法的正当性永远不可能从理性上被证明。"

所以，统计以不确定性和概率为基础，只是一种有用的工具，它是帮助人们大概率理性认识世界的工具。过去的事件与未来的事件没有因果上的关系，有的只是相关性。归根到底，统计所做的工作是在预测相关性，而不是因果性，其结果不是必然的。

这里有两个概念必须分清楚——相关和因果，因为我们常常会把相关关系误以为是因果关系。

比如，在中世纪的欧洲，很多人相信，虱子对人的健康有帮助。这是因为当时人们发现，得病的人身上很少有虱子，这是长期观察累积的经验。在很长一段时间里，人们都根据这个经验得出因果推论：这个人身上有虱子，所以他身体健康；那个人身上没虱子，说明他身体不健康。

当时，人们确实观察到虱子跟人是否健康构成了相关关系，但是，这是因果关系吗？有了温度计以后，人们就发现，这不是真正意义上的因果关系，因为虱子对人的体温非常敏感，它只能在一个很小的温度范围内生存下来。而人体一旦生病，很多时候会出现发烧症状，人体发烧，虱子无法适应发烧时的热度，于是跑掉了。如果我们只停留在健康与否和虱子多寡之间存在关系，那实际上只是相关关系，而不是因果关系。

由此我们知道，统计的基础是概率，概率的逻辑基础是归纳。

在这个基本逻辑的基础上，我们必须清楚，不管使用多么高深的统计方法，得出的结论主要是相关关系，而不是因果关系，简单点说，就是统计结果只能用概率来表示和描述，并不代表必然会发生。比如利用统计得出结论——当 A 出现的时候 B 发生的概率是 99%，虽然这个概率非常大，却并不代表"A 出现时 B 必然发生"，它只意味着"当 A 出现，有 99% 的概率 B 将发生"。

二、季节性统计

季节性被定义为在一年或者更短的时期内，在一条趋势线上重复和可预测的变动，是通过测量小段的时间间隔（比如天、周、月或者季度）中的值发现的。

很多商品都有季节性规律，这是由商品的供需关系决定的。农产品由于需求弹性很小，价格波动主要由供给决定，季节性规律表现在农产品的种植、收获节点会出现明显的价格高低点。我们以玉米为例，从数据搜集、整理、统计到得出结论，演示全流程。

1. 数据来源

本案例只是简单粗略的统计分析，标的是大连商品交易所的玉米期货合约，时间样本是 2004 年 9 月至 2021 年 12 月，数据来自行情软件中玉米指数的月度开盘价和收盘价，只计算当月涨幅，并不关注当月的具体走势。具体数据见表 5-6。

计算公式：

$$涨幅 =（收盘价 - 开盘价）/ 开盘价$$

表 5-6　玉米期货指数月度涨跌

月 \ 年	2004 年	2005 年	2006 年	2007 年	2008 年	2009 年	2010 年	2011 年	2012 年
1 月		0.00%	5.07%	3.33%	-0.52%	1.98%	-0.11%	2.31%	2.52%
2 月		3.37%	0.27%	-0.42%	4.31%	2.81%	0.76%	2.81%	2.89%
3 月		9.30%	-3.81%	-1.25%	1.95%	2.49%	3.38%	-2.19%	-0.08%
4 月		-0.84%	-0.56%	2.62%	4.92%	-1.48%	-0.26%	-2.30%	-0.50%
5 月		-1.55%	4.41%	2.00%	-1.90%	-0.90%	0.89%	2.21%	-3.14%

续表

年\月	2004 年	2005 年	2006 年	2007 年	2008 年	2009 年	2010 年	2011 年	2012 年
6 月		0.79%	-1.48%	-7.30%	3.69%	-1.20%	-2.58%	-3.78%	2.12%
7 月		-2.65%	-5.36%	-2.68%	-4.41%	0.67%	2.81%	2.85%	3.45%
8 月		-1.77%	-0.72%	5.16%	-2.34%	5.51%	2.31%	1.11%	0.82%
9 月	-8.51%	2.87%	1.59%	2.80%	-2.01%	-1.38%	2.80%	-3.37%	-2.69%
10 月	1.06%	0.56%	5.75%	4.29%	-0.36%	0.75%	7.36%	-1.18%	-0.59%
11 月	0.79%	-0.24%	9.42%	2.62%	-5.62%	3.52%	0.18%	-3.02%	2.91%
12 月	0.78%	6.10%	2.89%	-2.66%	0.58%	2.62%	3.34%	2.96%	-0.53%

年\月	2013 年	2014 年	2015 年	2016 年	2017 年	2018 年	2019 年	2020 年	2021 年
1 月	0.04%	1.89%	1.76%	-3.87%	3.48%	-1.49%	0.11%	0.68%	-1.49%
2 月	-0.99%	-1.59%	0.84%	-9.29%	4.25%	1.57%	-2.40%	0.68%	1.88%
3 月	0.37%	0.21%	0.17%	-5.30%	1.21%	-3.68%	0.33%	4.73%	-5.78%
4 月	-1.76%	0.34%	2.29%	4.05%	-2.57%	-1.03%	3.97%	1.77%	4.45%
5 月	1.61%	0.34%	-2.24%	3.75%	-1.10%	3.57%	3.37%	0.05%	-3.31%
6 月	-1.74%	0.43%	-7.59%	-2.03%	4.49%	1.50%	-0.75%	0.53%	-1.69%
7 月	0.64%	0.59%	-4.66%	-8.74%	-2.97%	1.15%	-0.56%	8.34%	-1.53%
8 月	-0.93%	2.35%	-8.05%	-0.21%	1.62%	3.79%	-4.49%	0.00%	-2.92%
9 月	-1.15%	-2.93%	-7.31%	-3.92%	0.18%	-1.15%	-1.60%	9.24%	1.36%
10 月	-1.07%	-2.05%	0.55%	6.98%	-1.30%	3.17%	3.42%	4.02%	4.73%
11 月	2.80%	0.38%	2.67%	3.60%	4.07%	-0.26%	-1.84%	1.68%	1.22%
12 月	-3.02%	-2.10%	-2.75%	-2.06%	3.97%	-2.90%	1.87%	2.97%	0.26%

数据来源：博易大师。

从表5-6中可以看到，每个月的样本数量大约在17个，虽然不算多，但也符合统计学中对样本量的要求，如果样本量只有三四个，基本无法用于统计分析。

2. 数据统计

以2月为例，总共有17个样本，其中12个上涨、5个下跌，则2月份的上涨概率是12/17×100% = 70.59%。使用Excel处理数据的时候，利用公式进行自动计算，可以大幅提高数据处理效率，在本案例中，用公式"= COUNTIF（B4：R4，">0"）/COUNT（B4：R4）"自动计算上涨概率。公式中，"COUNT（B4：R4）"

是计算单元格 B4 到 R4 的个数，COUNTIF（B4；R4,">0"）是有条件计算的个数，条件是单元格 B4 到 R4 的数值大于 0，也就是上涨的个数。

依次类推，分别计算出每个月的上涨概率，可以看到，1 月、2 月、10 月、11 月、12 月上涨概率均超过 60%，而 9 月份下跌概率超过 60%。

当然，还可以进一步分析，计算上涨月份的平均涨幅和下跌月份的平均跌幅，该平均幅度可以认为是未来的预期涨跌幅。

这样，就得出初步结论：每年 9 月底 10 月初是不错的买入时机，可至少持有到来年 2 月份。该结论基本符合玉米的特性，每年 9 月底 10 月初是玉米大量上市的时间，一般都会出现阶段性低点，随着上市量的减少，价格也逐步走高。

3. 数据筛选

我们已经知道，统计结果只是概率，并不代表一定发生，而且，不同年度的宏观环境和供需结构也会有所不同，上述结论并不适用于所有年度，也过于简单。因此，我们需要进一步归纳，观察往年本该上涨的月份处于什么环境，导致未能上涨，这样有助于找到更有价值的规律。

我们需要从根本矛盾出发寻找原因，根本矛盾就是基本面信息。在"基本面分析"中，我们知道玉米既具有农产品属性，也有工业品属性，在需求量相对平稳或增长的情况下，有基础结论：①供给量的变动是玉米价格波动的核心因素；②玉米的季节性规律在此期间将持续有效。

那么，是不是由于需求量出现萎缩或者供给量激增导致当年的季节性规律没有发挥作用呢？

经过数据回溯可以发现，自 2004 年 9 月国内玉米期货上市以来，有 4 个年度由于供需格局改变，呈现供过于求的状态：2008/09 年度遭遇全球金融危机，导致资产价格普遍下跌；2014/15 年度、2015/16 年度受中国玉米去库存化政策影响，临储玉米流入市场，玉米供应量激增，供给严重过剩；2018/19 年度非洲猪瘟暴发，国内生猪存栏量出现断崖式下跌，导致养殖行业需求急剧萎缩。相对于猪周期中的其他年度，2018/19 年度的影响非常大，生猪存栏量被腰斩，这是其他年度没有出现过的，一方面自 2013 年开始各地环保政策趋严，生猪养殖行业发展受限，生猪存栏量不断下降；另一方面，非洲猪瘟来袭，短时间内扑杀大量生猪，控制了非洲猪瘟快速蔓延的同时导致生猪存栏量断崖式下降。

在 2008 年的金融危机影响下，玉米价格下跌不是由供需结构改变引起的，而是玉米的工业品属性在发挥作用。2014/15 年度、2015/16 年度是供应激增造成的供给过剩，2018/19 年度是需求量锐减造成了供过于求。

我们剔除上述年度的数据，剩下的是没有发生金融危机、没有出现供大于求的年度。详情见表 5 −7。

表5-7 正常年度的玉米指数月度涨跌

月\年	1月	2月	3月	4月	5月	6月	7月	8月	9月	10月	11月	12月
2005年										0.56%	-0.24%	6.10%
2006年	5.07%	0.27%	-3.81%	-0.56%	4.41%	-1.48%	-5.36%	-0.72%	1.59%	5.75%	9.42%	2.89%
2007年	3.33%	-0.42%	-1.25%	2.62%	2.00%	-7.30%	-2.68%	5.16%	2.80%	4.29%	2.62%	-2.66%
2008年	-0.52%	4.31%	1.95%	4.92%	-1.90%	3.69%	-4.41%	-2.34%	-2.01%			
2009年										0.75%	3.52%	2.62%
2010年	-0.11%	0.76%	3.38%	-0.26%	0.89%	-2.58%	2.81%	2.31%	2.80%	7.36%	0.18%	3.34%
2011年	2.31%	2.81%	-2.19%	-2.30%	2.21%	-3.78%	2.85%	1.11%	-3.37%	-1.18%	-3.02%	2.96%
2012年	2.52%	2.89%	-0.08%	-0.50%	-3.14%	2.12%	3.45%	0.82%	-2.69%	-0.59%	2.91%	-0.53%

月\年	1月	2月	3月	4月	5月	6月	7月	8月	9月	10月	11月	12月
2013年	0.04%	-0.99%	0.37%	-1.76%	1.61%	-1.74%	0.64%	-0.93%	-1.15%	-1.07%	2.80%	-3.02%
2014年	1.89%	-1.59%	0.21%	0.34%	0.34%	0.43%	0.59%	2.35%	-2.93%			
2016年										6.98%	3.60%	-2.06%
2017年	3.48%	4.25%	1.21%	-2.57%	-1.10%	4.49%	-2.97%	1.62%	0.18%	-1.30%	4.07%	3.97%
2018年	-1.49%	1.57%	-3.68%	-1.03%	3.57%	1.50%	1.15%	3.79%	-1.15%			
2019年										3.42%	-1.84%	1.87%
2020年	0.68%	0.68%	4.73%	1.77%	0.05%	0.53%	8.34%	0.00%	9.24%	4.02%	1.68%	2.97%
2021年	-1.49%	1.88%	-5.78%	4.45%	-3.31%	-1.69%	-1.53%	-2.92%	1.36%	4.73%	1.22%	0.26%
上涨概率	66.67%	75.00%	50%	41.67%	66.67%	50.00%	58.33%	58.33%	50.00%	69.23%	76.92%	69.23%

数据来源：博易大师。

经过上述调整，样本量减少到约 12 个，基本符合统计学对样本量的要求，得出的结论具备参考价值。

4. 结论

从上面的分析结果中可以得出一些基本结论。

当没有发生金融危机或者出现供过于求局面的情况下，玉米的季节性主要表现为：玉米上市期间会出现价格低点，一般会维持到来年 2 月份，5—8 月也有可能出现不错的投资机会，也就是说，每年的 9 月底 10 月初和 4 月底 5 月初是理想的买入节点。影响该季节性的逻辑也是比较清楚的，9 月底 10 月初玉米迎来新季玉米的上市，玉米的大量上市让价格出现价值洼地，随着上市量的不断减少，价格不断攀升，春节过后，地趴粮的品质会有所降低，尚未销售的农户急于销售玉米，又会出现一个短期的供应高峰，造成价格下跌，之后玉米面临着青黄不接的局面，价格又会不断上涨，直到新季玉米的上市。

上述规律中，新季玉米的上市影响最大，往往会出现很好的买入机会，但是必须谨记其前提条件：没有发生金融危机或者供过于求。所以，我们在参考该季节性规律的时候，必须首先明确当前的宏观环境和供需形势。

需要说明的是，这里展示的分析过程只涉及粗略的分析，目的是让读者了解一些基本的分析逻辑和方法，深入的分析需要相关从业人员考虑各种变量来进行。该案例样本来自玉米期货指数，对全局性有一定的指导意义，但对实操的意义并不大，真正有价值的样本应该来自 1 月、5 月和 9 月几个主力合约、当地现货市场价格，因为不管做保值还是采购现货，最终必然会落实到具体的期货合约或者当地市场现货上。而且还需要进一步深入分析，比如根据结论进行数据回溯，用量化的形式直观展现预期效果，这对于决策层有重要参考价值。

只要商品具有季节性，都可以采用类似的方法进行统计分析。这样的方法并不涉及高深的统计学知识，很多从业人员都能够快速上手，而且结果具有实际参考价值。

三、走势统计

走势也是可以进行统计分析的，首先需要明确走势级别（走势级别的确定参考"技术分析"一节），然后对历史走势按照统一标准进行划分，统计持续时间、涨跌幅度等变量，得出的结论也能成为重要的参考。

这部分内容在维克托·斯波朗迪的著作《专业投机原理》第 24 ~ 26 章有详细的论述，里面包含了不少详尽的案例与分析思路，建议有兴趣的读者翻阅。问题不在于方法和指标无效，效果好坏取决于使用的人。笔者曾在 2014 年使用该方法对不少品种的走势做了统计分析，但由于当时建立的分析研究体系并不成熟，关注的指标太多，没有抓住核心内容，有点舍本逐末，最终并没有用好这个指标，后来也没有持续更新，所以这里没法向读者提供近 6 年来的数据和案例。

四、基差统计

基差 = 现货价格 - 期货价格

第四章的基础知识中介绍过，在开展套期保值的过程中，企业面临着基差波动风险。通过归纳基差波动规律，探究规律发挥作用的底层逻辑，有助于把握操作机会，更多用于由此衍生的基差购销模式。

在基差购销模式中，涉及合同签订、点价、履约等环节。如果在签订基差合同时没有做保值，那么签订合同和点价时机不同，最终结算价也会不同。我们一般选择在基差会大概率向有利方向波动的时候操作，要在更有利的时机签订合同和点价，就需要对基差走势有一定的了解，对基差的统计就成为重要参考因素。

我们以豆粕为例，从数据搜集、整理、统计到得出结论进行全流程演示。

1. 数据来源

假如豆粕购销双方是油厂和饲料企业（现实中对手方还有油厂和贸易商、贸易商和饲料企业等），买卖双方约定以基差合同模式进行交易，这意味着油厂卖出基差获得预期利润，饲料企业买入基差的同时拥有点价的权利。

现货数据选择周口益海的价格，期货数据采用大连商品交易所豆粕期货 1 月合约的收盘价。

自 2007 年 5 月 15 日周口益海有现货报价以来，截至 2021 年 4 月 30 日，总样本有近 3400 个，基差走势见图 5 – 23。

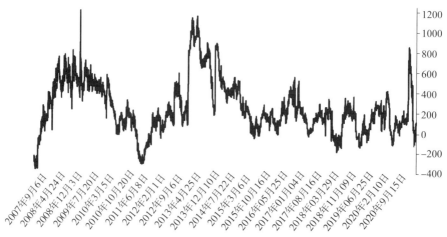

图 5 – 23　基差走势图

数据来源：大连商品交易所、周口益海

由图 5－23 可知，基差在 2008 年、2013 年和 2020 年都大幅上涨，主要是由短期内现货紧缺导致现货价格快速上涨，而期货价格涨幅有限造成的；自 2014 年以来，基本在 －150～500 区间内波动。

选择的数据首先要保证时效性，其次才关注样本量是否符合统计要求。以近 3 年的数据为分析样本，一方面样本数达 700 多个，样本量符合统计要求，另一方面时间间隔不会太久，且是持续更新的数据，数据的有效性保证了得出统计结论的基础是合理的。

2. 数据统计

从原理上看，基差较小的时候买入，在基差较大的时候卖出就是有利的。那么，怎样才算"小"，怎样才算"大"？所谓的"大"和"小"是相对的，而非绝对的，因此，需要有参照系来对比衡量，这个参照系一般是通过统计得出的某个区间。

统计时涉及的变量主要包括均值、区间上沿和区间下沿，设定概率常数为 80%（可以自定义该常数，比如 95%、90% 等）。这样，就构造了一个概率为 80% 的参考区间，使用的时候可以解读为有 80% 的数据处于该区间内，或者数据处于该区间的可能性是 80%。因此可以认为，当基差低于该区间下沿的时候就是"小"，当高于该区间上沿的时候就是"大"。换言之，当基差低于区间下沿的时候是买入时机，当基差高于区间上沿的时候是卖出时机。

首先把按照基差公式计算出的近 3 年基差数据降序排列，自上而下分别找到 10% 和 90% 的数值，就是 80% 区间的上下沿。为简单起见，假设共有 700 个样本，那么排序后自上而下第 70 个数和第 630 个数就是 80% 区间的上下沿。如果我们想要找到 95% 区间的上下沿，使用同样的方法，只是数值不同而已。

确定了所需区间的上下沿，再把均值计算出来，这里的均值是以近 3 年样本量为参数的移动平均值。

区间边沿和均值，就是可供参考的基础数据。将近 3 年的基差、均值、80% 区间上下沿绘制在图表中，就可以看到明显的规律：基差以均线为中轴线，围绕 80% 大概率区间在运动，当远离区间后，有 80% 的概率将回到该区间，且会向中轴线移动，如图 5－24 所示。

需要强调的是，当基差处于大概率区间以外时，它并不必然会回到该区间，只是有一定的概率会回到该区间。如果我们在实践中将这种或然当成了必然，那会是件很危险的事情。

具体的概率可以自行设置，概率越大，需要承受的风险会越小，但是出现的机会也越少；概率较小时，出现的机会就会多很多，需要承受的风险也会加大很多。

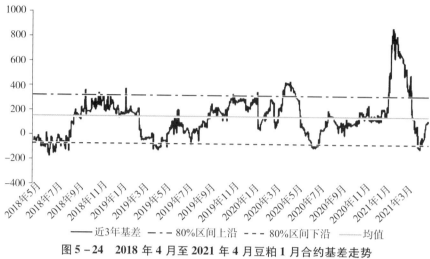

图 5-24 2018 年 4 月至 2021 年 4 月豆粕 1 月合约基差走势

数据来源：大连商品交易所、周口益海

五、统计结果的价值

虽然统计结果只能用概率表示，"当 A 出现时不代表 B 必然发生"，但是我们可以选择并把握概率较大的机会。比如在衡量玉米产量的时候，分析师往往采用农业报告中的优良率，惯用的方法是通过对比当前优良率、上期优良率、去年同期优良率和过去 5 年平均优良率等数据，基本就可以知道单产处于往年什么样的水平。具体到玉米和豆粕的套期保值及其衍生业务，统计结果的价值主要表现为以下几方面。

1. 投资决策的参考依据

对于套期保值和购销时机的选择，季节性规律往往能够发挥较大作用。

农产品有其特有的生长周期，在收获的同时就决定了未来很长一段时间的供给量，市场不会凭空出现没有经过生长的农产品。在需求没有减少的情况下，随着供给的减少，价格必然逐步上涨，因为除了供给量减少的因素，还有仓储和资金成本累积的因素。所以，往往在收获季节会出现阶段性的价格低点，这个阶段对有些品种来说是整个产季，比如玉米，对有些品种来说是半个产季，比如大豆，这就给市场参与者提供了很好的价值买入机会。

基差统计同样是选择投资时机的参考依据，比如基差合同的签订与点价、期现货开平仓等。例如，当基差很小的时候是很好的基差买入机会，可以直接签订基差采购合同；更进一步，如果结合当前供需形势认为目前或很快将出现供不应求局面，可以直接签订未来较长一段时间的一口价采购合同，以达到锁定成本的目的；如果判断当前或很快出现供过于求的局面，当基差很小时，可以只卖出期货而不操作现货，这种操作不但能够实现套保目标，还能获得额外收益，因为基差很小时有较大概率会变大，期货价格的下跌速度将会快于现货价格；如果不想承担太大风险，可以操作期现货套利，即买入现货的同时卖出期货，在基差走强的过程中就能够实现不错的套利收益，只不过对期现货套利结果的核算必须遵循统一核算的原则，不能独立核算。

所以，需要根据具体情况进行具体分析，结合其他因素，采取更适合当前市场环境的操作策略，而不是死守单一的期货或现货，这样才能为企业带来更大利益。

2. 预测走势

走势统计可以用于预测未来一段时间的走势及其延续的时间和可能的幅度。当机会出现时，结合其他因素综合分析后，得出是否值得交易的结论。当临近预期幅度和时间时需要提高警惕，机会结束的可能性将增大，再综合考虑其他影响变量，减少持仓或者密切关注市场动向，随时准备结束交易。

季节性规律也是很有效的预测依据，只不过需要结合所处的环境来评估，其间需要密切关注可能影响供需结构的变量，切忌将可能性误解为必然性。

3. 验证走势

统计结果虽然只是概率，但相似的前提条件往往能够提高这个概率。比如前文论述的农产品季节性规律，只有在没有出现供过于求、金融危机的情况下才有效，相应的概率也就会增大。

使用统计结果持续跟踪走势，可以检验是否忽略了一些影响变量。如果走势与统计结果出现背离，就需要提高警惕。只有这样，才能尽量避免小概率事件的影响。

综合而言，采用统计结果时需要关注它成立的前提条件，不能一概而论，更不能把任何一个统计结论认为是必然会出现的现象。虽然前面花了大量篇幅论述了这个理念，实际应用中很多从业人员还是会将可能性认为是必然性。

所有工具应用到经济活动中都是为了实现利益最大化，统计这个工具也不例外。在实操中需要综合考虑各种变量，尤其要站在供需关系这个主要矛盾的角度观察逻辑是否符合常理，因地制宜地选择更有利、更高效的策略。

第三节　技术分析

所谓技术分析，是应用金融市场最基本的供求关系变化规律，寻找、摸索出的一套分析市场走势、预测未来趋势的金融市场分析方法。不管是基本面还是宏观形势，抑或人性的"贪嗔痴爱恶欲"，最终都体现为对供求关系的预期，而所有交易都是对这一预期的直接操作，在走势图上表现为以时间序列形成的价格轨迹。

一、技术分析的逻辑

技术分析的逻辑离不开经济学原理中的供求关系。

某个商品的出现必然是为了满足人类的某种需求。有人认为某些发明家创造了某个商品，从而也创造了需求，但是创造商品的出发点是什么呢？是为了满足人类某种需求。以非常成功的科技产品——苹果手机为例，乔布斯创造苹果手机的初衷从大的层面来讲是为了让人类生活更美好，这种对于美好生活的向往恰恰是人类的需求，这也是苹果手机面世即被热捧的原因。即使不受热捧的某些商品，也满足了少数人的需求。

在不考虑其他因素的情况下，从商品诞生的那一刻起，需求的多寡会决定供给的规模。供给端发现需求量持续增加，就会不断扩大生产规模，但是供需之间的信息不对称必然导致生产规模的持续扩张，在需求增加速度小于供给增加速度的时候，就会出现供过于求，按照经济学原理，商品价格必然会下跌，价格下跌到供给端几乎没有利润甚至亏损的时候，就会缩减生产规模，又会出现供不应求，商品价格上涨。如此周而复始，价格总在上涨和下跌之间转换。

从供求关系的逻辑中可以看出，商品的价格不会永远上涨，因为商品价格的上涨会带给供给端更大利润，资本的逐利性会导致生产规模的扩大，当供过于求出现的时候，价格将开始下跌；同理，价格也不会永远下跌，因为价格的下跌必然会减小供给端的利润空间，这就会促使生产规模缩减，当供不应求的时候，价格自然将开始上涨。除非该商品完全失去了需求，才会出现价格持续下跌甚至价格为0的情况，如果是这样，商品就失去了使用价值，就不能称为商品了；同理，当商品完全没有了供给，需求却没有变化，价格会上涨到无价，也失去了商品的属性。

综上所述，从供求关系出发，在完全竞争的市场环境中，商品价格不会永远上涨，也不会永远下跌，价格必然会在上涨和下跌之间转换。

应用供求关系的变化规律，归纳出的分析走势、预测趋势的技术分析手段，有三大原理（在很多技术分析的书籍中将其称为"三大假设"，我们更愿意称之为三大原理，因为原理是在大量观察、实践的基础上，经过归纳、概括而得出的，既能指导实践，又必须经受实践的检验；而假设有可能是假命题，如果是假命题，建立在假设基础上的所有理论都会成为海市蜃楼，失去存在的根基）：市场行为包容一切，价格以趋势方式演变，历史会重演。这三大原理是所有技术分析的基础。

二、趋势类型

很多技术分析的书籍都会讲解这三大原理，本书没有必要重复这个工作。这里我们只进一步论证"价格不会永远下跌或上涨"这个观点，因为它虽然看起来是真理，在实际应用中很多人还是会觉得似是而非，而且，我们需要通过论证引出对趋势类型的划分。

命题：价格不会永远下跌或上涨，即当下趋势必然会完成，从而进入另一个趋势。该命题等同于以下两个命题：①价格趋势只有上涨和下跌两种类型；②价格趋势会在一个类型完成后进入下一个类型。

假如价格可以只有一种趋势，该趋势必然只能是单边上涨或者单边下跌的趋势。如果价格在某个区间无限震荡，这个区间也是由上涨和下跌构成的。极端情况是波动区间为0的无限震荡，这种情况就是一条直线，没有人会愿意参与预期收益为0的趋势，因此这种极端情况不会永远存在。

假设价格只有一种趋势，无论是上涨还是下跌，该趋势必然是有始无终的，只有起点，没有终点。如果存在只涨不跌的趋势，该趋势实际上必然演变为虚无，因为只涨不跌的趋势是供给为零的结果，也就是只有买入没有卖出的结果，没有卖出，何来买入？如果存在只跌不涨的趋势，该趋势也必然演变为虚无，因为只跌不涨的趋势是需求为零的结果，也就是只有卖出没有买入的结果，没有买入，何来卖出？

由此可以证明，价格趋势不可能永远处于某种类型，而且只会有上涨和下跌两种类型。那么就证明了另一个命题：价格趋势会在一个类型完成后进入下一个类型（上涨结束，开始下跌；下跌结束，开始上涨）。这也就证明了我们求证的命题是真命题：价格不会永远下跌或上涨——当下趋势必然会完成，从而进入另一个趋势。

据此，我们也得出对走势类型的划分：价格趋势只有上涨和下跌两种类型。

上涨趋势——由一系列连续的涨势构成，每一段涨势都持续向上穿越先前的高点，中间夹杂的下跌趋势都不会向下跌破前一波下跌趋势的低点。总之，上升趋势是由高点与低点都不断垫高的一系列价格趋势构成的。

下跌趋势——由一系列连续的跌势构成，每一段跌势都持续向下跌破先前的低点，中间夹杂的上涨趋势都不会向上突破前一波上涨趋势的高点。总之，下跌趋势是由高点与低点都不断降低的一系列价格趋势构成的。

划分了走势类型，就能够明确对趋势的定义，这也是在实际走势中寻找趋势的标准。

三、趋势与级别

有读者可能会有疑惑：这么长篇大论地讲一个常识，对分析趋势有何意义？正如前面所说的，这是为了解决似是而非的问题，因为只有经过论证，才能清楚知道这个常识是有实际作用的。这个看起来似乎显而易见的标准，在实际应用中往往会出现偏差。很多人对趋势的划分没有一致的标准，在判断趋势的时候就会感觉很无助，交易中也容易受到短期价格波动的影响。穷究常识，将常识应用到极致，就不会出现过多失误。

我们经常会碰到有人问价格是会上涨还是会下跌，他们希望我们能够给出明确的答案。这样的问题看似简单，实则很难。我们必须站在不同的周期上进行回答，而不是笼统地说"上涨"或"下跌"，这样简单的回答无异于胡说八道。比如长期趋势是上涨的，如果上涨趋势没有完成，就必然延续上涨趋势，但是当前的中期趋势却有可能是下跌的，短期趋势还有可能是上涨的。因此，必须引出技术分析中关键的变量：级别。

1. 趋势与级别的关系

这里不对级别进行深入探讨，只需要知道，必须明确分析的级别是什么样的，才能准确表述趋势类型。

道氏理论将趋势分为三类：长期趋势、中期趋势和短期趋势。笼统地讲，短期趋势可能持续数天至数星期，中期趋势可能持续数星期至数月，长期趋势可能持续数月至数年。如果要穷尽到极致，将是个很大的工程，我们追求模糊的正确，而非精确的错误，因此，为了便于在行情软件上应用，我们定义：长期趋势参考周线图，中期趋势参考日线图，短期趋势参考小时图（可以根据实际需求自行设定所需级别，比如长期、中期和短期趋势分别用日线、小时线和5分钟线等）。

选定一个乘数，用它来确定不同级别：一周有5个交易日，这个乘数就可以确定为5，国内很多品种每天交易不足6个小时，日线和小时线间的乘数可以近似为5，因此用周线、日线和小时线划分级别不会有太大问题。这种模糊划分趋势的方法，对于趋势分析和实操足够了。

不同趋势的组合分析能够提高胜算，用长期趋势决定方向，用中期趋势观察次级折返走势，将短期趋势作为交易级别是个不错的选择。原理很简单，可实际应用中，很多人在单一级别上既观察长期趋势，又观察中期趋势和短期趋势，这往往会扰乱判断，容易感到无所适从。还有人在单一级别上既想抓住长期趋势，又不想错过能提高资金使用率和更大收益的中短期趋势，这种贪婪心理最终会造成竹篮打水一场空，要么中短期趋势中的亏损减少了长期趋势的盈利，要么最终忘记了长期趋势，而只专注于中短期趋势。

为了避免出现这些情况，我们需要明确，趋势是相对于级别而言的，只有在不同级别上才能确定当前处于长期、中期还是短期趋势，不能在单个级别上既观察长期趋势又观察中期和短期趋势。实践中，可以任意选定一个级别作为交易级别，这个选定的交易级别上的趋势就是整个观察体系中的短期趋势，高于这个级别一个级别上的趋势就是中期趋势，高于中期趋势一个级别上的趋势就是长期趋势。比如：如果确定交易级别是小时线，就可以认为日线趋势是中期趋势，周线趋势就是长期趋势。

2. 趋势线的画法

在技术分析中，趋势线是简单明了而且有效的观察对象，对把握趋势有很大帮助。

（1）上涨趋势线的画法。

在选定的观察区间，以最低点为起点，向右上方绘制一条直线，连接最高点前的某一个低点，使这条直线在两个低点之间不会穿越任何价位，如图 5 − 25 所示的豆粕期货指数在 2020 年 7 月至 2021 年 3 月的上涨趋势线。

图 5 − 25　豆粕期货指数日线图上的上涨趋势线

图表来源：博易大师

在图 5 − 25 中，上涨趋势线从最低点开始绘制一条直线，连接最高点前的一个低点，该直线在两个低点之间没有穿越任何价位，因而这条趋势线是正确的。

我们观察另一条趋势线，如图 5 - 26 所示，其中的上涨趋势线是否正确呢？

图 5 - 26　豆粕期货指数日线图上另一个上涨趋势线

图表来源：博易大师

图 5 - 26 中，方框中的上涨趋势线依然是正确的，因为趋势线在两个低点之间没有穿越任何价位。

那么，之后有效的趋势线到底是图 5 - 25 中的还是图 5 - 26 中的？还是回到对趋势线的绘制要求上，就可以很清楚地知道图 5 - 25 中的趋势线是有效的，图 5 - 26 中的趋势线已失效。

观察后面的走势就可以知道，图 5 - 26 中的上涨趋势线虽然帮助我们把握了前期不小的上涨幅度，却错失了后面短时间内更大的涨幅，这正好是我们再三强调的"不能把可能性当作必然"。并不是说跌破了上涨趋势线就一定会出现大幅度的下跌，也不能认为跌破了上涨趋势线就不会继续上涨，因为趋势线的出现就意味着它必然会被破坏，正如生的那一刻必然意味着死亡会出现一样。

（2）下降趋势线的画法。

在选定的观察区间，以最高点为起点，向右下方绘制一条直线，连接最低点前的某一个高点，使这条直线在两个高点之间不会穿越任何价位。如图 5 - 27 所示，豆粕期货指数在 2021 年 1 月 11 日至 3 月 11 日期间的走势图上有两条下降趋势线，这两条趋势线都是正确的，因为完全符合趋势线绘制的要求——直线在两个高点之间没有穿越任何价位，这也说明了在同一个走势图上可以有多条不同的趋势线，只要都在发挥作用，就允许同时存在。

图 5 - 27　豆粕期货指数小时图中的下降趋势线

图表来源：博易大师

　　图 5 - 28 中的这条下降趋势线不正确，并不是后面的走势突破了该趋势线导致它错误，而是本身的绘制方法是错误的，没有遵守绘制原则，在两个高点之间，趋势线穿越了某些价位。

　　如果要将图 5 - 28 中的下降趋势线修改一下，正确的下降趋势线将是什么样的呢？必须严格遵循绘制原则进行调整，让两个高点的连线不能穿越其他任何价格，图 5 - 29 所示的就是正确的下降趋势线。从后面的走势来看，当价格突破该趋势线后，很快又跌破了该趋势线，说明该趋势线的压制作用依然很强，从而开启了新一轮下跌走势，但是此时该趋势线已经失效。

　　通过上面的几个走势图，想必读者对正确绘制趋势线有了一定认识。需要将绘制原则明确下来并坚持下去，坚守原则就可以避免依据个人的主观看法绘制趋势线——避免将个人的欲望强加在趋势线之上。

　　拥有正确的趋势线，不论是用于观察走势还是统计分析，就有了唯一的标准，不会出现前后不一致的情况，得出的结论也才具价值，否则再好的方法都不会发挥任何作用。

图 5 - 28　豆粕期货指数小时图中错误的下降趋势线

图表来源：博易大师

图 5 - 29　修改后正确的下降趋势线

图表来源：博易大师

四、技术分析指标

从原理上讲，技术分析指标都是通过统计得出的结论，也只是代表可能性，并不代表必然性，所以，技术分析不可能百分之百正确。现实中，很多参考技术指标的从业人员往往败在毫无根据地坚信某个指标，或者即使知道指标也会出错，却固执地抱有侥幸心理。所以，笔者一再强调，统计结果只是概率大小的问题，不存在必然性。从业人员必须从思想上建立正确认知并在实践中时刻提醒自己，否则失败产生的后果不是每个人都能承受的。君不见，多少失败者再无翻身机会？

在坚持技术指标也是统计结果的基础上，有一些不错的技术指标可供参考。指标在精不在多，实践证明，使用的指标越多，效果越不理想，要么过于追求指标的共振，错失机会，要么顾此失彼，没有可持续的参照标准。

对于任何一种市场现象，都需要站在市场逻辑的角度去观察，这有助于我们选择相对有效的分析指标。比如，有些技术分析指标刚推出的时候很有效，但是随着时间推移，被越来越多的人使用，逐渐变得无效，主要是因为利用该指标设置的止损位上会有大量的止损单，当触发该止损位后，大量的买（卖）单会出现，将进一步推动价格快速波动。这些价格波动现象都是由市场逻辑造成的。

基于笔者的经验，这里推荐几个指标：123 法则、均线和 MACD。

123 法则来自《专业投机原理》，是很不错的趋势反转判断和把握指标。其实 123 法则并不能算严格意义上的指标，因为它很难量化，把它当作一个判断依据更有说服力，但为了简单起见，这里依然认为它是一个指标。应用这个指标时，首先必须画出正确且唯一的趋势线。均线和 MACD 指标在各个交易软件中都存在，可以直接使用，对分析和交易也有实际价值。在本书中，我们不会涉及具体的使用方法，而是从构造原理和市场逻辑出发去探寻指标赖以发挥作用的原因。

1. 123 法则

123 法则：①趋势线被突破；②上升趋势不再创新高，或下降趋势不再创新低；③在下降趋势中，价格向上穿越先前的短期反弹高点，在上升趋势中，价格向下穿越先前的短期回调低点。上述三种情况同时发生，就意味着 123 法则生效，相当于道氏理论对趋势变动的确认。

首先，价格穿越一条趋势线，是趋势变动的第一个征兆。图 5-30 所示为豆粕期货指数在 2020 年 7 月至 2021 年 3 月的走势图，短期斜率很大的这条上涨趋势线被穿越后，可以认为 123 法则中的①已出现，能否出现②需要继续关注。

图 5 - 30 趋势变动的第一个征兆——①的出现

图表来源：博易大师

紧接着，我们要观察能否出现②——上升趋势不再创新高，或下降趋势不再创新低。沿用上面的走势图，回调结束后开始回升，却未能创出新高，以一根大阴线确认了②的出现，如图 5 - 31 所示。

①和②均满足条件，能否出现③尚未可知，需要关注的就是能否跌破②之前的最低点，如图 5 - 32 所示，的确跌破了该价位，123 法则生效，上涨趋势正在改变，很有可能将开始长期下跌趋势。但是是否真的开启长期下跌走势，并不是由图表决定的，而是由供需关系决定的，此时就需要密切关注供需结构是否出现了重大改变。如果的确有迹象表明可能出现供过于求的情况，那么布局长期空单就是不错的机会，否则，即使满足 123 法则要求，也会再次上涨。

刚开始应用 123 法则的时候，有必要严格按照法则规定逐条验证，在图上标出相应的记号。随着对法则的运用越来越熟练，看到一张图表，一眼就可以看出趋势是否已发生改变，如图 5 - 32 中的标记：对于上涨趋势来说，如果价格穿越趋势线，在穿越的位置标示①；如果价格接近、接触或稍微穿越前高而未能突破，则在该点标示②；如果价格向下突破这条对应前一个回调低点的水平直线，则在该点标示③。

图 5 – 31 趋势变动中②的出现

图表来源：博易大师

图 5 – 32 123 法则生效

图表来源：博易大师

123 法则是一种简单而有效的交易法则，如果谨慎运用，成功的机会远多于失败的机会。然而，它有一个缺点，当三种情况完全满足时，通常已经错失一段相当大的行情。即便如此，它对于观察趋势的拐点依然起着重要作用，是很有价值的趋势判断依据。

2. 均线指标

均线指标是移动平均线指标的简称，由美国投资专家葛兰威尔所创立，它也是由道氏理论的"三种趋势说"演变而来，将道氏理论予以数字化，从数字的变动中去预测未来短期、中期、长期的变动方向，为投资决策提供依据。

移动平均线是对过去某个时间段的收盘价进行简单平均。比如 5 日均线，是将近 5 个交易日的收盘价相加除以 5，就得到一个值；再从上个交易日向前倒推 5 个交易日，用同样的方法计算出另外一个值，以此类推，将这些值连接起来，就形成一根简单移动平均线，用"MA"表示，MA5 代表 5 日均线。在日线图上，MA5 实际上代表周均价，因为一周一般都有 5 个交易日，可以理解为最近 5 天的市场平均持仓成本；MA20 代表月均价，近似于最近一个月的市场平均持仓成本；MA60 代表季均价，类似于最近一个季度的市场平均持仓成本。

均线具有助涨助跌和跟踪趋势的特性，也是重要的支撑和阻挡位，这些特性都是由其构造原理和市场逻辑决定的。

（1）均线具有助涨助跌性。

以 MA5 为例，如果价格持续处于 MA5 上方，站在整个市场平均持仓的角度，可以理解为最近 5 天做多的人赢利，而做空的是亏损的。随着价格的上移，空单的亏损越来越大，当有人扛不住亏损的时候就会选择平仓，将空单平仓的操作通过买入来实现，买入就会引起价格继续上涨。当价格回落到 MA5 附近的时候，做多和做空的盈亏基本平衡，多空双方处于胶着状态，只要没有新的市场力量参与进来，买卖双方都不会轻易放弃。当有新的做空力量出现，价格跌破 MA5 后，多单的亏损会越来越大，当有人扛不住亏损的时候会选择平仓，将多单平仓的操作通过卖出实现，卖出又会引起价格继续下跌。这就是均线具有助涨助跌性的市场逻辑，是站在整个市场的角度来理解的，并非单个交易个体的行为。

（2）重要的支撑和阻挡位。

依然以 MA5 为例，如果价格处于 MA5 上方，最近 5 天做空的是亏损的。随着价格的上移，空单的亏损越来越大，做空的人认为判断有误，决定等价格回落到持仓成本附近后平仓出局；没有做多的人后悔没有尽早买入，希望等待价格回落到市场平仓成本后买入开仓，以便能获得更有利的开仓价格。价格不会永远上涨，其间必定会有所回落，当回落到市场平仓成本附近后，做空的人选择平仓，要做多的人买入开仓。这样一来，在该均价附近会出现大量买单，该均价就具备了重要的支撑作用。阻挡作用是同样的逻辑。

（3）具有跟踪趋势的特性。

跟踪趋势的特性主要是由其支撑和阻挡作用决定的。只要市场参与者认为上涨趋势已出现，做多的就不会轻易将多单平仓，而是等待价格回归均价后加仓做多；做空的会想方设法尽早平仓；没有做多的会选择在重要的支撑位开仓做多。当价格回落到均值附近后，上述参与者就会形成做多的合力，价格很难跌破均线。所以在趋势明显的走势图上，当价格回到均价附近后，都会再次回归原来的趋势，这既是对趋势的确认，也会强化这种趋势。

由前面的论述可以知道，均线指标是反映价格运行趋势的重要指标。趋势一旦形成，将在一段时间内继续保持，趋势的改变往往是从价格穿越均线开始的。这就为我们提供了观察趋势和交易的机会。

3. MACD 指标

观察趋势变动，可以通过衡量价格与均价的关系（价格高于还是低于均价）来实现，也可以考虑均价的变动速度。衡量价格与均价的关系时，用 MA 就可以了，而要观察均价的趋势变动快慢时，就需要用到 EMA 了。EMA 是指数移动平均值，是以指数式递减加权的移动平均，计算公式中着重考虑了当天价格（当期）行情的权重。MACD 指标是从双 EMA 发展而来的，因而 MACD 也是衡量趋势变动快慢的指标，又叫作指数平滑异同移动平均线。由于经过了两次平滑计算，其弥补了移动平均线频繁发出假信号的缺陷，还保留了移动平均线的效果。因此，MACD 指标具有均线趋势性、稳重性、安定性等特点，它更多反映了市场的中长期趋势，主要适用于趋势明确的走势，对持续窄幅波动的走势会失去参考意义。

MACD 指标基于均线原理构造，对标的的收盘价进行平滑处理，求出算术平均值以后再进行计算，运用快速（短期）和慢速（长期）移动平均线及其聚合与分离的征兆，加以双重平滑运算。

要画出 MACD 的走势图，首先要计算两条均线，一条为快速移动平均线，一条为慢速移动平均线。快速移动平均线往往设定为 12，即最近 12 天的指数移动平均值；慢速移动平均线常设定为 26，即最近 26 天的指数移动平均值。然后，时间短的均值减去时间长的均值得出一个差额，这个差额被称为差离值（DIF），在图上一般用白线表示，也被称为"快线"。

按照 MACD 的算法，设序列 $\{x_n\}$ 为价格数列，x_n 代表第 n 天某投资标的的收盘价，则有：

$$差离值\ \mathrm{DIF}(x_n) = \mathrm{EMA}_{12}(x_n) - \mathrm{EMA}_{26}(x_n)$$

因此，在持续的上涨趋势中，EMA_{12} 在 EMA_{26} 之上，正差离值会愈来愈大。反之，在下跌趋势中差离值变负，此时的绝对值也愈来愈大。

正或负差离值要缩小到一定的程度，才是行情反转的信号。MACD(12,26,9)

的反转信号界定为差离值（DIF）的 9 日移动平均值（即离差平均值，又名 DEA），在图上一般用黄线表示，也被称为"慢线"，则有：

$$离差平均值 DEA(x_n) = EMA_9 \left[DIF(x_n) \right]$$

除此之外，MACD 图里还有一种柱状线，用 MACD 表示，代表 DIF 与 DEA 之间的距离大小，行情软件中的 MACD 指标用"红绿柱"表示，正值是红柱，负值是绿柱，则有：

$$MACD(x_n) = \left[DIF(x_n) - DEA(x_n) \right] \times 2$$

因此，MACD 指标由两线一柱组成，快速线（白色线）为 DIF，慢速线（黄色线）为 DEA，柱状图为 MACD。

MACD 可以看作比较不同周期的 EMA 得出的涨跌趋势，也可以理解为价格的"速度"。当 MACD 由负增到零，称作"金叉"，即白线上穿黄线，表示将迎来上涨趋势；当 MACD 由正减到零，称作"死叉"，即白线下穿黄线，表示即将迎来下跌趋势。当然了，这只是理想的说法，单纯根据金叉还是死叉做交易并没有太大价值。

至于 MACD(12,26,9)指标中为何设置三个参数为 12、26 和 9，这是由统计得出的相对有效值，读者如有兴趣可以修改这些参数观察有效性，不过修改参数的意义并不大。MACD 指标的具体用法，不是本书的重点，这里不再列举，建议感兴趣的读者请参考相关著作。

正如本书中每个分析方法都会考虑其底层逻辑一样，建议读者选择某个指标，就穷究它，不能似懂非懂。只有深入了解指标的逻辑基础并通过众多图表进行验证，才能对该指标保有信心，否则很容易朝三暮四，指标本该发挥的作用就很难发挥。

第四节　分析研究体系

前面几节分别介绍了基本面、统计和技术分析，重点说明了分析研究的逻辑，因为只有底层逻辑不违背常识、经得起检验，以此为基础的方法和结果才不会出现太大偏差。

想必读者一定知道了，不论是统计分析还是技术分析，其根基都是供需关系。可以这样说，基本面分析是本，统计和技术分析是标；基本面分析是实质，统计和技术分析是表征。但是，基本面分析涉及的内容繁复庞杂，影响变量众多，稍有不慎就会遗漏某个重要影响因素，这就需要利用统计和技术分析来验证纠偏，同时，统计和技术分析又可以演变成具备实操价值的工具。单一的分析研究方法存在缺陷，因此，我们有必要将这些方法综合在一起，但是在综合考虑的过程中需要时刻抓住供需关系这个主要矛盾，因为供需关系决定了长期趋势，为技术分析指明了方向，也决定了可以采用的适合实际情况的统计结论。

将这些方法有机结合在一起，就基本完成了分析研究体系的基础模块，但是所有分析研究都是为了用于实际经济活动，在落地的时候，不同的应用场景具有不同的侧重点，有些关注基差，有些关注季节性，还有的关注价值核算，所以，可以根据这些侧重点分别构建不同的分析研究体系。

一、以基差为核心的分析研究体系

1. 作用

基差是为了解决期现货价格波动幅度不一致带来的风险而出现的，是衡量现货与期货价差关系的工具，可以用于跟踪和把握期现货出现的交易机会，尤其在基差合同的签订与点价、现货采购、套期保值和期现货套利时机等方面有重要价值。

分析研究是为实际经济活动服务的，基差作为重要的工具，完全可以作为研究端的接口与应用端相连接。以基差为核心的分析研究体系要求将基差作为研究结果的切入点，把基本面信息显示的长期趋势作为基本方向，结合季节性统计和走势统计等要素，实时跟踪并把握基差机会，在基差出现信号后，选择匹配的贸易模式或套保套利方案，为实际交易提供决策支持。

2. 组成要素与程序

以基差为核心的分析研究体系主要由基本面分析、季节性信号、走势预期的时间空间、技术信号与基差位置等要素构成。从数据库的建立到数据分析，从分析逻辑到得出结论，从结论验证到明确交易计划，都需要经得起逻辑和回溯的检验。

首先，经过分析基本面信息，确定当前的供需关系是平衡、紧缺还是宽松，就可以对长期趋势有一定把握，明确未来一段时间内价格在总体上是上涨还是下跌，同时也决定了季节性规律是否有效。

其次，只要没有出现供过于求或者金融危机的局面，农产品的季节性规律就持续有效，这点在"基本面分析"一节中有论述。因此，可以根据供需关系决定是否采用季节性规律作为研判中期趋势的依据，如果确定季节性规律有效，就可以在一定程度上把握未来一段时间的中期趋势。

紧接着，根据走势统计的结果，明确当前长、中、短期趋势的预期时间与空间。它是检验由基本面分析得出的长期趋势的参照物，也可用于验证由季节性得出的中期趋势。在开展套期保值时可以据此确定相对合理的套保比例，同时也可以在一定程度上预判基差变动的时间与幅度，从而为把握基差机会提供依据。比如在基差大概率将变小的情况下，在上涨趋势中，期货价格上涨速度必然快于现货价格的上涨速度，期货价格的上涨延续时间与幅度就决定了基差变动的时间与幅度。

再结合技术信号关注趋势的改变或延续，既可以检验不同级别的趋势，也可以选择时机开展套期保值，同时也用于预估基差的变动方式。假如基差大概率将变大，在上涨趋势中，必然是现货价格上涨速度快于期货价格上涨速度，肯定不会出现期现货价格同时下跌且期货价格下跌速度快于现货价格下跌速度的情况；在下跌趋势中，必然是现货价格下跌速度慢于期货价格下跌速度。这就为我们现货采购、通过期货市场开展套保操作、期现货套利等模式提供了支持。

最后，根据基差统计结果，持续关注市场基差所处的位置和基差卖方报价所处的位置，当出现有利机会后，就可以签订基差合同或点价。这部分内容将在第七章时机选择中重点介绍。

综上所述，以基差为核心的分析研究程序可以总结为：基本面分析确定长期趋势并决定季节性规律是否有效，以季节性规律预判中期趋势，在基差出现信号后，用技术分析关注趋势的可持续性并预估基差的变动方式，附以走势统计结果验证趋势并预判基差变动的时间与幅度。对基差变动方式和时间空间有预期后，就可以确定如何根据基差的变动制订合理有效的实操策略。

如果没有理解前三节内容，阅读这部分内容会感觉有点吃力，其实本节涉及的就是如何将前三节内容有机结合的问题。秉承"授人以鱼不如授人以渔"的原则，这里给出具体案例没有意义，只要掌握了前三节内容并熟练运用，就可以构建相应的分析研究体系。

二、以季节性为核心的分析研究体系

品种的供需关系从长远来看决定了长期趋势，但是阶段性的供需失衡会影响到中期趋势。每年的某些特定时间段都会出现阶段性的供需失衡，这是由供给或需求的阶段性改变引起的，这种改变不以人的意志为转移，是客观存在的。比如在农产品的收获季节，商品大量上市会造成短期的供应过剩，必然导致价格回落，但是随着收获接近尾声，价格一般都会开始上涨，这样就出现了阶段性的低价区；春节前养殖行业大量出栏，在大量补栏之前，原料需求会减少，原料价格承压。周而复始的供需失衡就会造成价格的周期性波动，这种周期性波动的规律就是季节性规律，它主要影响价格的中期趋势。

1. 作用

以季节性为核心的分析研究体系的重点在于把握季节性走势规律，以此作为实际交易的切入点，主要用于把握阶段性的价值交易机会。它相对于以基差为核心的分析研究体系要简单一些。

2. 组成要素与程序

以季节性为核心的分析研究体系主要由基本面分析、走势预期的时间空间、技术信号与季节性规律等要素构成。与其他分析研究体系一样，整个体系都需要经得起逻辑和回溯的检验。

从供需层面考虑，只要周期性供需失衡的品种都具备季节性规律，但季节性规律并不会必然有效，它要发挥作用需要满足特定的条件。因此，在应用该体系的时候，首先需要明确季节性规律有效的前提条件，只有该前提条件存在，才能在实践中应用季节性规律。

我们已经知道，对于农产品来说，季节性规律有效的前提条件是在宏观层面没有出现供过于求的情况或者金融危机。有必要说明的是，这里所说的宏观层面是相对于阶段性供需关系而言的：宏观层面主要考虑在整个产季中品种的整体供需结构，如果在整个作物季产量增加很多而需求相对稳定、产量相对稳定或者产量增加而需求锐减，表现在供需平衡表中就是库存消费比持续增大，这会导致整个作物季处于供过于求的局面，这就是宏观层面的供过于求，它影响的是长期趋势；而阶段性供需关系主要是指在每年的某个特定时期会出现供过于求或供不应求的情况，它影响的是中期趋势，在该时期往往会出现阶段性的价格峰值。

在明确了季节性规律有可能会发挥作用后，就需要深入分析季节性规律，确定每年几个重要的时间节点，观察价格在这些节点前后的波动规律。应用到实际经济活动中，最重要的是阶段性的买入和卖出时机，这些都离不开走势统计和技术信号的验证与支持。

根据走势统计的结果，明确当前长、中期趋势的预期时间与空间，它是检验由基本面分析得出的长期趋势的参照物，也可以预计季节性对应的中期趋势的时间和空间。

再结合技术信号关注趋势的改变或延续，既可以检验不同级别的趋势，也可以选择买卖时机。

综上所述，以季节性为核心的分析研究程序可以总结为：通过基本面分析观察长期趋势并确定季节性规律是否有效，用技术分析关注趋势的可持续性，结合走势统计的结果验证趋势并预判中期趋势的时间与幅度。对趋势及其时间空间有预期后，就可以确定如何根据季节性规律制订合理有效的实操策略。

三、以价值核算为核心的分析研究体系

根据经济学原理，价值决定价格，供需关系影响价格波动。成本属于商品经济的价值范畴，是构成商品价值的重要组成部分，是商品生产中生产要素耗费的

货币表现。因此，在不考虑商品价值其他组成部分的情况下，可以近似认为"成本＝价值"，这样就可以将经济学中相对晦涩的名称改为容易理解的表述，那么"价值决定价格，供需关系影响价格波动"可以表述为"成本决定价格，供需关系影响价格波动"。可见价格波动是由供需关系造成的，而具体价格由价值（成本）确定（请注意区分"价格波动"和"价格"，这里多少有点拗口）。所以从根本上讲，价格的涨跌仅受供需关系影响，而不会受价值（成本）的影响。价格围绕价值（成本）波动，当某种商品供不应求时，价格上涨，价格高于价值（成本），反之，当某种商品供过于求时，价格下跌，价格低于价值（成本）。

我们继续分析商品价格与成本之间的相互关系：商品 A 供不应求，价格上涨，必然导致扩大生产，从而增加对原料 B 的需求，这就影响了原料 B 的供需关系，使得原料 B 供不应求，B 的价格上涨，原料 B 价格上涨必然增加商品 A 的成本，商品 A 的成本增加影响到它的定价，商品 A 的价格就进一步上涨；相反，商品 A 供过于求，价格下跌，必然导致限制生产，从而减少对原料 B 的需求，这就影响了原料 B 的供需关系，使得原料 B 供过于求，B 的价格下跌，原料 B 价格下跌必然降低商品 A 的成本，商品 A 成本降低影响到它的定价，商品 A 的价格进一步下跌。

从上述分析中可知，商品的供需关系造成商品价格的波动，价格波动又影响到成本发生变化，成本的变化会对商品的定价产生影响。逻辑关系是很清晰的：成本的重要组成部分是原料的价格，商品价格的变动会促使商品供应者改变生产规模，生产规模的变动会影响到原料供需关系，原料供需关系的改变会导致原料价格发生变动，原料价格的变动又使得商品的成本发生变化。解读得比较啰嗦，也比较拗口，这实际上就是基本面分析一节中介绍的蛛网理论。

综上所述，我们可以得出结论：商品价格的变化由供需关系决定，并不是由成本决定，成本的变动也不会对商品价格的变化产生实质性影响，只会起到助涨助跌的作用。

成本的助涨助跌作用主要表现在：在长期上涨趋势、中短期下跌趋势中，当价格回调到成本附近后往往会受到成本的支撑，从而帮助我们发现中短期趋势改变的迹象；在长期下跌趋势、中短期上涨趋势中，当价格回升到成本附近后往往会受到成本的压制，从而让中短期走势回到下跌趋势中。

这就可以使我们通过对比成本和价格的关系，在长期趋势明确的情况下，发现与长期趋势相反方向的中短期趋势的改变迹象，应用到实践中，就有机会把握一些价值购销机会，再结合基差、统计和技术分析，选择更有利的操作策略。

具体的成本和价格关系分析方法，作为一个作业留给读者，使用的还是统计方法，只不过需要了解的是，不同加工商的成本会有所不同，我们无法做到精确，只能通过理论成本来衡量，比如通过大豆进口成本推测豆粕和豆油的理论成本。

1. 作用

以价值核算为核心的分析研究体系的重点在于利用成本和价格之间的关系，把握中短期趋势改变的机会，以此为实际交易的切入点，主要用于把握阶段性价值交易机会；对于体量大、有议价能力的企业来说，通过核算交易对手的成本，在议价过程中能够掌握主动权。

2. 组成要素与程序

以价值核算为核心的分析研究体系主要由基本面分析、季节性信号、走势预期时空、技术信号、基差位置与价格成本关系等要素构成。

首先，经过分析基本面信息，确定当前的供需关系是平衡、紧缺还是宽松，就可以对长期趋势有一定把握，明确未来一段时间内价格在总体上是上涨还是下跌，同时也决定了季节性规律是否有效。

其次，只要没有出现供过于求或者金融危机的局面，农产品的季节性规律就持续有效。因此，我们可以根据供需关系决定是否将季节性规律作为研判中期趋势的依据，如果确定季节性规律有效，就可以把握未来一段时间的中期趋势，这有助于验证和利用成本价格关系确定买卖时机。

紧接着，根据走势统计结果，明确当前所在长、中、短期趋势的预期时间与空间，它除了验证长期趋势和由季节性规律得出的中期趋势外，也用于预警成本价格关系可能出现的交易信号。

使用技术分析关注趋势的改变或延续，检验不同级别趋势，在成本价格关系出现交易信号后确定具体交易时机。

除用技术分析确定交易信号外，也可以利用基差所处的位置，结合成本价格关系的交易信号，当出现有利机会后，进行实际操作。

综上所述，走势预期时空、技术信号、基差位置与价格成本关系之间存在相互验证和支持的关系。它们与价格成本关系之间可以有很多种组合策略，既可以等待全部满足条件后交易，也可以等待任一条件出现后与价格成本关系组合应用。以价值核算为核心的分析研究程序可以总结为：通过基本面分析确定长期趋势并决定季节性规律是否有效，以季节性规律预判中期趋势，在此基础上，用走势统计结果验证趋势并预警成本价格关系的交易信号，还可以利用技术分析关注趋势的可持续性并提示成本价格关系的交易信号，同时，基差变动方式和时间空间预期都可以为成本价格关系的交易信号提供支持。

第六章　交易体系

如果以盈利多寡为标准，笔者探讨交易体系就没有太大的说服力，因为笔者不是一个十分成功的交易员，但是如果用套期保值的效果来衡量，笔者介绍交易体系并无不妥，因为团队配合可以让交易体系发挥作用。

本章主要介绍交易体系，对于交易员而言，最忌讳的是忽视风险、浮躁和急于求成，就算分析得再准确、交易策略再有效，如果无法克服浮躁和急于求成的心态，最终还是会失败。我们每一个从业人员从踏入这个行业的第一天起，就需要放弃对成功的幻想和对成功者的盲目崇拜，首先从研究失败者做起，树立牢固的风险意识，在此基础上，才有可能实现自己的价值。

对于实体企业这样的机构投资者而言，有决策和监控机制，在严格的制度约束下，可以让分析研究和交易策略发挥最大作用，也就避免了从业人员冲动交易的风险。这实际上就是交易体系，它主要通过风险控制约束交易策略的执行。对于成功的交易员来说，提到"交易体系"，他们往往会嗤之以鼻，他们认为大道至简，不需要搞那么复杂，交易无非就是一买一卖，其他时间要么持币要么持仓，可是，就是这样简单的道理，却让多少人成为他们功成的枯骨，因为"大道至简"首先需要从简到繁，再从"繁"中提炼出"简"，才能真正成为大道，否则就只剩下"简"，是会出问题的，正如开车，看似很简单，要么加油要么踩刹车，可新手只靠这两个步骤是很危险的，只有熟练了整个过程，才能将开车过程简单化，甚至变成本能反应。所以，任何一个交易员和机构投资者都需要建立完善的交易体系，用强有力的风控措施强行让从业人员遵守交易纪律，这有助于规避风险事故的发生。

很多实体企业不可避免地要参与期货交易，开展套期保值，这些必须通过具体交易来实现，交易是由从业人员完成的。在套期保值中，能够遵守交易纪律是对交易员的最核心要求。从业人员不必是交易业绩多么优秀的交易员，决策层要在思想上重视制度的建立与完善，用制度去约束从业人员的行为，让从业人员时刻提高警惕。好的制度能够让并不成功的从业人员组成成功的团队，这比拥有单个明星交易员更有价值。企业里的成功交易员，也必须受到制度的约束，否则"成也萧何，败也萧何"，在严格的制度约束和流程管控下，所有方案经过反复讨论确定，就不会依赖某个权威，也不会给某个个体以无限的权力，从而可能把企业拖进万劫不复境地。

作为套期保值中具体实施的环节，交易体系的建立显得尤为重要。人会失控，但体系不会失控，建立交易体系就是为了控制人的行为。要建立交易体系，首先需要解决的是认知问题。交易体系是以分析研究体系为基础的，是将分析研究成果应用于实际经济活动的系统工程，主要由交易目标、资金管理、交易管理、风险控制和效果评估等几个要素组成。交易体系的建立，需要从企业实际需求出发搭建交易体系框架，经过不断检验和完善，才能成为有针对性的交易体系。

本章内容将主要集中于交易体系的构建上，作为应用，从参与套保的不同目标出发，笔者将介绍三个交易体系，分别是以风险管理为核心的交易体系、以"多收三五斗"为核心的交易体系和以保价为核心的交易体系。读者可以从企业实际需求出发，构建具有针对性的交易体系。

一、构建交易体系

（一）明确企业需求

把明确企业需求放在第一位，是为了从实际出发探寻企业的具体需求，在与决策层沟通过程中明确对套期保值的定位和期望，结合企业实际需求制订有针对性的方案。企业需求主要涵盖企业现状、购销痛点与业务模式，而决策层对套期保值的定位直接决定了它的开展方式、组织架构与考核机制。

1. 企业现状

从业务开展的基础出发，企业现状在这里主要指企业的财务状况，主要包括现金流状况以及是否有稳定的可长期使用的资金，这直接决定了企业是否有能力开展套期保值以及由此衍生的套利等业务。套期保值必然需要占用资金，而且为了保证套保效果，在套保期内，这部分资金不能随意动用，这必然会减少企业的现金流。因此，如果可供长期使用的资金量较小，套期保值要么通过降低套保比例，要么主要采用期权工具来实现；如果资金量较大，可以适当抓取一些风险较小的套利机会为企业创造额外收益；如果没有可供支配的资金，套期保值就没必要开展，因为套期保值是锦上添花的，它无法做到雪中送炭，企业应该把资金用于改善现状，而不是投入其他让现金流更紧张的业务中。

2. 购销痛点

只有企业面临价格波动风险，才有必要开展套期保值，了解购销痛点就是为了明确企业面临的价格波动风险主要来自采购端还是销售端。如果来自采购端，可以通过套期保值锁定成本，通过基差合同降低采购成本，同时对它能达到什么样的预期效果要做到心中有数；如果来自销售端，可以通过套期保值锁定利润、尝试基差销售等远期创新销售模式进行改善；如果采购端和销售端都面临巨大风险，需要考虑是稳定赚取加工利润，还是把握一些不错的套利机会，它们都能够为企业稳健经营做出贡献。

3. 业务模式

通过了解业务模式，可以考虑能否创新业务模式，比如采用基差贸易、含权贸易等业务模式，这些创新模式有助于和上下游建立紧密的合作伙伴关系，抱团抵御市场风险。除此之外，企业可以更加合理地安排生产计划，提高企业经营效率，还能获得相对稳定的利润，当行业出现周期性危机的时候，这种稳健经营的能力让企业具备快速扩张的潜力。

4. 明确定位

在了解了企业需求后，决定套期保值能否顺利开展的最关键的一步就是与决策层明确对套期保值的定位。如果决策层只是希望期货市场赢利而不管现货的购销价格，这与套期保值的原理和逻辑相悖，属于投机行为，此时建议决策层单独成立投资公司进行投机交易，以免出现不利变动后影响企业资产负债表，甚至让实体企业的经营陷入深渊；如果能够明白并接受期现货必须统一核算的原则、期货和现货必然有一端会出现亏损的现实，就需要进一步明确期货端的最大允许亏损比例或亏损额、资金安排、套保期限等具体事项。在开展阶段性套期保值时，需要明确预期套保效果能否符合企业利益，比如锁定的成本是否能确保企业稳定生产、锁定的利润能否达到企业经营目标等。

综合考虑上述因素，在套保实操前就需要向决策层提交相应的套保方案，其中交易体系是核心，包括时机、计划、如何控制风险、如何考核等要素。

（二）交易体系框架

在清晰地知道企业需求并就套期保值定位与决策层达成共识后，就可以构建交易体系。构建交易体系是为了确保不出现重大风险事故，也是成功套保的基础。具体包含以下内容：交易目标、资金管理、交易管理、风险控制与效果评估。

1. 交易目标

每次交易前，都需要明确具体的交易目标，这既能为企业未来一段时间的持续经营提供决策支持，也是业务考核的依据。交易目标主要采用量化的方式制订。对于采购端，可以明确采购成本的大致区间；在销售端，则可以确定销售价格的大概范围；如果购销两端结合，由于成本和售价已提前锁定，就可以确定企业的稳定利润空间；如果是套利交易，预期收益和最大风险都归属于交易目标的范畴。

2. 资金管理

资金管理在交易体系中处于举足轻重的地位，用来控制交易的整体风险和账户的波动水平，它决定了套期保值能否达到预期目标。

提到资金管理，就不得不提交易的级别和预期收益率。不同的交易级别使用的交易策略不同，预期收益率不同，对资金管理的要求也会不同。打个比方，对于日内高频交易来说，单笔交易预期收益率可能仅千分之几，但有极高的胜率和极高的资金周转率，交易中甚至时刻都在满仓交易；但对于小时线以上级别的交易来说，追求的是趋势性的机会，高频交易的预期收益率水平远远不够该级别的止损成本，这就要求预留一部分资金作为备用金，以应对短期可能出现的不利走势，资金利用率必然会降低，也就要求不能满仓交易。套期保值是针对未来较长一段时间成本或售价的交易，对应的交易级别应是小时线及以上的级别，要求预留足额备用金，根据止损规模和最大持仓比例来确定最终的持仓比例。

举例说明如下。某企业对豆粕开展买入套保交易，在不考虑分批建仓的情况下，假如企业规定单笔交易最大亏损比例是20%，期初资金1000万元，则最大亏损额就是200万元，买入套保的预期开仓价位在3300元/吨，如果跌破3150元/吨，买入套保的基础已改变，将止损位设置在3150元/吨，由于豆粕1手=10吨且豆粕期货保证金比例为10%，所以开仓量=2000000/[（3300 - 3150）× 10]≈1333.33（手），取整为1333手，由此可知持仓比例=3300 × 1333 × 10 × 10%/10000000 × 100% =43.99%；如果分批建仓，依然需要以最大亏损比例为基础对仓位进行合理调整。在本案例中，如果将止损位设置为3200元/吨，其余条件均不变，则持仓比例变为66%。

不过需要注意的是，上面的叙述中仓位是由止损区间确定的，并没有考虑到最大持仓比例的问题，通过下面的情景可以知道，单独依靠止损区间并不能解决持仓比例的问题，所以还需要考虑最大持仓比例。假如止损位为3250元/吨，其余条件不变，据此测算的开仓量=2000000/[（3300 - 3250）× 10]=4000（手），而1000万元的资金最大开仓量为10000000/（3300 × 10 × 10%）≈3030.3（手），很显然，不可能建立4000手这么多的头寸。即使满仓交易，即开仓数为3030手，只要反方向波动一个点，就会出现追加保证金或强平的情况，所以单独依靠止损区间设定仓位是不现实的。

实际上，上面的案例中最大亏损比例为20%的隐含意义就是最大仓位只能达到80%，可以理解为：在亏损了总资金量20%的情况下，依然不会面临被强平或追加保证金的局面，所以，最大仓位只能达到80%。假如最大仓位超过了80%，当亏损到不了20%就会被强平或追加保证金，从而影响整体交易的正常进行。同理，如果我们在交易中设定的预期最大风险为15%，则最大仓位只能是85%；

预期最大风险为 30%，则最大仓位是 70%。一直以来，很多人忽视了最大亏损比例和最大仓位的关系，在止损区间较大的情况下，仓位必然不高，但是当止损区间较小的时候，就对最大仓位没有概念，建立的头寸也会显得不够合理。

由此可知，资金管理的核心是仓位控制，而仓位控制主要由止损规模和最大持仓比例确定，止损规模又是由企业可承受的最大亏损额或最大亏损比例决定的，最大持仓比例 = 1 − 最大亏损比例。

3. 交易管理

交易是套期保值中期货端的具体实施环节，一般包括开仓、平仓、止盈和止损，不过止损通常被当作风险控制的手段。

交易中最关键的是严格执行既定交易策略，在交易环节，严守纪律是成功交易员的核心素质。不管是何种类型的交易策略，如果交易员被走势所影响，当出现开仓信号时犹豫不决，出现平仓信号时被贪婪或恐惧所支配，就必然无法严格执行既定的交易策略，更谈不上实现既定交易目标。

对于个人投资者来说，严格执行交易策略是最难的，因为自己既是操盘者又是监管者，一般人很难真正做到知行合一，所以很多交易员都说交易是场修行。有些交易员穷其一生也无法逾越这个关口，因为这涉及心态的问题，很多人拥有娴熟的技术和完整的交易策略，却受到贪婪和恐惧的影响，无法做到严格执行，在犹豫彷徨中错失良机，甚至被赌徒心态所左右。

如果通过团队配合，采用严格的风控手段监控交易，在强有力的制度控制下，就能约束交易员的行为。对于机构投资者而言，通过合理的制度约束和明确的职权划分，采用规范的决策机制和岗位权限的互相制衡，就可以避免交易员主观判断和个人心态的影响。尤其是在套期保值过程中，有预期目标做支撑，交易员就可以在预期出入市价格附近进行挂单操作，而不必苛求买在最低点附近、卖在最高点附近，交易员没有过大期望和压力，轻装上阵的时候往往能达到意想不到的效果，这对于套期保值的可持续发展意义重大。

套保能否成功，主要看方案是否合理有效、团队配合是否顺畅高效，而不在于交易时是否选择了最有利的价位。选择有利价位固然可以带来更大收益，但以盈利多寡来考核交易员是否尽责只会给交易员带来额外负担，也会向交易员提供随意交易的权限，这样就会转变为依赖个人能力的交易，会完全失去制度约束的功能。所以从长远来看，依赖个人盘感和交易能力并不是交易环节的最优选项，交易员过分依靠个人能力，也许曾经成功过 1000 次，但最后一次的失败足以抹杀所有的成功，还会给企业带来毁灭性打击。在套保交易中要摒弃以赢利为目标的想法，始终坚持为企业稳健经营服务的初心，只要通过交易实现了锁定成本或利润的目标，就是成功的交易。这就要求在交易中，交易员坚守最基本也是最重要的职业素养——严格遵守交易纪律。

具体到交易环节，开平仓时能够严格按照既定交易策略进行操作、时刻关注可能出现的风险事故是基本要求。除了不严格执行交易策略会影响预期目标外，在开平仓过程中，滑点的出现也会影响到具体交易结果。

滑点是实际交易价格和设定的交易价格的偏差，偏差程度在普通行情中比较轻微，但在激烈行情中会比较大。正常情况下，流动性充足，市场的报价是连续的，但是在价格剧烈波动或者大额资金进出的时候，就会出现价格断层。比方说，交易员以3000元/吨的价格挂买单，假如在3000元/吨出现了少量卖单，随后于每一个价格波动位都出现了少量卖单且快速上行，网络延迟等因素影响挂单指令到达交易所的时间，基于撮合交易的时间优先原则，这部分挂单并未于3000元/吨成交或者只是少量成交，那么交易员就面临着两种选择：要么追价，要么等待。如果手动追价或者设置了自动追价，势必会以高于原计划的价位持有头寸；如果选择等待，价格有可能持续上行而不再回到原计划价位，就有错过持仓机会的风险。

由此可见，滑点是客观存在的，在制订交易计划和实际交易过程中，不能忽视滑点的影响。这也就要求交易员有能力根据交易规模、品种特性、标的物流动性、市场走势等多种因素分批下单，按阶梯设置合理的预期价位。

4. 风险控制

与资金管理一样，风险控制在交易体系中同样处于至关重要的位置。资金管理决定了套期保值能否实现预期目标，风险控制发挥独立的监管作用。用一个不太恰当的比喻，如果说交易体系是电器操作面板的话，风险控制就是保险盒，它主要关注交易的合规情况和风险暴露的可能性，通过事前、事中和事后监控，关注整个交易是否符合既定策略、交易员是否有违规交易、持仓是否面临被强平或追加保证金的风险，同时还有按照风控标准强制平仓的职能。

风险控制一般分为事前、事中和事后三种类型。

事前风控是在交易指令发送到交易所前，对交易可能面临的操作风险和外部风险进行监控。在套期保值中，事前风控主要通过资金管理来实现，根据套保方案设定合理的持仓比例和止损价位，核验相关指标以规避操作风险，对于规模较大的交易，还需要通过分账户交易、交易额度分级授权等方式进行限制；为了防止网络故障或不可抗力因素导致的指令延迟，需要用备用交易通道来规避外部风险。

套期保值的所有信息都应当是企业机密，需要符合企业的保密制度。当交易规模较小时，不会对市场造成冲击，也不会引起其他投资者的注意，但是当交易规模较大时，会引发其他投资者的骚动，甚至会引发血腥的逼仓行为。所以，在业务开展前，有必要采取选择多个交易渠道分仓交易、与合作机构和从业人员签署保密协议等措施。

事中风控就是过程监控，主要是指在交易过程中，对交易执行、合规情况、盘中持仓的风险度等交易情况和风险暴露进行实时监控。当发现交易员未按照既定交易方案操作时，向交易团队出示警示信息，记录违规交易行为，限制交易权限，根据风险控制制度行使强制平仓权限也是风险控制的重要内容。

事后风控更多的是对交易数据在盘后进行分析，比如是否有计划之外的持仓、结算完成后是否面临追加保证金或被强制平仓风险等，根据风险指标制订更严谨的风险控制预案。

止损位是风险控制的最后一道防线，设置止损位就成为控制风险的主要手段。在实际交易中，很多交易员被侥幸心理支配，会随意撤销止损单，也有交易员急于证明交易能力而不设置止损单，这些行为会无限放大交易风险。止损位应交由风控人员进行设置，由于该过程并不涉及交易心理，风控人员就不会有任何负担，更有利于实现风险控制目标。设置止损位也需要考虑到滑点的影响，如果交易规模较大，也需要分批次设置合理的阶梯止损位。

5. 效果评估

没有考核评估，就无法激励，不利于业务规范发展；没有反思，就没有进步和完善，不利于业务可持续发展。所以，作为交易体系的最后一个环节，效果评估非常有必要，应该常态化进行。

效果评估有两种方式，一种是定量评估，主要通过对比具体数据来直观判断；另一种是定性评估，涉及方案、交易执行、风险控制等环节是否满足要求。

定量评估是将预期数据与实际结果进行对比分析，主要包括方案中设定的预期效果与实际交易结果、开仓目标位与实际开仓价位、平仓目标位与实际平仓价位、预期止损位与实际止损位、预期持仓比例与逐日实际持仓比例、预期最大风险与逐日实际最大风险、预期资金利用率与逐日实际资金利用率等。通过对比分析这些数据指标，我们可以直观地知道是否达到预期目标，这也是进行定性评估的依据和完善交易体系的基础。

定性评估主要考察人的主观行为，基于事前和事中的具体行为，对全流程进行评估。

事前行为具体包括：保密措施是否妥当，分析报告、套保与交易方案是否满足应对走势情况的要求，业务流程是否顺畅无障碍，资金调拨是否及时，人员配备与分工是否合理高效，硬件与灾备设施是否发挥作用等。

事中行为包括：保密工作是否落实到位，从信息传递到具体交易是否及时高效，分级授权和分仓管理是否有效执行，分析师能否及时跟踪、汇总数据并得出具体的分析报告和走势预判，交易员能否严格遵守既定交易纪律、准确执行交易指令、合理规避滑点风险、及时记录交易信息，风控员能否严格按照风控制度监控交易风险、警示违规交易行为并履行强平职权，资金调拨员能否及时划拨资金并记录结算情况、制订资金划拨计划等。

（三）改进与完善

受政策、行业和品种特性影响，很多因素都处于不断变化中，唯一不变的就是变化。没有放之四海皆准的策略与体系，它只会在某些阶段有效，所以改进与完善交易体系就显得非常重要，交易体系所涉及的各个环节都需要与时俱进，不能故步自封。

碰到问题解决问题是改进与完善的具体方法，解决问题的过程往往能够催生出更符合企业实际需求的模式，就像基差贸易与含权贸易的出现一样，这些模式都是人类智慧的结晶，也是符合客观规律的结果。当问题出现的时候，恰恰蕴藏着巨大的机会，潜心研究解决问题之道，有助于为企业创造价值。所以，重视效果评估的过程并将发现的问题解决掉，就会进入正反馈程序，螺旋式上升的过程更利于完善交易体系。

二、以风险管理为核心的交易体系

细心的读者一定发现了，本书中有两个名词"风险控制"和"风险管理"，很多读者不一定非常清楚这两者的区别，往往将这两个概念混为一谈，这里有必要明确这两个概念。

在本书涉及的知识范围内，风险管理主要是为了管理价格波动风险，使用期货、期权等风险管理工具，以实现锁定成本或利润的目标。而风险控制是为了防止发生重大风险事故，在交易过程中采取相应措施，将所涉及的各种风险控制在预期范围内。风险控制是为风险管理服务的，它是风险管理目标得以实现的监管手段。简单地讲，在本书中可以将风险管理理解成套期保值，风险控制用于防范开展套期保值过程中的各种风险。

（一）交易目标

根据套期保值方案，在采购端实现锁定成本、在销售端实现锁定利润的目标。

（二）资金管理

根据企业年度套期保值规划中设定的资金规模、最大亏损比例或最大亏损额，明确当前套期保值可接受的最大风险，从而确定最大持仓比例。

（三）交易管理

对于较大规模的交易，实行交易额度分级授权和分仓交易。

不论是开仓还是平仓交易，都严格参照套保方案中设定的预期目标价位，结合滑点风险，选择合理时机，以挂单的方式，根据交易规模、品种特性、标的物流动性、市场走势等多种因素，阶梯式设置合理的交易价位，分批下单。

交易员需要严格遵守交易纪律，实时关注可能出现的价格波动风险，做好交易记录。

（四）风险控制

参照交易体系框架中风险控制的内容。

（五）效果评估

参照交易体系框架中效果评估的内容。

三、以"多收三五斗"为核心的交易体系

所谓"多收三五斗"，就是在确保套期保值目标实现的基础上增加盈利，这并不意味着交易员可以发挥主观交易能力随意交易，依然需要通过团队配合最大限度地控制交易风险，主要通过两种方式实现：一是通过基差走势选择大概率的套保赢利策略，二是选择有利时机进行跨期套利、期现套利等低风险交易。

（一）交易目标

①选择合理时机，实现套保预期目标的同时，还能够降低采购成本或增加利润。

②提高资金利用率，通过较低风险的套利交易实现资产增值目标。

（二）资金管理

①套期保值中的资金管理通过严格控制仓位进行。

②跨期套利的资金管理依然通过控制仓位确定，仓位主要由价差波动风险确定，该风险是基于历史统计数据得出的预期风险。

（三）交易管理

虽然目标不同，但是交易管理不能有任何松懈，依然需要用团队配合、限制交易权限等制度来约束，严格按照交易方案执行。

（四）风险控制

参照交易体系框架中风险控制的内容。

（五）效果评估

参照交易体系框架中效果评估的内容。

四、以保价为核心的交易体系

保价通过"基差合同＋期权"模式实现，只涉及期权交易。

期权具有风险与收益不对等的特性，为了管理风险，一般通过买入期权的方式在实现保价的同时不错过有利走势。有人认为在预期波动不大时通过卖出期权收获权利金，可以进一步降低采购成本或提高利润，也有读者在掌握了期权的交易策略后会应用能够降低权利金支出的组合套保策略。这些策略本身是没有问题的，不过都不适用于保价模式，无法完全实现保价的目标。所以，对于以保价为目标的期权交易，只考虑"买入期权"，与期货套保不同的是愿意接受的风险在买入的同时就已确定——支付的权利金。

基差贸易的出现是为了规避基差波动风险。如果没有期权工具，基差买方除了需要具备选择签订基差合同时机的能力，还需要选择有利时机点价，但是使用了期权工具后，点价时机就没有那么重要了，因为买入相应执行价格的期权就相当于做了保值，也就确定了最高采购价。基差卖方通过卖出基差合同锁定了利润，在签订基差合同的同时买入期权，就不会错过有利走势。

所以，以保价为核心的交易体系更简单，只需要考虑能否接受最大风险——支付的权利金，不论其间价格如何变动，最大净支出都是确定的。不过，买方一般都会在期权到期前对基差合同进行点价，就会涉及期权的平仓，所以，对期权的开平仓交易，还是需要考虑滑点与流动性的问题。

（一）交易目标

采购方在锁定最高成本的同时不错过价格下跌机会，销售方在锁定最低售价的同时不错过价格上涨机会。

（二）资金管理

买入期权不涉及仓位管理，支付权利金就是买入了期权。支付的权利金不是保证金，而是净支出。持有的买入期权合约不会因标的物价格波动而改变，不会出现被追加保证金或面临强制平仓的风险。所以，以保价为目标的资金管理只需要在方案中明确是否能够接受权利金这一最大风险，这一风险是受标的物波动率、到期时间等多种因素影响的，是市场行为，与主动管理无关。

（三）交易管理

为了减少支出，或者说降低风险，在交易前需要结合保价目标选择相应执行价格、流动性强、到期时间更短的期权合约。

在买入时，选择在标的物波动相对平稳的阶段进行操作，所需要支付的权利金就更少，当然，也需要根据交易规模，按阶梯设置合理的交易价位分批下单。

除非价格大幅度运行到有利位置，否则一般不会选择行权，因为行权就意味着支付的权利金立刻变成实际支出。这里就涉及行权与将期权头寸平仓的收益对比问题。如果将期权头寸平仓更有利，根据交易规模，按阶梯设置合理的交易价位分批下单；如果行权更有利，提交行权申请即可。不过有个细节需要注意，在有些交易软件中，提交行权申请的时候有"自对冲"选项，一般都会选中该选项，这样在结算时就按照结算价进行资金划转，否则，交易账户中会出现相应的期货头寸，需要交易员在下个交易日手动平仓，如果次日价格出现不利变动，必然影响到交易目标。

（四）风险控制

参照交易体系框架中风险控制的内容。

（五）效果评估

参照交易体系框架中效果评估的内容。

第七章 时机选择

从原理上讲，套期保值是通过交易期货或期权合约来规避价格波动风险，所有活动都在一买一卖间。和其他商业活动一样，看似简单，实操起来却会碰到各种各样的问题，因为该原理没有告诉大家何时买卖、如何买卖、如何控制风险等一系列细节问题，所有这一切都需要深入探究，需要知其然，也需要知其所以然。对时机的正确把握是成功开展套期保值的基本要求，选择更符合逻辑的时机开展套期保值，就有机会获得更有优势的套保价格。在基差贸易和含权贸易中，核心时机还包括合同签订时机、点价时机。接下来我们将分别探讨这些核心时机。

第一节 套保时机

开展套期保值的不同市场主体有不同需求，从实际需求出发，可以将套期保值细分为获得盈利的套保、把握价格拐点的套保和锁定成本或利润的套保。

有些企业关注的是套期保值能不能实现总体盈利，也就是锁定成本或利润的同时，还能降低成本或提高利润，这就可以用获得盈利的套保来实现。前文介绍过期权，有读者可能会立刻说，这不就是期权的功能吗？其实不然，期权是锁定成本的同时还有机会获得更低采购成本的机会，锁定利润的同时还有机会以更高价销售，这和以营利为目标的套保是完全不同的。实现这种目标，是由现货和期货价格波动幅度不同决定的。

有些企业更关注当阶段性价格低点出现时，能否把握住未来较长时间的低价货源；当阶段性价格高点出现时，能否把握住未来较长时间的高额利润。这样的要求相对较高，需要有把握价格拐点的能力，当然也会面临较大风险，我们称之为把握价格拐点的套保。

还有一些企业关注的是能否锁定成本或利润，通过锁定成本或利润就可以合理安排生产经营活动。锁定成本或利润的套保方式是可以实现的，只不过需要基差合同或含权合同来配合。

一、获得盈利的套保

我们已经知道，套期保值涉及期货和现货两个价格，虽然它们的走势方向一般不会出现偏差，但是有不同的节奏，有时现货价格的波动幅度更大，有时期货价格的波动幅度更大。不同的波动幅度就会给实际套保效果带来显著影响，也决定了套期保值有可能无法实现预期目标，也可能在实现预期目标的同时有盈余。

期货和现货价格波动幅度的不同用基差来衡量，基差 = 现货价格 − 期货价格，我们用公式 $B = C - F$ 来表示。由于期货套保是双向操作，即持有现货的时候（持有现货多头）需要卖出期货（持有期货空头），未持有现货的时候（持有现货空头）需要买入期货（持有期货多头），因此，套保最终能否实现预期目标，取决于基差的变动是否有利。我们关注的焦点也就从分析现货或期货价格波动变成了对基差波动的分析研究，把握基差波动有助于在合理的时机开展套期保值。持续跟踪基差走势，当基差出现套保机会时，就可以做买入或卖出套保，当基差运行到套保机会结束后，平仓即可。很显然，对套保时机的讨论，主要涉及开仓时机和平仓时机。

接下来，我们详细分析卖出套保、买入套保与基差变动的关系。

1. 卖出套保与基差变动的关系

所谓卖出套保，是在持有现货或未来某个时间将持有现货的情况下，担心价格下跌减少利润，通过卖出期货合约，在现货销售实现货权转移的同时将期货空单平仓，用期货盈亏冲抵现货价格的涨跌，从而实现锁定利润的目标。卖出套保时，持有期货空单和现货多单，在某个阶段或极短的时间段内，有可能出现期货价格上涨、现货价格却下跌或期货价格下跌、现货价格上涨的不同步情况，但是放在较长时间观察，期现货价格总的运行方向是同步的，要么同步上涨，要么同步下跌，因此，我们认为在一段时间内，期货价格和现货价格的涨跌方向是一致的。这样一来，我们在分析中会遇到几个变量：期货和现货价格的涨跌，价格涨跌的快慢，开仓时期货价格相对于现货价格的高低，简称为涨跌、快慢、高低，用这三个变量综合考虑基差走势对套保效果的影响（以下图中，B 代表基差，B_1 代表开仓时的基差，B_2 代表平仓时的基差）。下面我们枚举各种情况下套保与基差之间的关系。

（1）现货价格高于期货价格且期现货价格同步上涨的情况下，卖出套保与基差之间的关系。

图 7 − 1 中左边的图表示期货价格上涨速度快于现货。如图 7 − 1 所示，B_1 和 B_2 都大于 0，$B_2 < B_1$，也就是说基差走弱了。由于我们持有的是期货空单和现货多单，在这期间，期货价格上涨速度快于现货，因此，期货的亏损额度将大于现

货盈利，期货的亏损吞噬掉现货盈利后还有额外亏损，该卖出套保无法实现预期目标。由此可以得出结论：当基差走弱时，卖出套保无法实现预期目标。

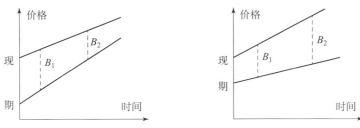

图7-1 卖出套保与基差的关系（1）

图7-1中右边的图表示现货价格上涨速度快于期货。B_1 和 B_2 都大于0，$B_2 > B_1$，即基差走强。在持有期货空单和现货多单期间，现货价格上涨速度快于期货价格，因此，期货的亏损额度小于现货盈利，期货的亏损吞噬掉了部分现货盈利，该卖出套保实现预期目标的同时还有盈余。由此可以得出结论：当基差走强时，卖出套保有盈余。

（2）现货价格高于期货价格且期现货价格同步下跌的情况下，卖出套保与基差之间的关系。

图7-2中左边的图表示现货价格下跌速度快于期货。B_1 和 B_2 都大于0，$B_2 < B_1$，也就是说基差走弱了。由于持有的是期货空单和现货多单，在这期间，期货价格下跌速度要慢于现货价格，因此，期货的盈利额度小于现货亏损，期货的盈利不足以弥补现货亏损，该卖出套保无法实现预期目标。由此可以得出结论：当基差走弱时，卖出套保无法实现预期目标。

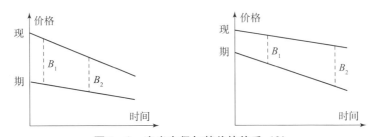

图7-2 卖出套保与基差的关系（2）

图7-2中右边的图表示期货价格下跌速度快于现货。B_1 和 B_2 都大于0，$B_2 > B_1$，说明基差走强了。在持有期货空单和现货多单期间，现货价格下跌速度要慢于期货价格，因此，期货的盈利额度大于现货亏损，期货盈利弥补了现货亏损后还有盈余。由此可以得出结论：当基差走强时，卖出套保有盈余。

（3）现货价格低于期货价格且期现货价格同步上涨的情况下，卖出套保与基差之间的关系。

图7-3中左边的图表示现货价格上涨速度快于期货。B_1 和 B_2 都小于0，B_2 的绝对值小于 B_1 的绝对值，由于都是负值，所以 $B_2 > B_1$，也就是说基差走强了。另外，期货价格上涨速度要慢于现货，因此，期货的亏损额度将小于现货盈利，期货亏损吞噬掉了部分现货盈利，该卖出套保实现预期目标的同时还有盈余。由此可以得出结论：当基差走强时，卖出套保有盈余。

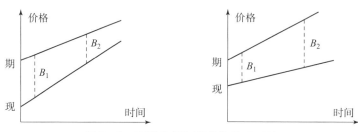

图7-3 卖出套保与基差的关系（3）

图7-3中右边的图表示期货价格上涨速度快于现货。B_1 和 B_2 都小于0，B_2 的绝对值大于 B_1 的绝对值，由于都是负值，所以 $B_2 < B_1$，也就是说基差走弱了。现货价格上涨速度慢于期货价格，因此，期货亏损大于现货盈利，期货亏损吞噬掉了所有现货盈利后还有额外亏损，所以综合核算结果显示该卖出套保无法实现预期目标。由此可以得出结论：当基差走弱时，卖出套保无法实现预期目标。

（4）现货价格低于期货价格且期现货价格同步下跌的情况下，卖出套保与基差之间的关系。

图7-4中左边的图表示现货价格下跌速度慢于期货。B_1 和 B_2 都小于0，B_2 的绝对值小于 B_1 的绝对值，由于都是负值，所以 $B_2 > B_1$，也就是说基差走强了。期货价格下跌速度快于现货，因此期货盈利大于现货亏损，期货盈利弥补了现货亏损后还有额外盈余。由此可以得出结论：当基差走强时，卖出套保有盈余。

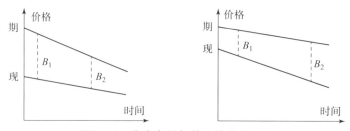

图7-4 卖出套保与基差的关系（4）

图7-4中右边的图表示期货价格下跌速度慢于现货。B_1和B_2都小于0，B_2的绝对值大于B_1的绝对值，由于都是负值，所以$B_2 < B_1$，即基差走弱了。现货价格下跌速度快于期货，因此，期货盈利小于现货亏损，期货盈利不足以弥补现货亏损，所以综合核算结果显示该卖出套保无法实现预期目标。由此可以得出结论：当基差走弱时，卖出套保无法实现预期目标。

通过枚举卖出套保的所有情况，我们可以得出以下重要结论。

（1）不论期货和现货之间的关系如何，只要基差走强，卖出套保都有盈余。

（2）卖出套保开仓的最佳时机是基差处于极低水平的时候，平仓时机是当基差回到正常水平的时候，平仓的最佳时机是基差处于极高水平的时候。

基差走强的过程中，卖出套保有盈余。当基差处于较低水平时更容易走强，所以我们选择在该水平时开仓；只要基差走强了，任何时候平仓都能够赢利，但是只有当基差走强到极高水平的时候，平仓才能获得最大盈利，只不过这种情况很难出现，所以退而求其次，基差从较弱水平回到均值附近的可能性很大，一般都选择在均值附近平仓。由此可以看出，开仓伊始，就出现了可预期的套保收益，卖出套保锁定利润的同时还可以知道可能增加的利润，这对于制订套保方案和实施套保策略有极其重要的价值。

（3）当期现货价格都处于较高位，预判价格会下跌，并且基差处于极低水平的时候，是卖出套保开仓的最佳时机。

这种情况其实也很难出现，如果出现，就是非常难得的卖出期货机会，可以作为把握价格拐点套保的一种策略，关于把握价格拐点的套保后文会详细介绍。但是对于价格涨跌的判断是比较困难的事情，需要很强的分析研究能力。

以豆粕为例，2018年5月10日，豆粕1月合约的近3年80%概率区间为（-52，312），均值148元/吨。豆粕现货报价3110元/吨，期货1月合约收盘价3166元/吨，当天基差＝3110-3166＝-56元/吨，低于上述区间下沿-52元/吨，出现卖出套保机会。当时期货走势出现了阶段性高点，卖出套保是比较有利的时机，如图7-5所示。因此，以3166元/吨卖出豆粕期货1月合约，卖出套保的目标是锁定现货价格3110元/吨的同时获得额外收益，预期收益204元/吨［148元/吨-（-56元/吨）］。

直到8月23日基差才回到均值附近，现货价格3280元/吨，期货收盘价3116元/吨，当天基差164元/吨（3280元/吨-3116元/吨），基差回到均值148元/吨上方，于3116元/吨将期货空头平仓，期货获利50元/吨。

持仓时间超过3个月，但达到预期目标。现货价格由3110元/吨上涨到3280元/吨，现货获利170元/吨，加上期货收益50元/吨，实际获利220元/吨，高于预期收益204元/吨。相当于将现货以3330元/吨的价格销售，锁定了现货销

图 7 – 5　豆粕 1 月合约在 2018 年 5 月 10 日前后走势

数据来源：博弈大师

售价格 3110 元/吨的同时还获得了额外收益 220 元/吨。其间基差走势如图 7 – 6
所示。

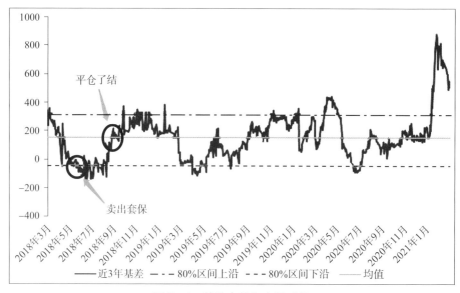

图 7 – 6　基差走势与套保时机

数据来源：大连商品交易所、周口益海

2. 买入套保与基差变动的关系

买入套保与基差变动的关系，与卖出套保正好相反，虽然原理一样，但是为了有非常明确的结论，依然有必要列举所有情况，读者也可以逐一画出图表自行分析，得出的结论会更有价值，印象也会更深刻。

买入套保，是目前尚未拥有现货、将来需要采购现货的情况下，担心价格上涨增加采购成本，通过买入期货合约，在采购现货实现货权转移的同时将期货多单平仓，用期货盈亏冲抵现货价格的涨跌，从而实现锁定成本的目标。我们依然认为在一段时间内，期货价格和现货价格的涨跌是同步的。与卖出套保一样，我们用涨跌、快慢、高低三个变量综合考虑基差走向对套保盈亏的影响（以下所有图中，B 代表基差，B_1 代表开仓时的基差，B_2 代表平仓时候的基差）。

（1）现货价格高于期货价格且期现货价格同步上涨的情况下，买入套保与基差之间的关系。

图 7-7 中左边的图表示期货价格上涨速度快于现货。很显然，B_1 和 B_2 都大于 0，且 $B_2 < B_1$，也就是说基差走弱了。我们持有的是期货多单和现货空单，在这期间，期货价格上涨速度快于现货，因此，期货盈利将大于现货亏损，期货盈利弥补了现货亏损后还有盈余。由此可以得出结论：当基差走弱时，买入套保有盈余。

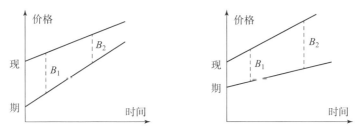

图 7-7 买入套保与基差的关系（1）

图 7-7 中右边的图表示现货价格上涨速度快于期货。B_1 和 B_2 都大于 0，且 $B_2 > B_1$，也就是说基差走强了。在持有期货多单和现货空单期间，现货价格上涨速度要快于期货，因此，期货盈利小于现货亏损，期货盈利无法涵盖现货亏损，综合核算结果显示该买入套保无法实现目标。由此可以得出结论：当基差走强时，买入套保无法实现目标。

（2）现货价格高于期货价格且期现货价格同步下跌的情况下，买入套保与基差之间的关系。

图 7-8 中左边的图表示现货价格下跌速度快于期货。B_1 和 B_2 都大于 0，且 $B_2 < B_1$，即基差走弱了。持有的是期货多单和现货空单，在这期间，期货价格下

跌速度慢于现货，因此，期货亏损小于现货盈利，期货亏损不会完全吞噬掉现货盈利。由此可以得出结论：当基差走弱时，买入套保有盈余。

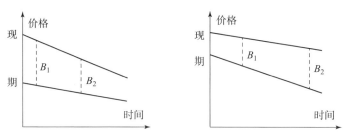

图7-8 买入套保与基差的关系（2）

图7-8中右边的图表示期货价格下跌速度快于现货。B_1 和 B_2 都大于 0，且 $B_2 > B_1$，说明基差走强了。在持有期货多单和现货空单期间，现货价格下跌速度要慢于期货价格，因此，期货亏损大于现货盈利，期货亏损吞噬掉现货盈利后还有亏损，该买入套保无法实现目标。由此可以得出结论：当基差走强时，买入套保无法实现目标。

（3）现货价格低于期货价格且期现货价格同步上涨的情况下，买入套保与基差之间的关系。

图7-9中左边的图表示现货价格上涨速度快于期货。B_1 和 B_2 都小于 0，B_2 的绝对值小于 B_1 的绝对值，由于都是负值，所以 $B_2 > B_1$，也就是说基差走强了。持有期内，期货价格上涨速度慢于现货，因此，期货盈利小于现货亏损，期货盈利不足以弥补现货亏损，该买入套保无法实现目标。由此可以得出结论：当基差走强时，买入套保无法实现目标。

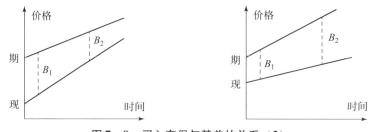

图7-9 买入套保与基差的关系（3）

图7-9中右边的图表示期货价格上涨速度快于现货。B_1 和 B_2 都小于 0，B_2 的绝对值大于 B_1 的绝对值，由于都是负值，所以 $B_2 < B_1$，也就是说基差走弱了。在持有期，现货价格上涨速度慢于期货，因此，期货盈利大于现货亏损，期货盈利弥补了现货亏损后还有盈余。由此可以得出结论：当基差走弱时，买入套保有盈余。

（4）现货价格低于期货价格且期现货价格同步下跌的情况下，买入套保与基差之间的关系。

图 7－10 中左边的图表示现货价格下跌速度慢于期货。B_1 和 B_2 都小于 0，B_2 的绝对值小于 B_1 的绝对值，由于都是负值，所以 $B_2 > B_1$，也就是说基差走强了。持有期内，期货价格下跌速度快于现货，因此，期货亏损大于现货盈利，期货亏损吞噬掉现货盈利后还有额外亏损，该买入套保无法实现目标。由此可以得出结论：当基差走强时，买入套保无法实现目标。

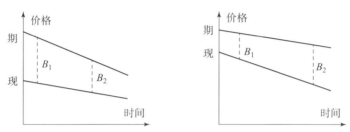

图 7－10　买入套保与基差的关系（4）

图 7－10 中右边的图表示期货价格下跌速度慢于现货。B_1 和 B_2 都小于 0，B_2 的绝对值大于 B_1 的绝对值，由于都是负值，所以 $B_2 < B_1$，即基差走弱了。在持有期，现货价格下跌速度快于期货，因此，期货亏损小于现货盈利，期货亏损不会吞噬掉所有现货盈利，该买入套保有盈余。由此可以得出结论：当基差走弱时，买入套保有盈余。

通过上面对买入套保所有情况的逐一分析，我们可以得出以下重要结论。

（1）不论期货和现货之间的关系如何，只要基差走弱，买入套保都有盈余。

（2）买入套保开仓的最佳时机是基差处于极高水平的时候，平仓时机是当基差回到正常水平时，平仓的最佳时机是基差处于极低水平时。

基差走弱的过程中，买入套保有盈余。当基差处于较高水平时更容易走弱，所以我们选择在该水平时开仓；只要基差走弱了，任何时候平仓都能实现赢利，但是只有当基差走弱到极低水平时，平仓才能获得最大盈利，只不过与卖出套保一样，这种情况也很难出现，所以退而求其次，基差从较高水平回到均值附近的可能性很大，一般选择在均值附近平仓。由此可以看出，开仓时就有了可预期的套保收益，买入套保锁定成本的同时还可以知道可能降低成本的幅度，这同样对于制订套保方案和实施套保策略有极其重要的价值。

（3）当期现货价格都处于较低位，预判价格会上涨，并且基差处于极高水平的时候，是买入套保开仓的最佳时机。

这种情况也是很难出现的，如果出现，就是非常难得的买入期货时机，也可以作为把握价格拐点套保的一种策略。

还是以豆粕为例，豆粕 1 月基差的近 3 年 80% 概率区间为（-52，312），均值 148 元/吨。2020 年 3 月 23 日，豆粕现货报价 3210 元/吨，期货 1 月合约收盘价 2889 元/吨，当天基差 = 3210 - 2889 = 321（元/吨），高于上述区间下沿 312 元/吨，出现买入套保机会。当时期货走势突破前期震荡平台，判断极有可能开启新一轮上涨行情，买入套保是比较有利的时机，于 2889 元/吨买入豆粕期货 1 月合约，目标是锁定现货价格 3210 元/吨的同时获得额外收益，预期降低采购成本 173 元/吨（321 元/吨 - 148 元/吨），如图 7 - 11 所示。

图 7 - 11　豆粕 1 月合约在 2020 年 3 月 23 日前后走势

数据来源：博弈大师

5 月 12 日基差回到均值附近，现货价格 2880 元/吨，期货收盘价 2807 元/吨，当天基差 73 元/吨（2880 元/吨 - 2807 元/吨），基差处于均值 148 元/吨下方，于 2807 元/吨将期货多头平仓，期货亏损 82 元/吨。

虽然期货出现了亏损，但是现货价格由 3210 元/吨下跌到 2880 元/吨，降价幅度更大，现货采购成本降低了 330 元/吨，扣除期货亏损 82 元/吨，实际降低采购成本 248 元/吨，高于预期目标 173 元/吨，锁定采购成本的同时还降低了采购成本。其间基差走势如图 7 - 12 所示。

在该案例中，入市时机本身是没问题的，期货走势图图 7 - 11 中的确在 3 月 23 日出现了买入信号，但后期冲高回落并震荡，严格按照方案平仓时期货头寸出现亏损。

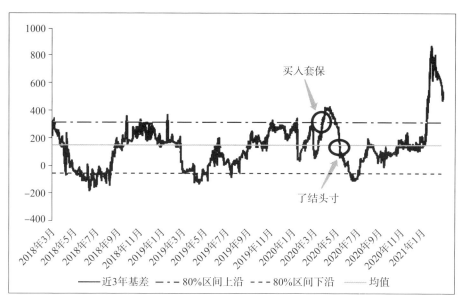

图 7 - 12　基差走势与套保时机

数据来源：大连商品交易所、周口益海

现实中，很多人都会只关注期货端是否实现了赢利。正如这个例子显示的，原本可以 2880 元/吨采购现货，却由于期货端出现亏损，采购成本增加了 82 元/吨。虽然比开始套保时锁定的价格 3210 元/吨要低很多，却高于当时的市场价 2880 元/吨。对于刚开始接触套保的企业来说，管理层看到这样的结果必然会对套期保值持有怀疑态度，但是如果理解了套保原理，这种怀疑就毫无根据了。

这个例子很有价值，给了企业决策层和从业人员一个警示：要同时实现期货和现货的赢利是很困难的，套保原理也不支持这种想法，对比的基准价格应该是建立头寸时的现货价格，只要实现了预期目标，就是成功的套保。

二、把握价格拐点的套保

根据经济学原理，价格的变化都是由供需关系决定的，当供过于求的时候价格上涨，供不应求的时候价格下跌。对于长期趋势来说，当供需相对平衡的时候，价格不会大幅变化，而供需失衡时，往往就会出现拐点。通过持续跟踪供需情况，供需出现错配时，就是需要关注价格拐点的时候。短期出现的包括突发事件等因素会改变短期价格走势，但很难改变长期趋势，除非这些因素正好叠加在另一个拐点附近。

1. 把握长期趋势价格拐点

对长期趋势价格拐点的把握，主要使用基本面分析方法，辅以走势统计和技术分析检验。具体的买点最终只会落在技术图表上，所以不可忽视技术分析的价值，但是技术图表信号和基本面信号并不总是同时出现，有的时候技术图表上早就出现价格拐点了，基本面信号却姗姗来迟；有时基本面信息早已显示出现价格拐点，技术图表上却依然延续原来的走势。这也是交易领域基本面和技术分析的矛盾点，基本面派和技术派之分由此而来，由此还衍生出了左侧交易和右侧交易之说。

技术派坚信技术分析包含了所有市场信息，当然也就包含了基本面信息，所以专注于研究技术图表，依据技术分析指标来决定开平仓时机。这种方式需要考虑的因素少，能够快速决策，一般为个人投资者所偏爱，可市场出现风吹草动、短期调整时，它往往会影响对大势的判断，投资者会担心走势终结，错过更大幅度的趋势。

基本面派专注于分析基本面信息，可它需要考虑的因素非常多。变量太多的情况下，得出的结论往往偏差较大，顾此失彼，甚至舍本逐末，而且完全依照基本面信息开平仓往往会出现一些不利局面，一是过早入市、过晚出市，二是短期趋势与长期趋势的背离。以做多为例，基本面出现入市信号时，价格说不定正在下跌，此时买入开仓，下跌空间难料，如果继续大幅下跌，就会出现巨额浮亏，再加上坚信价格会上涨，将不得不追加保证金，没等价格真正转势，被迫认赔出局，死在黎明前；当基本面出现出市信号时，说不定价格已经下跌了很多，原本的盈余也会被吞噬掉。

笔者在 2014 年 8 月份的白糖交易上就遇到过这样的情况，对大势的判断没有问题，但是过早入市带来了很大麻烦。按照我们对基本面的分析结果，白糖即将进入上涨周期，在 8 月上旬开始做多交易，价格却一路下跌，不到一个半月下跌近 10%，9 月底掉头向上，至 2016 年 11 月，2 年时间里从 4330 元/吨上涨到 7340 元/吨，涨幅接近 70%。什么概念呢？白糖保证金比例大概在 10%，一个多月下跌 10%，多单亏损就是 100%，本金消耗殆尽，错过了后来两年 7 倍的收益机会，这还不算其间加减仓带来的更大收益。

实际上，过于精细地分析探讨长期趋势，无助于更好把握拐点，我们只要在大的方向上不出问题，就能够在一定程度上解决问题。在套保过程中，如何综合考虑基本面和技术面信息，才能让我们把握大机会的同时又尽量避免过大的损失？这就涉及开仓时机和平仓时机的不同安排。这里的安排主要还是从基本面出发，用技术分析来验证，因为基本面决定了大的方向。出现供不应求，价格肯定会上涨一段时间，直到供需相对平衡，价格要么惯性上涨，要么横盘整理，等待新的供需错配出现。因此，我们需要等到供需错配才开仓，而平仓时不能非得等到出现错配后操作，而应在供需平衡时就平仓。

开平仓时机总的原则是：开仓不可急于一时，平仓需要快人一步。

①开仓时机。

对于买入开仓时机，基本面供不应求，确认将开启长期上涨通道时，如果技术图表上尚未上涨，只关注技术图表上的买入信号，出现即买入；如果技术图表上早已上涨，立刻买入。

对于卖出开仓时机，基本面供过于求，确认将进入长期下跌趋势时，如果走势图上尚未下跌，只关注技术图表上的卖出信号，出现即卖出；如果技术图表上早已下跌，立刻卖出。

②平仓时机。

不管做多还是做空，只要基本面回到供需平衡，不论技术图表上是涨是跌，都必须平仓。

实际上，受限于基本面信息复杂多样，不同时期有不同的核心影响因素，把握长期趋势拐点是非常困难的，所以需要灵活运用基本面和技术分析等多种研究方法，通过不断验证，才有可能抓住长期趋势拐点。

2. 把握季节性价格拐点

长期上涨趋势或下跌趋势都有时效，有些长期趋势往往持续数年，如果错过了拐点，就很难再出现交易机会，而且也较难以把握。然而，很多商品都有其独特性，商品的季节性特点是最常见的一种，只要存在季节性的基础，季节性就将延续下去。这是由商品的中短期供需关系决定的，也是由商品的产业属性决定的，不以人的意志为转移。以季节性走势为依据去把握阶段性拐点，更能满足中短期套保需求。

很多商品都有其季节性，一般而言，农产品的价格走势主要由供给决定，工业品的价格走势主要由需求决定。农产品的需求弹性很小，因为需求一般不会突然间增大或锐减，除非发生特殊事件，而其供给弹性很大；工业品的需求弹性很大，而其供给弹性较小，因为一旦投产，不会轻易停产。

农产品的季节性特征非常明显，因为必须经历播种、生长、收割等环节，各环节最终都会影响到供给量。当需求没有出现特殊变化的时候，阶段性的供需关系就表现为农产品的季节性。不同农产品的季节性也有差异，这就需要具体品种具体分析。在第五章中介绍过一些农产品的季节性特征，这里只探讨如何把握季节性走势的拐点机会，也就是针对这些拐点的交易策略。

需要注意的是，季节性规律有其成立的条件。对农产品而言，只有在需求没有出现锐减或者没有爆发金融危机的情况下，季节性走势才会有效，这是我们在研究和实践中得出的重要结论。对工业品而言，因为没有经过实践检验，笔者只是根据原理猜想，工业品从业人员更有发言权，有兴趣的朋友也可以依据分析方法去探索检验，笔者的猜想是，对工业品来说，只有在供给没有突然增加或者没有爆发金融危机的情况下，季节性走势才有效。

所以，在应用季节性规律把握价格拐点的时候，首先需要明确季节性规律是否还有效。只有在季节性规律有效的情况下，才能设定一些符合逻辑的交易安排，否则势必会遭遇滑铁卢。这也是很多早期研究人员最容易忽视的问题，总结出季节性规律后就认为放之四海而皆准了，不会再去深入分析何种情况下是不适用的。具体的分析方法和过程在"分析研究体系"一章有详细介绍，主要采用统计分析的方法得出结论，用基本面去检验是否合乎逻辑。

对农产品来说，只要季节性规律成立的前提存在，季节性规律就会发挥作用，这种规律往往对买入开仓和平仓时机更有效。

（1）农产品收获后一般会大量上市，此时是整个产季的价格低点，也是季节性的最佳买入开仓时机。此后随着仓储等各项成本的增加，价格即使没有受到其他因素助推，也会很自然地上涨。

（2）重要节假日往往是养殖行业大量出栏的时期，阶段性的需求减少，就是季节性的卖出平仓时机。

（3）节假日后养殖行业又会逐渐恢复存栏规模，需求持续增加，助推价格不断上涨，也是较好的季节性买入开仓时机。

（4）种植、生长和收割等关键环节的天气是影响农产品价格涨跌的重要因素，会直接影响产量。供给激增时，才是卖出开仓的最好时机；供给锐减时，是买入开仓的最好时机。这一条其实不能算作严格意义上的季节性规律，因为它极有可能会影响到整个产季的供需关系，也往往是把握长期趋势价格拐点的依据。

细心的读者肯定也会从常识或原理出发，得出一些结论，比如：长期而言，只要供需平衡，价格是缓慢上涨的，这是由通货膨胀决定的；季节性规律只有在弹性较小的影响因素没有剧烈变化时才有效，反之，季节性规律就会失效，这一点无论是农产品还是工业品都适用。比如 2018 年非洲猪瘟暴发后，短时间内生猪行业被重创，大量生猪被处置，对原料的需求锐减，这直接导致相关农产品的季节性规律失效。

三、锁定成本或利润的套保

如果要完全锁定成本或利润，单纯地通过买入或卖出期货合约是无法做到的，因为面临着基差风险，而规避基差风险的最佳方法是运用基差合同。所以要想完全锁定成本或利润，就需要结合基差合同来开展套期保值。

签订基差合同，可以根据具体走势确定企业能接受的成本或利润，在合理时机买入或卖出保值，从而完全锁定成本或利润。很显然，这里涉及的合理时机，除了根据企业实际情况来确定外，还可以用"把握长期趋势价格拐点"或"把握季节性价格拐点"的方法来确定。

也就是说，锁定成本或利润的套保是由"基差合同 + 套保时机"确定的，此时无需再关注平仓时机，因为完全锁定了成本或利润，任何时候平仓都能够拿到或卖出固定价格的商品。

还有一种是在锁定成本或利润的同时又不错过更大的获利机会，这就需要构建"基差合同 + 买入期权"的含权合同，缺点在于付出权利金会增加固定成本或减少固定利润。具体内容在第四章中已详细介绍过，这里没必要赘述。

由此我们得出结论：

（1）锁定成本或利润的套保由"基差合同 + 套保时机"保证效果，具体时机只涉及开仓时机，无需考虑平仓时机；

（2）既想锁定成本或利润，又不想错过更大获利机会，采用含权合同（基差合同 + 买入期权）来实现；

（3）这种套保模式的核心在于基差合同，基差合同的几个关键时机直接决定了套保效果。对于基差合同的一些重要时机，在后面两节中会重点介绍。

既然基差的影响如此巨大，我们就有必要深入探讨一些具有实操价值的结论。延续本书的安排，依然首先从失败谈起。

第二节　2013/14 豆粕基差事件

在 2013/14 年度豆粕基差交易大赚和大赔的事件中，真正理解并合理应用基差合同的饲料企业和贸易商是很少的，大赚和大赔全部交给了运气。有些企业成功避开了这个诱惑力十足的工具，当然也错过了大赚的机会。

油厂、饲料企业和豆粕贸易商都是当年的亲历者，但是对前因后果不一定非常清楚。为了更好地引出几个关键时机，有必要将该事件向读者做一次介绍，这样才能更好地发现存在的问题，有助于改进并利用基差工具。

该事件摘录自 2018 年大连商品交易所主编的《中国期货市场经典案例研究成果汇编》。

一、赢利阶段

2013 年上半年全球豆类在南美丰产预期的压制下，年初短暂反弹后便进入了持续三个月的跌势。在这种形势下，压榨亏损，使油厂更愿意以基差交易方式提前卖货；买方利润空间缩窄，投机心理加剧，基差交易模式成了其投机捷径并得到迅速普及，自 2013 年 8 月，基差交易不再只是达孚、嘉吉等外资油厂的常用销售模式，国内各主要地区油厂都有了远期基差报价，鉴于6—9月蛋白需求的季节性增强，油厂6—9月的基差报价成为买方当时最关注的报价。

由于需求端还在摸索基差合同，2013年6—9月到期的基差订单并不多，其中影响最大的是2012年第三季度通威饲料买入的一笔10万吨基差合同，合同约定结算价＝M1309＋250元/吨，此单交易的大幅获利，让很多同行看到了机会。

参照表7-1，2013年6—9月豆粕现货均价3900～4300元/吨，如果在6月之前点价，点价成本3350～3650元/吨，较市场价低250～950元/吨；如果在2013年6—9月点价，点价成本3667～4253元/吨，盈利还在300元/吨左右。

表7-1　2013年6—9月豆粕现货均价　　　　　　　单位：元/吨

月份	国内均价	最高价	最低价
6 月	4057	4155	3892
7 月	3871	3915	3804
8 月	3972	4267	3785
9 月	4308	4407	4207

通威饲料这一单赢利引起市场极大关注，许多买家开始效仿，2013年10—12月基差预售量明显增加，且这些买单大多也实现了赢利，幅度在100～500元/吨不等。1月现货均价回落到3835元/吨，当时1月基差合同预售价M1401＋170元/吨，点价成本3725～3941元/吨，相当于赢利-106～459元/吨，利润已随着到期时间的临近而逐渐减少，甚至出现亏损。

从表7-2中2013年10月—2014年2月的变化中可以看到，隐患已经开始出现，但当时市场参与者大多仍然身处一片欣欣向荣的假象之中。

2013年9月—2014年2月赢利的同时带来了更积极的报价和大量成交，据统计，截至2014年4月初，全国预售的2014年6—9月基差合同大概对应260万吨，10—12月约有30万吨，见表7-3。

表7-2　2013/14年国内豆粕现货均价　　　　　　　单位：元/吨

月份	国内均价	最高价	最低价
2013 年 10 月	4382	4468	4281
2013 年 11 月	4206	4268	4152
2013 年 12 月	4053	4155	3930
2014 年 1 月	3835	3910	3801
2014 年 2 月	3832	3879	3719

表 7 - 3　全国基差合同报价

销售时间	2013 年 12 月至 2014 年春节前	2013 年 12 月至 2014 年春节前	2013 年 9 月至 2014 年春节前
合同时间	2014 年 2 月	2014 年 5 月	2014 年 6—9 月
华北地区	M1405 + (430~570)	M1405 + (250~440)	M1409 + (260~360)
华东地区	M1405 + (350~570)	M1405 + (200~300)	M1409 + (220~600)
两广地区	M1405 + (410~600)	M1405 + (200~350)	M1409 + (220~400)
山东地区	—	—	M1409 + (250~400)

赢利阶段，市场报价及成交情况呈现以下三个特点：首先，不再是个别工厂发布基差合同价格，华东、华南、华北、华中等地区厂家都报出了基差合同价格，饲料厂、贸易商同时都有跟单；其次，行情持续时间较长，基差持续上涨，成交追买量放大；最后，买卖双方实现了不同程度的利润，这是新一波远期基差预售较好的基础，也为 2014 年亏损埋下了伏笔。

二、亏损阶段

2014 年上半年美豆价格大幅上涨，大豆成本高企，油厂最高亏损 700 元/吨，同时，国内存在近 300 万吨 2013 年四季度预售的、2014 年 6—9 月到期的基差合同等待点价，不少基差买方在 5 月底—6 月点价，点价时期货价格在 3700 元/吨左右。但从 2014 年 6 月底开始，受到 USDA 季度库存报告影响，CBOT 与 DCE 豆粕期货价格开始大幅下行，到 9 月底，买方严重亏损。

以成交最为集中的 2013 年签订的 2014 年 6—9 月提货基差合同为例，当时人多数合同的结算价是 M1409 + 250 元/吨，许多买家在 M1409 期货价格 3700 元/吨附近点价，推算下来成本在 3950 元/吨左右，6—9 月现货价格 3500~3800 元/吨，亏损 150~450 元/吨，见表 7 - 4。

表 7 - 4　2014 年国内豆粕现货均价　　　　　　　　　单位：元/吨

月份	国内均价	最高价	最低价
6 月	3846	3942	3798
7 月	3622	3729	3544
8 月	3601	3691	3558
9 月	3494	3556	3427
10 月	3463	3473	3453

进入 2014 年 9 月中旬，虽然 2013 年预售的合同大部分已经执行完毕，但 2015 年 6—9 月提货的基差合同日益累积，8 月初全国未执行合同量新旧叠加创下近年新高，9 月末达到了 403 万吨，其中 2015 年 6—9 月有 190 多万吨。

在亏损阶段，市场报价及成交情况呈现以下特点：9 月开始报 2015 年 6—9 月基差时，广东油厂个别时期对客户无保证金要求；由于预期 10 月大豆到港量下降，各地区油厂 10 月基差报价较少或基本没有；虽然经历一波亏损，但买方对豆粕 6—9 月的基差预售仍兴致十足，基差和一口价合同都有大量成交。

三、总结

在 2013/14 豆粕基差事件中，油厂获得了稳定利润，有些获得了超额利润，受伤最深的是后来追买的饲料企业和贸易商，很多亲历者至今心有余悸。这种信息不对称和结果的不对等，将供应商油厂和下游企业对立了起来，原本应该抱团抵御市场风险的合作伙伴变成了交易对手，其中有人性的自私自利在作祟，也存在油厂没有向合作伙伴深入解读基差模式的问题，更主要的原因在于大家对基差合同并没有穷究过，没有刨根问底、追寻本质，让基差合同偏离了本该具备的功能，成为下游企业投机的又一工具。甚至到现在，很多从业者也没有搞清楚基差合同到底从哪里来、能发挥什么作用，这样似懂非懂地使用，最后结果依然是碰运气。

在第四章中，笔者介绍了基差合同的由来，它是实际需求的产物，是为了解决套保过程中面临的基差波动风险而出现的工具。它的核心作用是规避基差波动风险，让结算价更加公开透明。在使用基差合同的过程中，如果选择合理时机进行套期保值，就能够达到完全锁定成本或利润的目的。

如果具备强大的议价能力和明显的体量优势，可以直接和上游谈判确定基差，也就能拿到比市场更优惠的固定基差。本书不涉及这种谈判策略与方式，只聚焦于基差本身。

很多企业在与上游签订基差合同时，考虑的因素无非未来市场趋势，以当前期货价格去计算上游的固定基差报价是否有优势。

这样的思考方式是初级参与者的正常反应，一般情况下，考虑上述两个因素后就会得出结论——基差合同没优势，充其量就是个上游利用卖方优势压榨和盘剥下游的新工具。未来趋势有可能上涨，有可能下跌，如果现货价格上涨了，期货价格也会上涨，最终拿货价也会上涨；如果现货价格下跌了，期货价格也会下跌，最终拿货价也会下跌，还不如到时候直接拿现货。在这种情况下，很多企业实际上是不情不愿地被迫签订了基差合同，因为签订了基差合同，至少可以保证到时候有稳定的货源，否则，上游优先履约基差合同，遇到货源紧俏的时候，就面临着无货可用的局面。

我们只有紧盯着某一个事物的本质不放，才能有更大把握去掌控、应用它，否则再好的工具，也会被用烂，甚至最终被抛弃。

对基差合同而言，它的核心功能就是规避基差波动风险，同时可以和期货套保结合起来，实现锁定成本或利润的目标。

既然市场基差是有波动的，那么我们选择购买的固定基差处于市场基差的什么水平，就显得非常重要了。固定基差到底有没有优势，是通过这个标准来衡量的，这就衍生出了签订基差合同的时机问题。基差合同的签订时机非常关键，直接决定了后期点价到底有没有优势。如果签订时机不对，签订时的固定基差没有优势，最终结果肯定是不理想的。

签订基差合同后，依然需要关注市场基差。随着时间的推移，市场基差波动到什么水平时，通过点价可以立刻获得较市场价格更有优势的价格，也就显得非常有价值了。这就是点价的时机问题。

点价结束，看似整个过程就结束了，只需要等待上游交货即可，然而，点价结束并不意味着整个过程结束了，因为从点价到上游交货可能会有很长一段时间，除非是被迫在最后点价期点价，否则这期间又会面临价格波动风险，原来有优势的价格，随着时间推移，可能会完全丧失优势，甚至处于劣势。如何将该风险完全转移出去，保持既定的优势价格，也就非常重要。这就是我们将要解决的时间错配问题。

只有彻底解决了这三个问题，基差合同的价值才能凸显出来，接下来的三节，我们将探讨如何选择有利时机、如何选择合适的工具让基差合同发挥作用。

第三节　基差合同签订时机

对于基差合同，需要考虑的核心因素有两个：固定基差和市场基差。

市场基差就是我们之前一直在讨论的基差，即现货价格－期货价格。现货价格是当天的市场报价；期货价格可以是当天的收盘价，也可以是结算价（当天的加权平均价），只要确定了数据标准，就需要保持一致，不能随意变换。

固定基差是买卖双方谈判确定的，包含了卖方的预期利润。在很多行业，固定基差都由卖方报价，买方被动接受卖方报价，只有具备谈判优势的买方才有可能与卖方谈判确定，买方推算卖方的大概利润后，谈判使卖方让利。

有了市场基差和固定基差，我们需要关注的就是当前市场基差处于什么位置，大概率会向什么方向运行，再比较固定基差处于市场基差的什么位置，能否在未来有可预期的获利空间。很显然，这里我们关注的是大概率事件，那就需要用到统计学方法（具体内容请参考"基差统计"）。

接下来我们将引出基差合同的签订时机问题。我们还是用第五章中的例子，假定80%的区间是我们设定的大概率区间，这个区间中可获取的机会和面临的风险是可以接受的。

1. 目的

我们首先需要明确签订基差合同的目的是什么。除了锁定货源，更重要的是要么锁定成本或利润，要么获得比市场价更有优势的价格。

基差合同是远期合同，只不过结算价格不是一口价。基于合同的契约精神，买卖双方有履约义务，从原理上讲，必然能够实现"锁定货源"的目的（在现实中，当出现极端行情或现货供应不畅时，卖方有可能限量配货，甚至仅向优质客户供货，不论该优质客户是否签订了基差合同）。

只要采用基差合同，并且做了保值，就一定能锁定成本或利润，不论价格高低，这是由基差合同的定价原理决定的，当条件满足时，必然能够实现"锁定成本或利润"的目标。现实中卖方更愿意在卖出基差合同时卖出套保锁定利润，而买方很少用这种方式，因为谁都想买在最低价，期望买入后就上涨，而且"买涨不买跌"的惯性思维一直处于上风，在下跌中一般都不会去买入套保锁定成本，在上涨中又期望价格回落后再锁定成本，如此反复，错失良机，所以真正在意锁定在某个固定价格的企业并不多。

相对于"锁定成本或利润"，"获得比市场价更有优势的价格"更有吸引力。这对从业人员来说是很有价值的，可以更快体现出自己的价值；对企业主来说，也会有较强的吸引力，相对于"锁定成本或利润"面临的风险或错失的更大机会，"获得比市场价更有优势的价格"就显得更容易接受了。至少对贸易商来说，拥有比市场价更有优势的价格可以让其立于不败之地；有些生产企业也会以"是否较市场价有优势"为标准进行企业管理。

基于上述签订基差合同的目的，我们需要更多关注的是能否实现"获得比市场价有优势的价格"，这种方式不涉及套期保值。

2. 实现逻辑

通过第五章的探究，我们可以得出基本结论。

当基差低于区间下沿时，将有很大概率回到区间内且向中轴线靠拢。换句话说，当基差低于区间下沿时，基差较小，它有很大概率走强。如果在基差较小时锁定该基差，这个基差可以理解为"固定基差"，在基差走强的过程中，随时结算都可以获得较市场价更低的采购成本。

当基差高于区间上沿时，将有很大概率回到区间内且向中轴线靠拢。同理，当基差高于区间上沿时，基差较大，它有很大概率走弱。如果在基差较大时卖出锁定该基差，这个基差也是"固定基差"，在基差走弱的过程中，随时结算都可以获得较市场价更高的销售价格。

图7-13中左边的图表示基差走强。当市场基差为B_1时，买方签订基差采

购合同，B_1 就相当于固定基差，合同约定的结算价 = 期货价格 + B_1，就是图中与期货价格平行的虚线，很明显，基差在 B_1 变为 B_2 的过程中走强了（有读者可能会在这里出现理解偏差，因为看起来图中 B_1 的长度大于 B_2。实际上，B = 现货价 – 期货价，B_1 和 B_2 都小于 0，因而，$B_2 > B_1$，也就是基差由 B_1 向 B_2 变动的过程是基差走强的过程）。如果在 "市场基差 = B_2" 时点价，基差合同的结算价就低于现货市场价。在基差走强的过程中，随时点价都能够获得较市场价更有优势的价格，这就体现了签订基差合同时机的重要性。

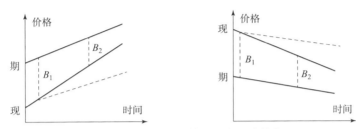

图 7 – 13   基差合同结算价与市场价的关系

图 7 – 13 中右边的图表示基差走弱。当市场基差为 B_1 时，买方签订基差采购合同，B_1 就成为固定基差，合同约定的结算价 = 期货价格 + B_1，就是图中与期货价格平行的虚线。很明显，随着时间推移，基差走弱了。如果在 "市场基差 = B_2" 时点价，基差合同的结算价高于现货市场价，这对买方不利，但对卖方有利。在基差走弱的过程中，买方随时点价，卖方都可以获得较市场价更有优势的价格，这同样说明了签订基差合同时机的重要性。

3. 签订时机

现实中，固定基差更多的是由卖方报出、买方被动接受，整个过程中卖方掌握着主动权，买方处于劣势。卖方报出的固定基差里面包含了预期利润，因而可以不必过多考虑当前的市场基差；买方在没有实力和卖方谈判基差的情况下，选择时机签订基差合同就显得尤为重要。

买方在签订基差合同时，需要考虑的因素主要有两个：

（1）当前市场基差处于历史市场基差的什么位置；

（2）卖方的固定基差报价处于历史市场基差的什么位置。

通过前面的论述我们知道，基差极小时才有较大概率走强。量化表示的话，选择一个较合理的大概率区间，当市场基差处于该大概率区间下沿以下时，有较大概率回到该大概率区间且向均值运动。因此，当市场基差处于大概率区间下沿以下，且卖方的固定基差报价也处于该下沿附近或以下时，是买方签订基差合同的最佳时机。这里并没有要求固定基差报价一定要在下沿以下，因为这个固定基差一般是由卖方报出的，作为买方，只能等待接受理想的固定基差，但该固定基差肯定不能过高，在大概率区间下沿附近或以下是比较理想的。

对卖方而言，报出的固定基差里面包含了预期利润，因而可以不必过多考虑当前的市场基差，但是如果在市场基差较高时卖出基差合同，买方点价，卖方可以获得较市场价更有优势的价格。这个过程实际上就是与买方博弈的过程，基于信息不对称和研究能力的差异，买方很可能并不清楚在何时签订基差合同更有利，这也就是卖方可以利用的机会。在买方点价时，卖方能以高于市场价的价格卖出，买方却只能获得较市场价高的商品，卖方获得的额外收益正好是买方支付的较市场价高的部分。

由前面的论述，可以得出对基差合同有重要实操意义的关于签订合同时机的结论。

（1）对买方而言，在基差极小时签订基差合同，是基差合同最佳签订时机。用量化的方式表示：当市场基差处于大概率区间下沿以下，且卖方的固定基差报价也处于该下沿附近或以下时，是买方签订基差合同的最佳时机。

（2）对卖方而言，为了获得较市场价更有优势的价格，在基差极大时签订基差合同是最佳时机。用量化的方式表示：当市场基差处于大概率区间上沿以上时，是卖方签订基差合同的最佳时机。

只不过，为了维护长期稳固的合作关系，并不建议卖方不顾买方利益在基差较高的情况下卖出基差合同，因为卖方报出的基差已经包含了预期利润，此时更应该操作的是卖出期货做保值，等待履约就可以实现预期利润，而买方却有可能因较市场价没有优势而选择违约，最终会导致买卖双方合作关系破裂，卖方想要实现预期利润的目标也会落空。卖方应当以合作共赢为目标，建立牢固的互惠关系，在获得预期利润的同时让买方也能获得更有优势的价格，卖方有必要以获取固定预期收益为第一要务，与买方一起制订更能让买方获益的基差采购方案。

第四节　基差点价时机

买方买入固定基差，获得未来选择合理价位点价的权利，而且在合同约定的最后点价日前必须点价；卖方卖出固定基差，获得预期收益的同时必须接受买方的点价。因此，这里我们讨论的基差点价时机仅适用于买方，对卖方毫无意义。

一、基差点价时机的选择

1. 明确目标

买方选择合理时机签订基差合同，主要是为了实现"较市场价更有优势"的目标，但是现实中很多企业往往同时又去比较是否比签订基差合同时的现货价更低（即实现"以低价采购"的目标），这种模糊的处理让基差贸易很难持久发挥作用。"以低价采购"和"较市场价更有优势"两个目标只有在价格下跌的走势中才有可能同时实现，更多时候是相悖的，因为"以低价采购"的比较基准是签订基差合同时的现货价，只能在期货价格下跌时才能实现该目标，而"较市场价更有优势"的比较基准是点价时的现货价，不管走势如何，只要点价后较当时的市场价更低，就实现了目标。由此可见，签订基差合同时，企业必须明确比较基准，以确定签订基差合同的目标。只有明确了目标，才能接受可能出现的结果，而不是既横向比较是否较市场价更有优势，又纵向比较是否比签订基差合同时的价格更有优势。

经过上一节的讨论我们知道，在基差走强的过程中，随时点价都能获得较市场价有优势的价格，但是并不能保证获得预期收益，也不能让利益最大化。这就要求我们选择合理的时机进行点价。

2. 点价时机

我们讨论基差点价时机，依然需要基于基差走势。

当基差处于大概率区间下沿以下时，是买方签订基差合同的最佳时机，因为此时有很大概率回到大概率区间并向均值移动，甚至有可能会持续向大概率区间上沿移动。这个过程就是基差走强的过程，如果能够持续移动到大概率区间上沿，那么此时点价将获得最大利益，但是，现实中很难持续到达上沿，往往会围绕均值波动，从下沿直接运动到上沿，除非出现较大的极端行情。

在签订基差合同后，很有可能还会出现沿着大概率区间下沿往复运动的情况，反复结束后，将向均值移动。当移动到均值后，面临的选择无非两个：继续向大概率区间上沿运动，掉头向大概率区间下沿运动。它们的概率各占50%，也就是说，继续向大概率区间上沿运动的可能性已经降低了约50%，就没必要冒险错过点价机会了。

这就是我们选择点价时机的重要参考依据，由此可以得出基差点价时机。

当市场基差极大的时候，是最理想的点价时机。用量化的形式来描述，就是当市场基差回到大概率区间上沿附近的时候，是最理想的点价时机。

当市场基差处于合理范围的时候，是最佳点价时机。用量化的形式来表示，就是当市场基差回到均值附近的时候，是最佳点价时机。

请注意"最理想"和"最佳"的区别，我们一般选择"最佳时机"。

二、基差合同的预期收益

在签订基差合同时，就可以确定最佳点价位置，因为我们决策的依据是历史数据，对历史数据使用统计学方法进行了处理，均值和大概率区间上下沿是可以完全确定的。这也就决定了我们在签订基差合同时就能够有合理的预期收益，这对实操有极大价值，是制订采购计划的核心依据，也是合理安排企业生产经营活动的重要参考。

预期收益 = 均值 − 固定基差

为了演示基差合同签订时机和点价时机，我们以豆粕 5 月基差走势为例。2020 年 6 月 16 日，近 3 年大概率区间为（103，482），均值 275 元/吨，市场基差 95 元/吨，固定基差报价 100 元/吨，低于大概率区间下沿 103 元/吨。如果当天签订基差合同，接受卖方基差报价 100 元/吨的话，预期收益 = 275 − 100 = 175（元/吨），即点价时结算价低于当天市场价的幅度。

基差合同约定：基差合同结算价 = 豆粕 2105 + 100 元/吨，最后点价期为 2021 年 5 月初，于 2021 年 2—5 月提货。

随后的 10 天中基差一直处于大概率区间下沿 103 元/吨以下，完全不能点价，只要点价，就获得较市场价更高的采购价；之后基差回到区间内且向均值移动，于 7 月 20 日变为 288 元/吨，高于均值 275 元/吨，点价机会出现，点价后的采购价较当天的市场价低 288 − 100 = 188（元/吨）。整个过程略超一个月，如果当天以低于市场价 40 元/吨的价格将这批货全部销售一空，就可以立刻获得近 150 元/吨的收益。

这笔交易过程如下。

2020 年 6 月 16 日现货价 2810 元/吨，期货价 2715 元/吨，市场基差 = 95 元/吨，固定基差报价 100 元/吨。

2020 年 7 月 20 日现货价 3000 元/吨，期货价 2712 元/吨，基差 = 288 元/吨。

点价后实际采购价为 2712 + 100 = 2812（元/吨），当天市场价 3000 元/吨，很显然，在这次基差采购过程中，实际采购价格较市场价低 188 元/吨。

虽然点价结束后市场基差依然向上运行了一段距离，但是最终开始围绕均值震荡。如果等待基差回到区间上沿再点价，将不会出现点价机会，见图 7 - 14。

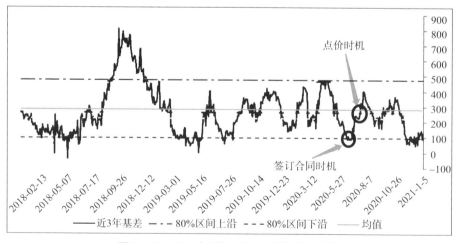

图 7 - 14　近 3 年豆粕 5 月合约基差走势图
数据来源：大连商品交易所、周口益海

第五节　贸易商点价后的销售方案

一、点价后面临的问题及解决办法

经过前两节的论述，读者应该能够明白在何时签订基差合同最有利、在何时点价最有利，且在签订基差合同时就有可预期的低于市场价的采购价，似乎整个过程到此结束了，可以立刻获得这部分收益了。实际上，还有一步没有完成，这一步至关重要，那就是如何将这部分收益完全装进腰包。

1. 问题

还是用上节的例子，点价后实现了 188 元/吨的预期收益，但是 2020 年 7 月 20 日点价是无法立刻拿到现货的，按照合同约定，最早提货时间也只能在 2021 年 2 月份，近半年内什么情况都有可能出现，由于点价的同时采购价确定了，如果后市价格下跌，必然面临利润减少甚至亏损的情况。其实不论点价后距离提货时间长短，即便点价后数十日就可以提货，都会面临价格下跌的风险，只要其间价格下跌，利润肯定会减少。

阅读到这里，读者肯定都知道，如果担心价格下跌，首先想到的是如何规避价格下跌风险。所以，这里探讨的其实就是如何锁定利润的问题。

2. 解决办法

有读者会说"卖出期货，做卖出保值"，给这部分读者点赞，他们至少对套期保值是理解的。卖出保值持有至交割，虽然是可以实现的，但是由于持有时间较长，资金成本会吞噬掉大部分利润；如果卖出套保后再择机销售现货，必然面临着基差波动风险，无法完全实现规避风险的目标。

有读者会说"卖出基差合同时卖出保值"，也给这部分读者点赞，说明你们对前面的内容印象很深。然而，想要卖出基差合同，必须要有能够接受基差合同的买方，基差合同的定价基准是期货价格，但很多贸易商的下游客户一般都是小散户，对期货一点都不了解，对基差合同更难以接受，老觉得贸易商在套路他们，他们宁愿以高价一口价采购，也不愿花工夫去了解更有利的采购模式。

那么，当我们想要提前预售商品的时候，有没有方法让下游客户更容易接受呢？认真阅读并理解了前面几章内容的读者一定能够想到解决办法。

办法就是采用含权购销合同，也就是含权贸易模式。

二、含权贸易模式

简单地说，含权贸易模式就是向下游客户卖出一份保价合同。客户支付一定比例的保费和履约保证金，就可以享受保价政策：当价格上涨时，按照合同约定的最高价格结算；当价格下跌时，按照下跌后的价格结算。即：价格上涨时不涨价，价格下跌时跟随降价。

1. 目标

（1）客户在锁定最高采购价的同时，不会错过下跌后降价采购的机会。

（2）贸易商锁定最低售价的同时，不会错过价格上涨的高价销售机会。

2. 解释说明

表面上看，买卖双方是对立的关系，买方降价结算的同时需要卖方也降价结算，必然会减少卖方的利润。

其实不然，买方降价结算并不会让卖方损失利润，双方都能获得对自身有利的价格。这是因为：为了实现上述目标，买卖双方都需要支付保费，双方的风险和收益都是通过金融市场转移和获得的，在金融市场中交易对手众多，就跟表面上看起来买卖双方是交易对手的情况完全不同了。在这样的交易机制中，买卖双方将成为关系密切的合作伙伴。

但是，要实现该目标，只能以期货价格为定价基准，而无法直接通过现货市场价格实现。

3. 合同要素

合同类型：远期合同，交货时间为未来某个时间，具体时间在合同中约定。

保费定价：一般是合同价值的5%，签订合同时根据实时期权价格确定。

履约保证金：一般为合同价值的5%~10%

履约：如果客户分批提货，按照客户支付的货款发运相应货物，履约保证金仅可冲抵最后一次提货的货款。

定价规则：期货合约价格＋固定值，不含运费等其他各项费用。

4. 需要解决的问题

（1）需要了解客户对这种贸易模式的接受程度，尤其是以期货价格为基准价的结算方式。

（2）为了保证履约，客户必须支付履约保证金。需要了解客户的支付能力和意愿。

（3）保价服务是为客户提供的服务，但该服务没有额外收费，客户支付的保费是在金融市场获得保价功能的必要费用。对保费的使用和解释工作，有可能会成为销售过程中需要解决的问题。

5. 举例说明

假如 2021 年 1 月有 4 月份可供交货的豆粕，向客户以含权贸易模式预售。

结算价格 = 豆粕 2105 合约 + 100 元/吨。

保费：150 元/吨。

当天豆粕 2105 合约价格 3680 元/吨，含权贸易合同结算价就是 3780 元/吨，可以向客户提供保价销售政策：客户支付保费和履约保证金，在 4 月份交货时，如果价格高于 3780 元/吨，按照 3780 元/吨结算；如果价格低于 3780 元/吨，按照当时期货价格 + 100 元/吨的价格结算。

假定 4 月份临近交货时，豆粕 2105 合约价格上涨到 3900 元/吨，买方在没有保价的情况下，按照 4000 元/吨〔（3900 + 100）元/吨〕结算；有保价的情况下，按照 3780 元/吨结算。此时，无论卖方有没有保价，销售价格都是 4000 元/吨〔（3900 + 100）元/吨〕。

假如届时豆粕 2105 合约价格下跌到 3400 元/吨，无论买方有没有保价，都可以按照 3500 元/吨〔（3400 + 100）元/吨〕的价格结算。如果卖方没有保价，销售价格是 3500 元/吨〔（3400 + 100）元/吨〕；如果卖方有保价，销售价格依然是 3780 元/吨。

这里重点在于解决贸易商点价后的销售问题，具体的原理与思路在第四章的含权贸易一节中做过详细介绍。

第六节　基于基差的其余时机

基差的直接影响因素主要有两个，一是现货价格，二是期货价格。因此，只要同时涉及现货和期货，都可以用基差来分析。从原理上看，结合了期货和现货价格的策略基本都可以通过基差贸易实现预期收益，而单方面涉及现货或者期货的策略可能会面临一些风险，但是实践中只要目标合理，依然能够发现一些不错的机会。

前面的论述主要涉及了期货套保时机、基差签订与点价时机，期货套保时机更倾向于单一的期货价格，基差签订与点价时机完全涵盖了期货和现货价格。此外，期货与现货结合更紧密的还有期现套利。对基差的分析完全适用于对期现套利的分析，这里只得出结论，不再论述具体过程，因为与基差合同涉及的原理完全一致。

一、期现套利时机

1. 开仓时机

基差极小时，是买入现货卖出期货的最佳时机。用量化的方式表示：当市场基差处于大概率区间下沿以下时，是买入现货卖出期货的最佳时机。

基差极大时，是买入期货卖出现货的最佳时机。用量化的方式表示：当市场基差处于大概率区间上沿以上时，是卖出现货买入期货的最佳时机。

2. 平仓时机

对于买入现货卖出期货的套利组合，当基差从大概率区间下沿运动至上沿附近时，是最理想的平仓时机。

对于卖出现货买入期货的套利组合，当基差从大概率区间上沿运动至下沿附近时，是最理想的平仓时机。

然而，"最理想的平仓时机"往往很难出现，或者需要面临较大的风险，因而，只能称之为"最理想的平仓时机"。

在实际交易中，不论哪种套利组合，当基差回归至均值附近的时候，都是套利组合的最佳平仓时机。

以玉米为例，2020 年 7 月 21 日，玉米 5 月合约对应基差的近 3 年 80% 概率区间为（–80，168），均值 44 元/吨，蛇口港玉米现货报价 2340 元/吨，期货 5月合约收盘价 2170 元/吨，当天基差 = 2340 – 2170 = 170（元/吨），高于区间上沿 168 元/吨，出现买入套保机会，风险更小的机会其实是买入期货卖出现货的套利组合，以 2340 元/吨将现货预售的同时以 2170 元/吨的价格买入等量期货合约，等待基差向均值 44 元/吨回归，预期收益：170 – 44 = 126（元/吨）。

9 月 1 日基差回到均值附近，现货价格依然是 2340 元/吨，期货收盘价 2306元/吨，当天基差 34 元/吨［（2340 – 2306）元/吨］，基差低于均值，以 2306 元/吨将期货多头平仓，同时交割现货，套利交易结束。持仓时间一个多月，收益达到预期目标，现货无盈利，期货收益 136 元/吨，套利组合实际获利 136 元/吨，高于预期收益 126 元/吨。其间基差走势见图 7 – 15。

二、现货购销时机

既然通过研究基差走势，可以选择合理时机做期货套保，说明对某一个影响因素，只要运用得当，也可以达到较理想的效果，这一点对于现货同样适用。

1. 现货采购时机

当基差极小时，将大概率走强，基差走强的过程中现货价格上涨速度大于期货，或者现货价格下跌速度小于期货。

那么，如果通过研究发现价格将上涨或震荡而非下跌，买入现货的风险将很小，这就是现货采购的最佳时机。只不过与期现套利相比，没有了另一方的保护，可能面临一定的风险，假如价格下跌了，虽然现货价格下跌幅度不会很大，也还是会以亏损收场。

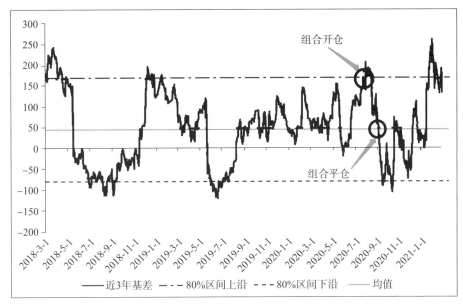

图 7 – 15　玉米 5 月基差走势图与交易机会

数据来源：大连商品交易所、周口益海

用量化的形式表示：预期价格上涨或震荡而非下跌的情况下，当基差处于大概率区间下沿以下时，是现货采购的最佳时机。

以豆粕为例，2020 年 11 月 23 日，豆粕 5 月合约对应基差的近 3 年 80% 概率区间为（103，514），均值 288 元/吨，豆粕现货报价 3330 元/吨，期货 5 月合约收盘价 3264 元/吨，当天基差 = 3330 – 3264 = 66（元/吨），低于区间下沿 103 元/吨，出现卖出套保机会，也是买入现货的机会。

自当年 9 月份开始，美国农业报告不断调低产量、调高消费量，导致期末库存不断减少，全球大豆进入供应紧缺阶段，价格持续上涨，我们认为美国农业部还有不断调低期末库存的空间，后市继续上涨的可能性很大。因此，我们决定签订未来一段时间的一口价采购合同以锁定成本，成本价 3330 元/吨。11 月 23 日前后豆粕现货价格走势见图 7 – 16。

签订合同后的近 20 天内，现货价格震荡走低，最低下跌到 3190 元/吨，从业人员承受着很大压力，但是谁都知道很难在价格最低点完成采购，只要企业能接受成本，就可以在相对合适的时机签约。熬过了这 20 天，现货价格开始快速上涨，受新冠疫情反扑影响，终端用户在春节前大量备货，很多养殖户准备了近两个月的库存，市场缺货严重，到 2021 年 1 月 14 日最高上涨到 4260 元/吨，按此价格计算，每吨节约成本 930 元。春节过后价格回落，但是采购成本 3330 元/吨依然很有优势。

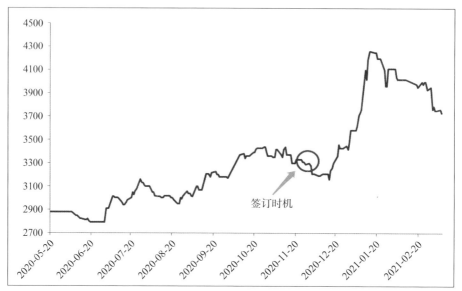

图 7 - 16　2020 年 11 月 23 日前后国内豆粕价格走势

数据来源：周口益海

采购依据主要是当时供给偏紧，在南美大豆上市前这种紧缺状况得不到改善，因此在基差极小给出卖出套保信号的时候，完全可以提前将现货成本锁定在合理范围。其间基差走势见图 7 - 17。

2. 现货销售时机

当基差极大时，走弱的概率很大，基差走弱的过程中现货价格上涨速度小于期货，或者现货下跌速度大于期货。

通过研究发现价格将下跌或震荡而非上涨，卖出现货的风险将很小，这也就是现货销售的最佳时机。同样的道理，与期现套利相比，没有了另一方的保护，可能面临一定的风险，假如价格上涨了，虽然现货价格上涨幅度不会很大，也还是会以亏损收场。

用量化的形式表示：预期价格下跌或震荡而非上涨的情况下，当基差处于大概率区间上沿以上时，是现货销售的最佳时机。

依然以豆粕为例，2018 年 12 月 5 日，现货价 3190 元/吨，期货 5 月合约收盘价 2718 元/吨，基差 = 3190 - 2718 = 472（元/吨），首次回到 80% 概率区间（103，514）上沿 514 元/吨下方，此前长时间处于上沿上方。基差走势见图 7 - 18。

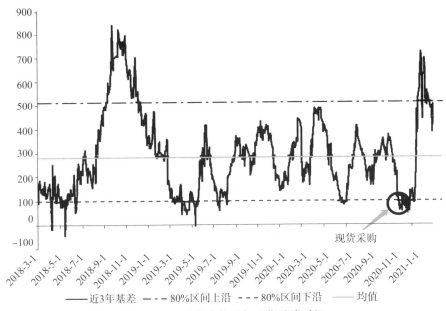

图7-17 基差走势图与现货采购时机

数据来源：大连商品交易所、周口益海

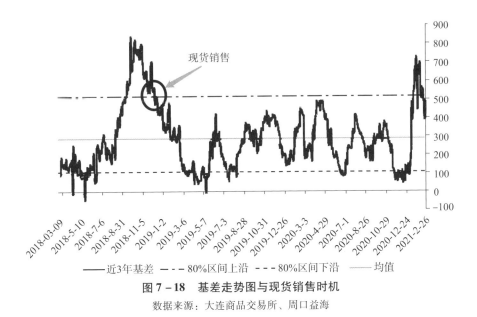

图7-18 基差走势图与现货销售时机

数据来源：大连商品交易所、周口益海

结合当时国内非洲猪瘟带来的需求减少因素，豆粕价格有很大可能将继续下跌，因此，以3190元/吨的价格销售现货，之后价格持续震荡下跌，最低跌至

2019 年 4 月 2 日时的 2590 元/吨。2018 年 12 月 5 日前后现货走势见图 7 - 19。

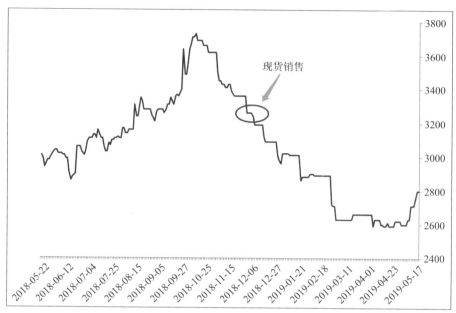

图 7 - 19　2018 年 12 月 5 日前后国内豆粕价格走势

数据来源：周口益海

三、综合结论

截至目前，我们从基差原理出发，根据对基差走强还是走弱的预判，分别对现货的购销时机、期货的套保时机、期现货的套利开平仓时机及基差合同签订与点价时机进行了较深入的探讨和论证。这些时机都是基于对基差走强还是走弱的预判，我们按照基差走强和走弱的预期，对各种时机总结如下。

1. 基差走强

预期基差将走强，是由于当前基差处于极小的位置。从统计角度出发，用量化的形式来表示：基差处于大概率区间下沿以下时，有很大概率将走强。此时，将出现以下重要时机：

（1）买方接受固定基差报价、签订基差合同的最佳时机；

（2）买入现货卖出期货套利组合的开仓时机；

（3）卖出套保时机；

（4）预期价格将上涨或震荡而非下跌的情况下，是采购现货的最佳时机。

2. 基差走弱

预期基差将走弱，是由于当前基差处于极大的位置。从统计角度出发，用量化的形式来表示：基差处于大概率区间上沿以上时，有很大概率将走弱。此时，将出现以下重要时机：

（1）卖方卖出固定基差、签订基差合同的最佳时机；

（2）卖出现货买入期货套利组合的开仓时机；

（3）买入套保时机；

（4）预期价格将下跌或震荡而非上涨的情况下，是销售现货的最佳时机。

3. 最佳了结时机

只要基差到达均值附近，就是基差合同的买方点价、期现货套利组合平仓、期货套保平仓的时机。虽然可以等待基差持续运动中可能出现的最理想了结时机，但是一方面等待时间会很长，另一方面有可能不会出现这个理想的了结时机，因此，我们一般只选择最佳了结时机，而非最理想了结时机。

第八章　财务处理与税务处理

　　财务处理与税务处理是企业在开展套期保值时不得不考虑的问题。财务处理直观展示了套保效果，它需要符合相关会计准则要求；税务处理主要涉及企业所得税与增值税，增值税的多寡也直接影响到套保效果。本章梳理了套期保值会计准则演进历程，在当前的会计准则框架下，站在财务角度对套保做了分类，介绍了套期会计的应用条件和会计科目，重点针对现货企业，举例展示了公允价值套期和现金流量套期的财务处理与税务处理。

　　需要注意的是，不同行业间的鸿沟确实是存在的，站在经济活动的角度，我们通常将期现货结合在一起规避价格波动风险的操作称为套期保值，简称"套保"；而站在财会角度，将套期保值简称为"套期"，是指企业为规避商品价格风险，指定一项或一项以上套期工具，使套期工具的公允价值或现金流量变动预期抵消被套期项目全部或部分公允价值或现金流量变动。简单理解，期货或期权这类衍生品就是套期工具，现货就是被套期项目。除了"套期"，对照套期会计原文的读者需要注意一些新名词："签出期权"就是"卖出期权"，"购入期权"就是"买入期权"。

一、套期会计准则演进历程

　　1997 年 1 月，财政部颁布执行《企业商品期货交易财务管理暂行规定》（财商字〔1997〕44 号）。

　　1997 年 10 月，财政部颁布《企业商品期货业务会计处理暂行规定》（财会字〔1997〕51 号），对企业参与期货交易涉及的期货保证金的出入金、平仓盈亏、手续费、期货会员资格费、质押保证金、期货年会费等业务做出规范。

　　2000 年 11 月，财政部颁布《企业商品期货业务会计处理补充规定》（财会字〔2000〕19 号），用于规范企业套期保值商品期货交易的会计核算。2000 年同时还制定并出台了针对期货经纪公司和期货交易的商品期货业务会计制度，即《期货经纪公司商品期货业务会计处理暂行规定》《期货交易所商品期货业务会计处理暂行规定》。

　　2006 年，财政部发布一系列会计准则，包括《企业会计准则第 24 号——套期保值》，基本实现了与《国际会计准则第 39 号——金融工具：确认和计量》（IAS39）中套期会计规定相趋同。该套期保值准则的缺陷是 80% ~ 125% 的套期高度有效性量化标准及回顾性评估的应用门槛过高、处理复杂，企业的风险管理活动不能恰当体现在财务报表中。

2009 年 11 月，国际会计准则理事会（IASB）发布了《国际财务报告准则第 9 号——金融工具》（IFRS9），降低套期会计运用门槛，更加紧密地反映企业的风险管理活动。

2015 年底，财政部结合 IFRS9 和我国实践，出台了《商品期货套期业务会计处理暂行规定》（财会字〔2015〕18 号），扩大了可以被指定的被套期项目的范围，套期有效性要求定性化，并引入了套期关系"再平衡"机制。

2017 年 3 月 31 日，财政部颁布了新修订的《企业会计准则第 24 号——套期会计》（下称"套期会计"），更加强调套期会计与企业风险管理活动的有机结合，在拓宽套期工具和被套期项目的范围、以定性的套期有效性要求取代定量要求、允许通过调整套期工具和被套期项目的数量实现套期关系"再平衡"等方面实现诸多突破。

"套期会计"以原则为导向，内容较为抽象，给企业管理层留有较大的自主判断空间。依据该准则，企业开展套期保值，在满足准则规定的条件下，可以运用套期会计方法将套期工具和被套期项目产生的利得或损失在相同会计期间内计入当期损益（或其他综合收益）。但企业运用套期会计方法必须同时满足套期会计规定的套期有效性要求。很多上市公司之所以披露套期保值单方面亏损，主要原因就是套期保值业务无法满足有效性要求，期货端无效套期保值的盈亏只能单独列入当期损益。

除了《套期会计》，当前套期保值业务适用的会计准则主要还涉及《企业会计准则第 22 号——金融工具确认和计量》，该准则 2006 年由财政部发布，于 2017 年 3 月进行了修订。

二、套期会计中套保的分类

在套期会计中，套期保值分为公允价值套期、现金流量套期和境外经营净投资套期。对于商品期货而言，常用的是公允价值套期和现金流量套期。

公允价值套期，是指对已确认资产或负债、尚未确认的确定承诺或上述项目组成部分的公允价值变动风险敞口进行的套期，如企业库存（已确认资产）、企业签订的未来以固定价格购买原材料、产成品的合同（尚未确认的确定承诺）。该公允价值变动源于特定风险，且将影响企业的损益或其他综合收益。其中，影响其他综合收益的情形，仅限于企业对指定为以公允价值计量且其变动计入其他综合收益的非交易性权益工具投资的公允价值变动风险敞口进行的套期。例如，某企业同客户签订了长期供货合同，约定每月供货 2000 吨玉米。为了规避玉米价格波动的风险，可以将库存的一组 2000 吨玉米进行套期，在大连商品交易所卖出 400 手（10 吨/手）玉米期货合约，以对冲可能的现货价格下跌风险。

现金流量套期，是指对现金流量变动风险敞口进行的套期。现金流量变动源于与已确认资产或负债、极可能发生的预期交易或与上述项目组成部分有关的特定风险，且将影响企业的损益。例如，某榨油企业要在 3 个月后购买 5 万吨大豆做原料，为规避 3 个月后大豆现货价格波动可能造成的现金流量变动风险，该企业可以购入 5000 手（10 吨/手）大豆期货。

境外经营净投资套期，是指对境外经营净投资外汇风险敞口进行的套期。境外经营净投资套期中的被套期风险是指境外经营的记账本外币与母公司的记账本位币之间的折算差额。此外，企业对确定承诺的外汇风险进行套期的，按照规定，可以将其作为现金流量套期或公允价值套期处理。例如，某压榨企业签订一份 3 个月后以固定外币金额购买大豆的合同（尚未确认的确定承诺），为规避外汇风险，签订一份外汇远期合同，可以按照现金流量套期或公允价值套期进行会计处理。

三、套期工具和被套期项目

（一）套期工具

套期工具，是指企业为进行套期而指定的、其公允价值或现金流量变动预期可抵消被套期项目的公允价值或现金流量变动的金融工具。例如，某企业为规避库存玉米价格下跌的风险，可以卖出一定数量的玉米期货合约，玉米期货合约就是套期工具。

1. 可以作为套期工具的金融工具

（1）以公允价值计量且其变动计入当期损益的衍生工具，卖出期权和等价于卖出期权的组合除外。衍生工具通常可以作为套期工具，衍生工具包括远期合同、期货合同、互换和期权等。

（2）以公允价值计量且其变动计入当期损益的非衍生金融资产或非衍生金融负债，个别金融负债除外。

（3）对于外汇风险套期，企业可以将非衍生金融资产或非衍生金融负债的外汇风险成分指定为套期工具，以公允价值计量且其变动计入其他综合收益的非交易性权益工具投资除外。

2. 不能作为套期工具的情形

（1）无法有效对冲被套期项目风险的，比如：用铜期货对玉米进行保值，无法规避玉米的价格波动风险。

（2）卖出期权，等价于卖出期权的组合——由卖出期权和买入期权组成的期权，或对于两项或两项以上金融工具（或其一定比例）的组合。①

（3）个别金融负债——以公允价值计量且其变动计入当期损益、自身信用风险变动引起的公允价值变动计入其他综合收益的金融负债。

（4）权益工具不属于企业金融资产或金融负债的，比如：企业没有自有期货账户，通过其他企业账户交易的期货合约不能作为套期工具。

3. 特殊处理

（1）可以将期权的内在价值和时间价值分开，只将期权的内在价值变动指定为套期工具。

（2）只有对买入期权（包括含权合同）进行套期时，卖出期权才可以作为套期工具。同时满足以下三个条件时，可以将卖出期权或等价于卖出期权的组合指定为套期工具：在期权组合开始时以及整个期间未收取净期权费；除了期权价格，卖出期权组成部分和买入期权组成部分的关键条款是相同的（包括基础变量、计价货币及到期日）；卖出期权的名义金额不大于买入期权的名义金额。

（3）可以将远期合同的远期要素和即期要素分开，只将即期要素的价值变动指定为套期工具。

（4）可以将金融工具的外汇基差单独分拆，只将排除外汇基差后的金融工具指定为套期工具。

（5）可以将套期工具的一定比例指定为套期工具，但不可以将套期工具剩余期限内某一时段的公允价值变动部分指定为套期工具。②

（6）可以将两项或两项以上金融工具的组合指定为套期工具。

（7）可以指定套期工具对一种以上风险进行套期，前提是套期工具与被套期项目的不同风险敞口之间有具体对应关系，比如：互换如果能同时规避外汇和

---

① 对于该财务规定，笔者认为有待完善。比如：对于已持有现货的企业来说，卖出看涨期权相当于以较期货更高的价格进行了套保。假如玉米期货价格2800元/吨，执行价格为2800元/吨的看跌期权50元/吨，卖出该看跌期权可以收到权利金50元/吨，持有至到期，不管价格涨跌到什么程度，实际套保价格就是2850元/吨。对于将来要采购现货的企业来说，卖出看跌期权相当于以较期货更低的价格进行了套保，收取的权利金进一步降低了套保成本。

题外话：笔者虽非专于财会领域，但就实践而言，笔者认为套期会计的核心是统一核算，只要是能够实现企业稳健经营，能够进一步降低采购成本或销售价格的举措都应当采用套期会计，对卖出期权应用套期会计并无不妥。

② 笔者理解这里的套期工具指的是流动性不足、无法及时了结的，如互换、场外期权，期货与场内期权并不受限制。

利率风险，该互换合同可以作为套期工具。

（二）被套期项目

被套期项目，是指使企业面临公允价值或现金流量变动风险，且被指定为被套期对象的、能够可靠计量的项目。

按照套期会计规定，被套期项目主要包括：已确认资产或负债、尚未确认的确定承诺、极可能发生的预期交易、境外经营净投资。境外经营净投资是企业在境外经营净资产中的权益份额，期限较短的应收账款不在此列。比较容易混淆的是"确定承诺"和"预期交易"，这里有必要进一步明确。

确定承诺是指在未来某特定日期或期间，以约定价格交换特定数量资源、具有法律约束力的协议。手续完备的购销协议已具备法律效力，不管是一口价还是基差定价，价格都是约定好的，所以它就是确定承诺。

预期交易是指尚未签署协议，但是结合多种因素预期会发生的交易。比如：某饲料企业月需玉米 10 万吨，该需求变动幅度不大，已锁定粮源 7 万吨，3 万吨的采购交易就是预期交易。

因此，确定承诺和预期交易的最大区别是有没有签署具备法律约束力的协议。如已签，就是确定承诺；未签但极可能发生，就是预期交易。

1. 可以作为被套期项目的项目

被套期项目是使企业面临公允价值或现金流量变动风险，在本期或未来期间会影响企业的损益或其他综合收益的项目，可以是已确认资产或负债、尚未确认的确定承诺、预期交易和境外经营净投资等单个项目整体或项目组合，也可以是单个项目或项目组合的一部分。与之相关的被套期风险，通常包括商品价格风险、外汇风险、利率风险、股票价格风险等。

项目组成部分作为被套期项目时，企业只能将下列项目组成部分或其组合指定为被套期项目，要求该风险成分能够单独识别并可靠计量：项目整体公允价值或现金流量变动中仅由某一个或多个特定风险引起的公允价值或现金流量变动部分，一项或多项选定的合同现金流量，项目名义金额的组成部分——项目整体的一定比例或某一层级。现金流量的组成部分被指定为被套期项目时，该组成部分应当少于或等于整个项目的现金流量总额。

当企业将一组项目的某一层级部分指定为被套期项目时，应当同时满足以下条件：该层级能够单独识别并可靠计量；企业的风险管理目标是对该层级进行套期；该层级所在的整体项目组合中的所有项目均面临相同的被套期风险；对于已存在项目（已确认资产或负债、尚未确认的确定承诺）的套期，该层级所在的整体项目组合可识别并可追踪；该层级包含提前还款权的，应当符合《套期会计》第九条项目名义金额的组成部分中的相关要求。

企业可以将符合被套期项目条件的风险敞口与衍生工具组合形成的汇总风险敞口指定为被套期项目，应当评估该汇总风险敞口是否由风险敞口与衍生工具相结合，从而产生了不同于该风险敞口的另一个风险敞口，并将其作为针对某项或几项特定风险的一个风险敞口进行管理。构成该汇总风险敞口的项目仍须单独进行会计处理，具体要求为：衍生工具应当单独确认为以公允价值计量的资产或负债，衍生工具应当与该衍生工具在此汇总风险敞口层面上被指定为套期工具的方式保持一致。

企业在初始确认一项固定利率资产或负债后对其进行公允价值套期的，如果基准利率高于该资产或负债所收到或支付的合同固定利率，允许企业将等于基准利率部分的现金流量指定为被套期项目，但前提是该基准利率应当低于如同企业在首次指定被套期项目日购入或发行该工具所重新计算的该资产或负债的实际利率。

当企业出于风险管理目的对一组项目进行组合管理，且组合中的每一个项目（包括其组成部分）都单独属于符合条件的被套期项目时，可以将该组合项目指定为被套期项目。一组风险相互抵消关系的项目形成风险净敞口，一组风险不存在相互抵消关系的项目形成风险总敞口。只有当企业出于风险管理目的以净额为基础进行套期时，风险净敞口才符合运用套期会计的条件，净敞口套期必须是既定风险管理策略的组成部分，通常应当获得企业关键管理人员的批准。风险净敞口并非在任何情况下都符合运用套期会计的条件，在现金流量套期中，企业仅可以将外汇风险净敞口指定为被套期项目，并且应当在套期指定中明确预期交易预计影响的报告期间，以及预期交易的性质和数量。

2. 不能作为被套期项目的情形

（1）企业的一般经营风险，如固定资产毁损风险；

（2）企业合并交易中，与购买另一个企业的确定承诺相关的风险（外汇风险除外）；

（3）采用权益法核算的股权投资，纳入合并财务报表范围的子公司投资。

四、套期会计的运用

（一）运用条件

按照套期会计规定，公允价值套期、现金流量套期或境外经营净投资套期同时满足下列条件的，才能运用套期会计方法进行处理。

①套期关系仅由符合条件的套期工具和被套期项目组成。

②在套期开始时，企业正式指定了套期工具和被套期项目，并准备了关于套

期关系和企业从事套期的风险管理策略和风险管理目标的书面文件，该文件至少载明了套期工具、被套期项目、被套期风险的性质以及套期有效性评估方法（含套期无效部分产生的原因分析以及套期比率确定方法）等内容。

③套期关系符合套期有效性要求。

与企业集团外的对手间交易形成的资产、负债、尚未确认的确定承诺或预期交易才能被指定为被套期项目，与企业集团外的对手签订的合同才能被指定为套期工具；同一企业集团内的主体间的交易，在企业个别财务报表层面可以运用套期会计。

企业集团合并报表层面不得运用套期会计，以下情形除外：

①符合《企业会计准则第 33 号——合并财务报表》规定的投资性主体与其以公允价值计量且其变动计入当期损益的子公司之间的交易；

②企业集团内部交易形成的货币性项目的汇兑收益或损失，不能在合并财务报表中全额抵销的，可以在合并财务报表层面将该货币性项目的外汇风险指定为被套期项目；

③企业集团内部的预期交易面临的外汇风险将影响合并损益的，可在合并报表层面将该外汇风险指定为被套期项目。

（二）套期有效性

套期有效性，是指套期工具的公允价值或现金流量变动能够抵消被套期风险引起的被套期项目公允价值或现金流量变动的程度。套期工具的公允价值或现金流量变动大于或小于被套期项目的公允价值或现金流量变动的部分为无效部分。

例如，企业在应用期货合约对库存现货进行套期保值的过程中，根据不同的结果计算的套期有效部分和无效部分如表 8 - 1 所示。

表 8 - 1   根据不同的结果计算的套保有效部分和无效部分

套期结果类型	套保刚好实现目标		套保有盈余		套保未能实现目标	
期货价值变动	100	- 100	100	- 90	90	- 100
现货价值变动	- 100	100	- 90	100	- 100	90
套期有效部分	100	100	90	90	90	90
套期无效部分	0	0	10	10	- 10	- 10

可见，只有完全实现了套保目标的部分才算是有效部分，不论有盈余还是未能实现套保目标，出现的盈余或损失都算作无效部分。一般情况下，套期工具和被套期项目的公允价值或现金流量变动很难实现完全抵消，因此，出现套期无效部分是套期保值业务的常态。

套期关系符合套期有效性要求，需要同时满足以下条件：被套期项目和套期工具之间存在经济关系，该经济关系使得套期工具和被套期项目的价值因面临相同的被套期风险而发生方向相反的变动；被套期项目和套期工具经济关系产生的价值变动中，信用风险的影响不占主导地位；套期比率＝被套期项目数量/对其进行套期的套期工具数量。

企业应当在套期开始日及以后期间持续地对套期关系是否符合套期有效性进行评估，尤其应当分析在套期剩余期限内预期将影响套期关系的套期无效部分产生的原因。企业至少应当在资产负债表日及相关情形发生重大变化将影响套期有效性要求时对套期关系进行评估。

企业的风险管理策略是评估套期关系是否符合套期有效性要求的主要信息来源，因此，套期有效性评估应当与企业的风险管理策略相吻合，并在套期开始时就在风险管理有关的正式文件中详细加以说明。

（三）套期关系再平衡

按照套期会计要求，套期关系由于套期比率的原因不再符合套期有效性要求，但指定该套期关系的风险管理目标没有改变，企业应当进行套期关系再平衡。

套期关系再平衡，是指对已经存在的套期关系中被套期项目或套期工具的数量进行调整，以使套期比率重新符合套期有效性要求。对套期关系做出再平衡，可以通过增加或减少被套期项目或套期工具数量的方式调整套期比率。

为应对每一特定结果而调整套期比率的做法，并不能减少围绕某个固定套期比率的上下波动及由此产生的套期无效部分时，只需对套期无效部分进行确认和计量，而无需做出再平衡。

如果出现下列情况，企业必须调整套期比率：

①套期工具或被套期项目的实际数量变动后，套期比率反映出了某种失衡，这种失衡可能导致套期无效，并可能产生与套期会计目标不一致的会计结果；

②套期工具和被套期项目的实际数量不变，该套期比率在新的情况下反映出某种失衡，这种失衡可能导致套期无效，并可能产生与套期会计目标不一致的会计结果。

（四）套期关系终止

企业不得撤销指定并终止一项继续满足套期风险管理目标并在再平衡之后继续符合套期会计条件的套期关系。但是，如果套期关系不再满足套期风险管理目标或在再平衡之后不符合套期会计条件等基本准则规定的情形，则必须终止套期关系。

企业应当采用未来适用法，自不再满足套期会计条件或风险管理目标之日起终止运用套期会计。当只有部分套期关系不再满足运用套期会计的条件时，套期关系将部分终止，其余部分将继续适用套期会计。

企业发生下列情形之一的，应当终止运用套期会计（包括部分终止运用套期会计和整体终止运用套期会计）。

①因风险管理目标发生变化，导致套期关系不再满足风险管理目标。

②套期工具已到期、被出售、合同终止或已行使。企业发生下列情形之一的，不作为套期工具已到期或合同终止处理：

a. 套期工具展期或被另一项套期工具替换，而且该展期或替换是企业书面文件所载明的风险管理目标的组成部分。

b. 由于法律法规或其他相关规定的要求，套期工具的原交易对手方变更为一个或多个清算交易对手方（例如清算机构或其他主体）。

c. 被套期项目与套期工具之间不再存在经济关系，或者被套期项目和套期工具经济关系产生的价值变动中，信用风险的影响开始占主导地位。

d. 套期关系不再满足套期会计所规定的运用套期会计的条件，比如套期工具或被套期项目不再符合条件。在适用套期关系再平衡的情况下，企业应当首先考虑套期关系再平衡，然后评估套期关系是否满足运用套期会计的条件。

当部分或整体终止运用套期会计时，企业可以为原套期关系中的套期工具或被套期项目指定新的套期关系，这种情况并不构成套期关系的延续，而是重新开始一项套期关系。新的套期关系指定后，计量起始日应当是新套期关系的指定日，而非原套期关系的指定日。

五、套期会计科目设置

企业按照套期会计规定进行会计处理时，一般需要设置以下会计科目。

（一）"套期工具"科目

核算套期工具及其公允价值变动形成的资产或负债，可按套期工具类别或套期关系进行明细核算。

主要账务处理如下。

①企业将已确认的衍生工具、以公允价值计量且其变动计入当期损益的非衍生金融资产或非衍生金融负债等金融资产或金融负债指定为套期工具的，应当按照其账面价值，借记或贷记本科目，贷记或借记"套期工具""交易性金融资产"等科目。

②资产负债表日，对于公允价值套期，应当按照套期工具产生的利得，借记

本科目，贷记"套期损益""其他综合收益——套期损益"等科目，套期工具产生损失做相反的会计分录；对于现金流量套期，应当按照套期工具产生的利得，借记本科目，按照套期有效部分的变动额，贷记"其他综合收益——套期储备"等科目，按照套期工具产生的利得和套期有效部分变动额的差额，贷记"套期损益"科目，套期工具产生损失做相反的会计分录。

③金融资产或金融负债不再作为套期工具核算的，应当按照套期工具形成的资产或负债，借记或贷记有关科目，贷记或借记本科目。

本科目期末借方余额，反映企业套期工具形成资产的公允价值；本科目期末贷方余额，反映企业套期工具形成负债的公允价值。

（二）"被套期项目"科目

核算被套期项目及其公允价值变动形成的资产或负债，可按被套期项目类别或套期关系进行明细核算。

主要账务处理如下。

①企业将已确认的资产、负债或其组成部分指定为被套期项目的，应当按照其账面价值，借记或贷记本科目，贷记或借记"原材料""库存商品""债券投资""长期借款"等科目。已计提跌价准备或减值准备的，还应当同时结转跌价准备或减值准备。

②资产负债表日，对于公允价值套期，应当按照被套期项目因被套期风险敞口形成的利得，借记本科目，贷记"套期损益""其他综合收益——套期损益"等科目，被套期项目因被套期风险敞口形成损失做相反的会计分录。

③资产或负债不再作为被套期项目核算的，应当按照被套期项目形成的资产或负债，借记或贷记有关科目，贷记或借记本科目。

本科目期末借方余额，反映企业被套期项目形成的资产；本科目期末贷方余额，反映企业被套期项目形成的负债。

（三）"套期损益"科目

核算套期工具和被套期项目公允价值变动形成的利得和损失，可按套期关系进行明细核算。

主要账务处理。

①资产负债表日，对于公允价值套期，应当按照套期工具产生的利得，借记"套期工具"科目，贷记本科目；套期工具产生损失做相反的会计分录。对于现金流量套期，套期工具的利得中属于套期无效的部分，借记"套期工具"科目，贷记本科目；套期工具的损失中属于套期无效的部分，做相反的会计分录。

②资产负债表日，对于公允价值套期，应当按照被套期项目因被套期风险敞

口形成的利得，借记"被套期项目"科目，贷记本科目；被套期项目因被套期风险敞口形成损失做相反的会计分录。

期末，应当将本科目余额转入"本年利润"科目，结转后本科目无余额。

（四）"净敞口套期损益"科目

核算净敞口套期下，被套期项目累计公允价值变动转入当期损益的金额，或现金流量套期储备转入当期损益的金额，按套期关系进行明细核算。

主要账务处理如下。

①对于净敞口公允价值套期，应当在被套期项目影响损益时，将被套期项目因被套期风险敞口形成的累计利得或损失转出，贷记或借记"被套期项目"等科目，借记或贷记本科目。

②对于净敞口现金流量套期，应当在将相关现金流量套期储备转入当期损益时，借记或贷记"其他综合收益——套期储备"，贷记或借记本科目；将相关现金流量套期储备转入资产或负债的，当资产和负债影响损益时，借记或贷记资产（或其备抵科目）、负债科目，贷记或借记本科目。

期末，应当将本科目余额转入"本年利润"科目，结转后本科目无余额。

（五）"其他综合收益——套期储备"明细科目

在"其他综合收益"科目下设置"套期储备"明细科目，核算现金流量套期下，套期工具累计公允价值变动中的有效部分，可按套期关系进行明细核算。

主要账务处理如下。

①资产负债表日，套期工具形成的利得或损失中属于套期有效部分的，借记或贷记"套期工具"科目，贷记或借记本明细科目；属于套期无效部分的，借记或贷记"套期工具"科目，贷记或借记"套期损益"科目。

②企业将套期储备转出时，借记或贷记本明细科目，贷记或借记有关科目。

（六）"其他综合收益——套期损益"明细科目

在"其他综合收益"科目下设置"套期损益"明细科目，核算公允价值套期下，套期工具和被套期项目公允价值变动形成的利得和损失（条件：对指定为以公允价值计量且其变动计入其他综合收益的非交易性权益工具投资或其组成部分进行套期时），可按套期关系进行明细核算。

主要账务处理如下。

①资产负债表日，应当按照套期工具产生的利得，借记"套期工具"科目，贷记本明细科目；套期工具产生损失做相反的会计分录。

②资产负债表日，应当按照被套期项目因被套期风险敞口形成的利得，借记

"被套期项目"科目，贷记本明细科目；被套期项目因被套期风险敞口形成损失做相反的会计分录。

当套期关系终止时，应当借记或贷记本明细科目，贷记或借记"利润分配——未分配利润"等科目。

（七）"其他综合收益——套期成本"明细科目

在"其他综合收益"科目下设置"套期成本"明细科目，核算期权的时间价值等产生的公允价值变动（条件：将期权的时间价值、远期合同的远期要素或金融工具的外汇基差排除在套期工具外时），按套期关系进行明细核算。

主要账务处理如下。

①资产负债表日，对于期权的时间价值等的公允价值变动中与被套期项目相关的部分，应当借记或贷记"衍生工具"等科目，贷记或借记本明细科目。

②企业在将相关金额从其他综合收益中转出时，借记或贷记本明细科目，贷记或借记有关科目。

六、税务处理相关规定

2018年12月第二次修正后的《中华人民共和国企业所得税法》（以下简称《企业所得税法》）未直接提及金融衍生品投机或套保业务，无直接规定，其不区分资本利得和经营利得，而对各项损益按统一税率征收企业所得税。因此无论金融衍生品是作为投资工具影响资本利得，还是作为套期工具，有效套期部分影响经营利得，无效套期部分影响资本利得，其所得税纳税原则是相同的。即当衍生工具净额结算获益时，以其交易价格减去计税基础计算应纳税所得额；当净额结算损失时，该资产损失可在税前扣除；衍生工具在结算之前的公允价值变动不计入应纳税所得额。

国家税务总局发布的"企业所得税年度纳税申报表"（以下简称"纳税申报表"）等为将衍生工具的公允价值变动损益调整为交易实际损益，多次提及衍生工具和套期，分别在纳税申报表第8行"公允价值变动收益"、"投资收益纳税调整明细表"第4行"衍生工具"及"资产损失税前扣除及纳税调整明细表"的第6行。

《中华人民共和国企业所得税法实施条例》（以下简称"实施条例"）对套期保值业务中的被套期项目有相关规定：企业的各项资产，包括固定资产、生物资产、无形资产、长期待摊费用、投资资产、存货等，以历史成本为计税基础。历史成本，是指企业取得该项资产时实际发生的支出。企业持有各项资产期间资产增值或者减值，除国务院财政、税务主管部门规定可以确认损益外，不得调整该资产的计税基础。

对于公允价值套期，套期工具为衍生工具的，套期工具公允价值变动形成的利得或损失，暂不计入当期应纳税所得额，套期工具以实际成本为计税基础；在实际处置时，利得或损失再计入应纳税所得额。套期工具为非衍生工具的，套期工具账面价值因汇率变动形成的利得，应按照《企业所得税法》第六条、《实施条例》第二十二条的规定计入应纳税所得额。套期工具账面价值因汇率变动形成的损失，按照《实施条例》第三十九条的规定，应当允许扣除。被套期项目因被套期风险形成的利得或损失，暂不计入当期应纳税所得额，被套期项目以实际成本为计税基础。在实际处置时，利得或损失再计入应纳税所得额。

对于现金流量套期，套期工具公允价值变动确认的会计利得或损失，不计入应纳税所得额，套期工具的计税基础为零。套期工具结算后造成的利得或损失，应当计入当期应纳税所得额。

对境外经营净投资的套期，有别于现金流量套期的处理：套期工具及被套期项目以实际成本为计税基础，因公允价值变动确认的会计利得或损失，不计入应纳税所得额。根据《企业所得税法》第十七条的规定，企业在汇总计算缴纳企业所得税时，其境外营业机构的亏损不得抵减境内营业机构的盈利。在企业收回或实际处置时，才允许扣除套期工具及被套期项目的计税基础。

套保中的增值税影响如下。

首先明确的是，增值税在商品套保业务中的涉税环节是交割环节。根据国家税务总局的相关规定，货物期货在交易（开仓、平仓）时不需要缴纳增值税，但在其交割环节需要缴纳。增值税只关注进项税和销项税，计税基准是现货购销价格，套期有效部分并不影响对进项和销项的计税基准。

其次，在考虑增值税因素的情况下，企业套期保值方案的收益会受到影响，这意味着现货端产生收益的情况下收益变少，而产生损失时损失也变少，或者说税率系数的存在放大了使用期货套保的效果；而根据系数本身计算可以显而易见的是，企业现货商品适用的增值税税率越高，其对方案效果的影响越大。

七、公允价值套期

公允价值套期是为了规避现有资产或负债变动风险，套期工具及被套期项目核算的相关损益均计入当期损益。应用场景：存货场景、确定承诺场景（订单商品销售、订单商品采购）。

（一）公允价值套期会计处理原则

①套期工具公允价值变动产生的利得或损失应当计入当期损益。如果套期工

具是对选择以公允价值计量且其变动计入其他综合收益的非交易性权益工具投资（或其组成部分）进行套期的，产生的利得或损失应当计入其他综合收益。

②被套期项目为已确认资产或负债的，因被套期风险敞口形成的利得或损失应计入当期损益，同时调整未以公允价值计量的已确认被套期项目的账面价值；被套期项目未以公允价值计量且其变动计入其他综合收益的金融资产的，其因被套期风险敞口形成的利得或损失应当计入当期损益，账面价值已按公允价值计量，无需调整；被套期项目为以公允价值计量且其变动计入其他综合收益的非交易性权益工具投资的，因被套期风险敞口形成的利得或损失应计入其他综合收益，无需调整。

③被套期项目为尚未确认的确定承诺的，因被套期风险引起的公允价值累计变动额应当确认为一项资产或负债，相关的利得或损失应当计入各相关期间损益。当履行确定承诺而取得资产或承担负债时，应当调整该资产或负债的初始确认金额，以包括已确认的被套期项目的公允价值累计变动额。

④以摊余成本计量的金融工具，企业对被套期项目账面价值所做的调整应当按照开始摊销日重新计算的实际利率进行摊销，并计入当期损益。以公允价值计量且其变动计入其他综合收益的金融资产，企业应当按照相同的方式对累计已确认的套期利得或损失进行摊销，并计入当期损益，但不调整金融资产的账面价值。

（二）公允价值套期财税处理举例

2021 年 8 月 1 日，甲公司为规避所持有玉米存货的公允价值变动风险，卖出期货合约 C2201，并将其指定为这批库存玉米价格变化引起的公允价值变动风险的套期工具。假定期货合约的标的资产与被套期项目玉米存货在数量、品质方面相同，且不考虑期货市场中每日无负债结算制度的影响。

2021 年 8 月 1 日，C2201 的公允价值为 0，玉米存货 1 万吨，该批玉米的账面价值和成本均为 2700 万元（2700 元/吨），公允价值为 2800 万元（2800 元/吨），当天 C2201 的价格为 2850 元/吨，甲公司卖出 1000 手 C2201（10 吨/手），期货保证金比例为 10%，为了确保套保顺利进行，期货保证金账户中转入备用金 30%，即 810 万元。

2021 年 8 月 31 日，C2201 下跌到 2700 元/吨，玉米现货价格下跌到 2700 元/吨，则 C2201 公允价值上升了 150 万元（卖出期货，价格从 2850 元/吨下跌到 2700 元/吨，获利 150 元/吨），存货的公允价值下降了 100 万元。

2021 年 9 月 30 日，C2201 上涨到 2760 元/吨，玉米现货价格上涨到 2750 元/吨，则 C2201 公允价值下降了 60 万元，存货的公允价值上升了 50 万元。C2201 累计产生溢价 90 万元，存货的公允价值累计下降了 50 万元。当日，甲公司将该批玉米出售，同时将 C2201 平仓结算。

甲公司通过分析发现，玉米存货与玉米期货合同存在经济关系，且经济关系产生的价值变动中信用风险不占主导低位，套期比率也反映了套期的实际数量，符合套期有效性要求。

假定不考虑衍生工具的手续费、资金成本及其他因素，甲公司的账务处理和税务处理如下。

账务处理：根据套期会计要求，应当采用公允价值套期方法进行会计核算。套期工具产生的利得或损失计入当期损益，被套期项目因被套期风险敞口形成的利得或损失计入当期损益，同时调整未以公允价值计量的已确认被套期项目的账面价值。公允价值套期会计核算见表 8 - 2。

表 8 - 2　公允价值套期会计核算　　　　　单位：万元

日期	套期工具	被套期项目
8 月 1 日	转入期货保证金 借：期货备用金　　　810 　　贷：银行存款　　　　810	存货按其账面价值转入被套期项目 借：被套期项目—库存商品玉米　2700 　　贷：库存商品—玉米　　　2700
8 月 31 日	确认期货在 8 月的公允价值变动 借：套期工具—C2201　150 　　贷：套期损益　　　150	确认存货在 8 月的公允价值变动 借：套期损益　　　　100 　　贷：被套期项目—库存商品玉米　100
9 月 30 日	确认期货在当月的公允价值变动 借：套期损益　　　60 　　贷：套期工具—C2201　60 期货平仓，对期货进行净额结算 借：银行存款　　　90 　　贷：套期工具—C2201　90 转出期货保证金 借：银行存款　　　810 　　贷：期货备用金　　　810 套期结束，结转套期无效部分的损益 借：套期损益　　　40 　　贷：投资损益　　　40	确认存货在当月的公允价值变动 借：被套期项目—库存商品玉米　　50 　　贷：套期损益　　　50 销售实现，确认收入 借：银行存款　　　2750 　　贷：主营业务收入　　　2750 销售实现，结转成本 借：主营业务成本　　　2650 　　贷：被套期项目—库存商品玉米　2650

甲公司采用了套期保值策略后，规避了玉米存货公允价值变动的风险，因此其存货公允价值下降没有对预期毛利润〔（2800 - 2700）万元〕产生不利影响。同时，甲公司运用公允价值套期将套期工具与被套期项目的公允价值变动损益计入相同会计期间，消除了因企业风险管理活动可能导致的损益波动。

所得税申报：会计核算结果可填列至纳税申报表的 1 ~ 13 行内，同时根据所得税法对衍生工具和存货的基本立场，还需对套期会计中的套期工具和被套期项目的财税差异进行调整。存货公允价值变动造成的"主营业务成本"科目的 50

万元财税差异，可填至纳税申报表第 16 行"纳税调整减少额"；由于商品期货交易获利 90 万元，但"投资收益"科目只记录了 40 万元收益，另外 50 万元的财税差异应当填列至纳税申报表第 15 行"纳税调整增加额"。在不考虑其他业务时，最终应纳税所得额为 50 万元。

会计核算结果体现在年度利润表中，列示为"营业收入" 2750 万元，"营业成本" 2650 万元，"投资收益" 40 万元。纳税申报表填列见表 8 – 3。

表 8 – 3　纳税申报表填列　　　　　　　　单位：万元

序号	类别	项目	金额
1	利润总额计算	一、营业收入	2750
2		减：营业成本	2650
9		加：投资收益	40
13		三、利润总额	140
15	应纳税所得额计算	加：纳税调整增加额（填写 A105000）	50
16		减：纳税调整减少额（填写 A105000）	– 50
23		五、应纳税所得额	140

增值税纳税申报：由于增值税只关注进项税和销项税，计税基准是现货购销价格，套期有效部分并不影响对进项和销项的计税基准。

在本案例中，该批玉米成本为 2700 万元，假定 2700 元/吨是不含税采购价格，销售价 2750 元/吨也是不含税价，玉米贸易增值税专用发票税率 9%，则应交增值税 =（2750 – 2700）× 0.09 = 4.5（万元）。

所得税申报：按所得税率 25% 计算，应纳所得税 = 140 × 25% = 35（万元）。

八、现金流量套期

现金流量套期是为了规避未来现金流量风险，主要应用于预期交易场景：预期商品采购、预期商品销售。套期工具有效部分暂计入所有者权益，无效部分计入当期损益，被套项目不进行公允价值调整。

（一）现金流量套期会计处理原则

现金流量套期的目的是将套期工具产生的利得或损失递延至被套期的预期未来现金流量影响损益的同一期间或多个期间。应当符合下列原则。

①套期工具产生的利得或损失中属于有效套期的部分，作为现金流量套期储备，应当计入其他综合收益。现金流量套期储备的金额，应当按照下列两项的绝

对额中较低者确定：套期工具自套期开始的累计利得或损失、被套期项目自套期开始的预期未来现金流量现值的累计变动额。每期计入其他综合收益的现金流量套期储备的金额应当是当期现金流量套期储备的变动额。

②套期工具产生的利得或损失中属于无效套期的部分，应当计入当期损益。

根据规定，企业应当按照下列规定对现金流量套期储备进行后续处理。

①被套期项目为预期交易，且该预期交易使企业随后确认一项非金融资产或非金融负债，或者非金融资产或非金融负债的预期交易形成一项适用于公允价值套期会计的确定承诺时，企业应当将原在其他综合收益中确认的现金流量套期储备金额转出，计入该资产或负债的初始确认金额。

②对于不属于上述①涉及的现金流量套期，企业应当在被套期的预期现金流量影响损益的相同期间，将原在其他综合收益中确认的现金流量套期储备金额转出，计入当期损益。

③如果在其他综合收益中确认的现金流量套期储备金额是一项损失，且该损失全部或部分预计在未来会计期间不能弥补，企业应当将预计不能弥补的部分从其他综合收益中转出，计入当期损益。

当对现金流量套期终止运用套期会计时，在其他综合收益中确认的累计现金流量套期储备金额，应当按照下列规定处理。

①被套期的未来现金流量预期仍然会发生的，累计现金流量套期储备的金额应当予以保留，并按照前述现金流量套期储备的后续处理规定进行会计处理。

②被套期的未来现金流量预期不再发生的，累计现金流量套期储备的金额应当从其他综合收益中转出，计入当期损益。被套期的未来现金流量预期不再极可能发生，但预期可能仍然会发生，在预期仍然会发生的情况下，累计现金流量套期储备的金额应当予以保留，并按照前述现金流量套期储备的后续处理规定进行会计处理。

（二）现金流量套期财税处理举例

2021 年 1 月 1 日，甲公司预期在 2021 年 2 月 28 日销售一批豆粕，数量为 1 万吨，预期售价为 3600 元/吨。

2021 年 1 月 1 日，M2105 价格为 3700 元/吨，现货价格 3600 元/吨。为规避该预期销售中与商品价格有关的现金流量变动风险，卖出 1000 手 M2105（1 手 = 10 吨），并将其指定为套期工具，期货保证金比例为 10%。为了确保套保顺利进行，向期货保证金账户中转入备用金 30%，即 1110 万元。

2021 年 1 月 31 日，M2105 价格为 3400 元/吨，现货价格 3500 元/吨，即 M2105 的公允价值上升了 300 万元（卖出期货，价格从 3700 元/吨下跌到 3400 元/吨，获利 300 元/吨），预期销售额减少了 100 万元（现货价格从 3600 元/吨下跌到 3500 元/吨，预期销售额相应减少）。

2021 年 2 月 28 日，M2105 价格为 3500 元/吨，现货价格 3560 元/吨，即 M2105 的公允价值下降了 100 万元，预期销售额增加了 60 万元。当日，甲公司将豆粕出售，并结算了商品期货合约。

甲公司分析认为该套期符合套期有效性的条件。假定不考虑衍生工具的手续费、资金成本及其他因素，甲公司的账务处理和税务处理如下。

账务处理如下。

根据套期会计要求，应当采用现金流量套期方法进行会计核算。套期工具产生的利得或损失中属于有效套期的部分，作为现金流量套期储备，应当计入其他综合收益。现金流量套期储备的金额，应当按照下列两项中绝对额中较低者确定：套期工具自套期开始的累计利得或损失、被套期项目自套期开始的预期未来现金流量现值的累计变动额。套期工具产生的利得或损失中属于无效套期的部分，应当计入当期损益。被套期项目为预期交易，且该预期交易使企业随后确认一项非金融资产或非金融负债，企业应当将原在其他综合收益中确认的现金流量套期储备金额转出，计入该资产或负债的初始确认金额。现金流量套期会计核算见表 8 - 4。

表 8 - 4　现金流量套期会计核算　　　　　　单位：万元

日期	套期工具	被套期项目
1 月 1 日	转入期货保证金 借：期货备用金　　　　　　1110 　　贷：银行存款　　　　　　1110	
1 月 31 日	确认现金流量套期储备 借：套期工具—M2105　　　　300 　　贷：其他综合收益—套期储备　　100 　　贷：套期损益　　　　　　200	
2 月 28 日	确认现金流量套期储备 借：其他综合收益—套期储备　　60 　　套期损益　　　　　　40 　　贷：套期工具—M2105　　　100 期货平仓，对期货进行净额结算 借：银行存款　　　　　　200 　　贷：套期工具—C2201　　　200 转出期货保证金 借：银行存款　　　　　　1110 　　贷：期货备用金　　　　　1110 套期结束，结转套期无效部分的损益 借：套期损益　　　　　　160 　　贷：利润分配——未分配利润　160	销售实现，确认收入 借：银行存款　　　　　　3560 　　贷：主营业务收入　　　3560 转出套期储备，调整主营业务收入 借：其他综合收益—套期储备　40 　　贷：主营业务收入　　　　40

由于甲公司采用套期进行风险管理，实际销售金额为 3600 万元［（3560 + 40）万元］，并没有受到公允价值下降的影响。

增值税纳税申报：本案例中因没有采购成本信息，故无法计算增值税，但需要明确的是，套保并不会对增值税产生直接影响。

所得税申报：在本案例中，因无主营业务成本，故无法计算所得税。

九、其他套期会计处理

（一）境外净投资套期

对境外经营净投资的套期，包括对作为净投资的一部分进行会计处理的货币性项目的套期，应当按照类似于现金流量套期会计的规定处理。

（二）套期关系再平衡的会计处理

企业对套期关系做出再平衡的，应当在调整套期关系之前确定套期关系的套期无效部分，并将相关利得或损失立即计入当期损益。同时，更新在套期剩余期限内预期将影响套期关系的套期无效部分产生原因的分析，并相应更新套期关系的书面文件。

套期关系再平衡可能会导致企业增加或减少指定套期关系中被套期项目或套期工具的数量。企业增加了指定的被套期项目或套期工具的，增加部分自指定增加之日起作为套期关系的一部分进行处理；企业减少了指定的被套期项目或套期工具的，减少部分自指定减少之日起不再作为套期关系的一部分，作为套期关系终止处理。

（三）一组项目套期的会计处理

企业开展净敞口套期业务的，应当在利润表中增设"净敞口套期收益"项目，将"净敞口套期损益"科目的当期发生额在该项目中列示。对于被套期项目为风险净敞口的公允价值套期，涉及调整被套期各组成项目账面价值的，企业应当对各项资产和负债的账面价值做相应调整。

对于被套期项目为一组项目的公允价值套期，企业在套期关系存续期间，应当针对被套期项目组合中各组成项目，分别确认公允价值变动所引起的相关利得或损失，计入当期损益或其他综合收益，涉及调整被套期各组成项目账面价值的，应当对各项资产和负债的账面价值做相应调整。

对于被套期项目为一组项目的现金流量套期，企业在将其他综合收益中确认的相关现金流量套期储备转出时，应当按照系统、合理的方法将转出金额在被套期各组成项目中分摊，并按照《套期会计》第二十五条的规定进行相应处理。

（四）期权时间价值的会计处理

企业将期权合同的内在价值和时间价值分开，只将期权的内在价值指定为套期工具时，应当区分被套期项目的性质是与交易相关还是与时间段相关，并进行不同的会计处理。

在评估期权是对与交易相关还是与时间段相关的被套期项目进行套期时，关键在于被套期项目的性质，包括被套期项目影响损益的方式和时间。不论是公允价值套期还是现金流量套期，企业均应当基于被套期项目的性质来评估。

①被套期项目与交易相关的，对其进行套期的期权的时间价值具备该项交易成本的特征。如果该被套期项目导致确认一项初始计量包含交易成本的项目（如企业对预期交易或确定承诺涉及的商品价格风险进行套期，并将交易成本纳入存货的初始计量），则期权的时间价值应纳入特定的被套期项目的初始计量。与此类似，对构成预期交易或确定承诺商品销售的商品价格风险进行套期的企业，应当将期权的时间价值作为销售成本的一部分，在被套期的销售确认收入的相同期间计入损益。具体而言，企业应当将期权时间价值的公允价值变动中与被套期项目相关的部分计入其他综合收益，并按照与现金流量套期储备相同的会计处理方法进行处理。

②被套期项目与时间段相关的，对其进行套期的期权时间价值具备为保护企业在特定时间段内规避风险所需支付成本的特征。例如，如果使用期限为6个月的期权对企业的存货在该6个月中的价格风险进行套期，期权的时间价值应在这6个月期间采用系统、合理的方法进行摊销计入损益。又如，在使用外汇期权对境外经营净投资进行为期18个月的套期时，期权的时间价值将在这18个月期间进行分摊。

当期权被用于对与时间段相关的被套期项目进行套期时，被套期项目的特征（包括被套期项目影响损益的方式和时间）同时会影响期权时间价值的摊销期间，这与运用套期会计时期权内在价值影响损益的期间相一致。例如，如果使用某一利率期权（利率上限）来防止浮动利率债券利息费用增加，则利率上限的时间价值摊销计入损益的期间与利率上限的内在价值影响损益的期间相同，即：如果使用利率上限对5年期浮动利率债券的前3年的利率上升风险进行套期，则利率上限的时间价值在前3年摊销计入损益；或者如果利率上限是远期起始期权，用于对5年期的浮动利率债券的第2年至第3年的利率上升风险进行套期，则利率上限的时间价值应在第2年和第3年进行摊销计入损益。

具体而言，企业应当将期权时间价值的公允价值变动中与被套期项目相关的部分计入其他综合收益。同时，企业应当按照系统、合理的方法，将期权被指定为套期工具当日的时间价值中与被套期项目相关的部分，在套期关系影响损益或其他综合收益（仅限于企业对指定为以公允价值计量且其变动计入其他综合收益的非交易性交易工具投资的公允价值套期）的期间内摊销，摊销金额从其他综合收益中转出，计入当期损益。由于期权的时间价值在期权到期时将归零，因此在期权存续期内的累计时间价值的公允价值变动等于指定套期时的时间价值。时间价值变动计入其他综合收益的金额应当根据变动的实际情况确定，但从其他综合收益转入当期损益（即摊销）的金额应当按照系统、合理的方法确定。若企业终止运用套期会计，则其他综合收益中剩余的相关金额应当转出，计入当期损益。

期权的主要条款（如名义金额、期限和标的）与被套期项目相一致的，期权的实际时间价值与被套期项目相关；期权的主要条款与被套期项目不完全一致的，企业应当通过对主要条款与被套期项目完全匹配的期权进行估值确定校准时间价值，并确认期权的实际时间价值中与被套期项目相关的部分。

在套期关系开始时，期权的实际时间价值高于校准时间价值的，企业应当以校准时间价值为基础，将其累计公允价值变动计入其他综合收益，并将这两个时间价值的公允价值变动差额计入当期损益；在套期关系开始时，期权的实际时间价值低于标准时间价值的，企业应当将两个时间价值中累计公允价值变动的较低者计入其他综合收益，如果实际时间价值的累计公允价值变动扣减累计计入其他综合收益金额后尚有剩余，应当计入当期损益。

套期会计对期权时间价值的会计处理同样适用于由买入期权和卖出期权组成的组合期权，该组合期权在被指定为套期工具之日的净时间价值为零。在这种情况下，即使在套期关系的整个期间内时间价值的累计变动为零，企业也应当将各期间时间价值的变动计入其他综合收益。如果期权的时间价值涉及与交易相关的被套期项目，在套期关系结束时调整被套期项目或是重分类至损益的时间价值为零；如果期权的时间价值涉及与时间段相关的被套期项目，在套期关系结束时期权时间价值相关摊销金额为零。

（五）远期合同的远期要素和金融工具的外汇基差的会计处理

企业将远期合同的远期要素和即期要素分开，只将即期要素的价值变动指定为套期工具的，或者将金融工具的外汇基差单独分拆，只将排除外汇基差后的金融工具指定为套期工具的，可以按照与期权时间价值相同的处理方式对远期合同的远期要素或金融工具的外汇基差进行会计处理，也可以按照常规会计处理方法进行处理。

第九章　企业风险管理与案例

经过前面几章的介绍，本书的内容已接近尾声，本章将介绍套期保值的实际应用。第一部分以农牧企业为例，从贸易、加工和生产企业在经营活动中的痛点入手，结合前面几章的内容探寻解决方案，由于相关内容都在前几章详细解读过，为避免重复，介绍得会比较简略，相当于对前几章实操内容的适用性进行总结。第二部分则是国内外企业参与国内期货市场的实际案例，案例来自媒体公开报道和交易所的案例汇编，一方面是对前面几章内容的综合应用，另一方面，通过介绍成熟企业应用套期保值的经验，也让读者对包括套保定位、制度建设、组织结构、业务开展模式等套期保值相关内容加深印象。

第一节　企业风险管理痛点与解决方案

农牧行业的期货品种是国内最早上市交易的，有些产业链早已实现了全覆盖。油脂行业在风险管理领域非常专业，但是，与油脂行业相关的农牧行业却依然面临着不小的困境。我们有必要以此为切入点，去探寻企业面临的风险管理痛点与解决方案，对其他行业也会起到很好的示范作用。

农牧行业是关系到国计民生的关键行业，国家统计局数据显示，2019 年国内生产总值 986515.2 亿元，其中农林牧渔总产值 123967.94 亿元，扣除林业 5775.71 亿元，农牧渔总产值达到 118192.23 亿元，占国内生产总值的 12% 左右。从种植、加工到养殖，为国家粮食和食品安全做出了巨大贡献，也在打赢脱贫攻坚战中发挥了重要作用。

可是，农产品价格波动困扰着产业链上的市场主体，自古以来"谷贱伤农，谷贵伤民"，在市场经济高度发达的今天甚至在未来，这个魔咒依然不会消失，因为价格波动是由供需关系决定的，是客观存在的。既然波动无法消除，只好想办法规避波动风险，于是，期货应运而生，全球第一个期货品种就是谷物，由此也催生了于 1848 年成立的芝加哥交易所。无独有偶，国内第一个期货品种是小麦，也是农产品。国内期货市场发展 30 余年来，截至 2021 年 12 月底，有 70 个品种正在交易，其中农产品就多达 26 种，主要集中在大连商品交易所和郑州商品交易所，已实现了粮油、养殖等行业的全产业链覆盖。

经过惨痛的 2004 年大豆危机的洗礼，油脂企业在风险管理领域已走在了前列，但饲料和养殖企业作为油脂企业的下游，并没有跟随油脂企业的脚步共同进步，虽然也有不少发展稳健的企业在做套期保值，但是整个行业的总体风险管理水平还有待提高。在资源向头部聚集的趋势下，很多中小企业在竞争中的劣势越来越明显，如何提高竞争优势，是很多企业不得不面对的问题。庆幸的是，除了个别企业外，很多企业在风险管理方面基本处在同一条起跑线上，这就为有风险管理意识并不断进步的企业提供了一个不错的竞争选项。

下面我们分别站在贸易、饲料和养殖企业的角度探讨面临的风险管理问题，并寻找解决方案。

一、企业风险管理痛点

1. 贸易企业

（1）豆粕市场。

目前压榨企业普遍采用远期一口价和基差模式提前销售豆粕，但是豆粕价格波动对以下三类豆粕贸易商的影响差异很大。

第一类是以随行就市方式采购并销售豆粕的贸易商，这类贸易商面临两方面风险：阶段性断货的尴尬局面，因为油厂会优先满足远期订单的供应；销售时能否赚钱依靠价格走势，有时大赚，有时大亏，在极端行情中受伤最深，很难长期扩大贸易规模。

第二类是采用远期一口价或基差合同方式采购、随行就市方式销售的贸易商，这类贸易商没有断货风险，但是在销售端和第一类贸易商一样，利润率波动很大，在极端行情中也非常容易受伤，规模较难持续扩大。

第三类是采用基差合同方式采购、销售的贸易商，这类贸易商有稳定的货源，通过基差合同销售时稳定赚取一定价差，利润率波动很小，很少出现亏损的情况。其可以专心服务客户，在极端行情中能够快速扩大市场占有率。

究其原因，在于对价格波动风险的敞口管理不同。第一类采购端和销售端都面临价格波动风险，完全没有管理风险敞口，处于贸易的初级阶段，赚钱靠运气；第二类采购端基本不存在风险敞口，但是销售端面临价格波动风险，处于贸易的中级阶段，行情好时春风得意，行情不好的时候退出行业也是常有的事；第三类采购端和销售端都不存在敞口，只赚取稳定的价差，处于贸易的高级阶段，行情好坏都不影响企业的正常运转，在极端行情中还可以利用该优势迅速扩大市场份额。

（2）玉米市场。

一直以来，玉米的贸易处于初级阶段，普遍采用随行就市模式。在买卖双方对市场分歧较大的情况下，这种贸易模式易将双方变成博弈关系，不利于双方共同研判市场、抱团抵御市场风险。随着我国农产品价格市场化进程加快，随行就市的贸易模式已逐渐无法适应行业发展。大家都在同一起跑线上，先知先觉的企业已经开始采用基差报价，是否能够在该品种的贸易中占得先机，从而做大做强，就看谁能够率先转变经营理念，是稳定经营还是找机会大赚一笔后走人，当下正是做出决定的时机。

2. 饲料企业

随着加工行业的利润越来越薄，饲料加工企业间的竞争越来越激烈，大企业之间都存在激烈竞争，中小企业更是在夹缝中求生存。饲料企业面临着上游原料价格波动的风险，也面临着下游养殖行业需求波动的风险。由于饲料品种较多，很难制定统一标准，所以并不太适合作为期货品种。目前饲料企业并没有管理产品的敞口风险，在风险管理领域的优劣势对比主要集中于对原料风险的管理，对敞口风险的管理能力不同，直接影响着饲料企业是否能够持续经营。

（1）采购端。

在畜禽饲料中，玉米和豆粕占70%以上的成本；在水产料中，玉米、豆粕和鱼粉占总成本的60%以上。虽然农业农村部推出了玉米和豆粕减量替代技术方案，但笔者认为只有当替代品的比价优势明显的时候，才会出现大范围的配方更改，所以可以认为，玉米和豆粕价格直接决定了饲料成本。

玉米一般都用随行就市的模式采购，豆粕的采购方式主要有随行就市、远期一口价和基差模式。相对于远期一口价和基差采购，以随行就市方式采购豆粕的企业，与第一类贸易商一样，有可能面临阶段性断货的尴尬局面，因为油厂和贸易商首先会满足远期订单的供应；采用远期一口价方式采购的企业，至少能够清楚地知道它的采购成本是多少，只要该成本符合企业生产经营需求，也是不错的采购模式；而采用基差采购模式的企业更多的是被动接受，很多企业并不清楚为什么要用基差采购的方式，很可能是为了锁定货源，也可能只是在随大流而已，没有了解过基差采购模式的来龙去脉，对于时机的选择毫无章法，很多时候只是随意签订合同、被迫点价。

（2）销售端。

原料采购到加工销售有时间差，这段时间内如果原料价格快速下跌，饲料将被迫低价销售，从而出现亏损。

除此之外，饲料销售是否有利可图，还受制于养殖行业，受到养殖行业周期性的常规影响和疫病等突发事件的影响。

3. 养殖企业

养殖行业尤其是生猪养殖行业的周期性特征非常明显，整个行业逃不开周期的影响，在牛市中大赚特赚，在熊市中赔得底朝天。同时，原料价格的上涨也在一定程度上减少了养殖利润。

饲料中大宗原料占据了绝大部分成本，大型养殖企业往往都有自己的饲料加工企业，中小型养殖企业一般从饲料企业采购饲料，饲料企业会将原料价格的上涨风险转移到养殖行业，也有养殖户购买预混料和其他大宗原料自己配制饲料，因此，养殖企业在原料采购方面和饲料企业面临着一样的风险。管理原料波动风险的方式，直接影响到养殖成本，与饲料企业采购端一样，不同采购方式会产生不同结果，这里不再赘述。

在产成品的销售方面，以前由于没有对冲风险的工具，只能采用随行就市的销售模式，敞口风险完全暴露，对企业持续经营有非常大的威胁。鸡蛋和生猪期货成为养殖企业的风险管理工具，但是真正用得很好的企业并没有多少，随行就市的销售模式依然是主流。

二、解决方案

这些企业面临的问题，就是本书一直在解决的问题。由于在前面几章中详细探讨过具体内容，这里只简略给出解决办法，不会重复论述。

1. 采购端

不论是贸易企业、饲料企业还是养殖企业，采购端需要实现以锁定成本为目标的采购模式，最简单的就是远期一口价模式，可以立刻确定未来一段时间的采购成本。

（1）如果企业追求的是确定的成本，要么采用远期一口价，要么择机做买入保值，或者结合基差合同做买入保值。不过结合基差合同做买入保值会增加现金流负担，需要的资金会比前两种方式多。根据现行标准，远期一口价模式保证金比例是合同金额的10%，合同中会约定好当价格波动一定幅度后，不管上涨还是下跌，都需要追加保证金，主要是因为卖方担心买方会违约；买入保值的保证金比例一般为10%左右，如果算上备用金，占用的资金会高于10%；而结合基差合同做买入保值需要的保证金至少会增加一倍，基差合同保证金一般也为10%，有个别卖方要求签订合同时支付5%的保证金，点价后追加5%的保证金，点价后按照远期一口价的方式确定是否追加保证金，期货保证金至少需要10%，如此算来，总的资金占用会超过订单金额的20%。

（2）如果企业追求较市场价更低的成本，选择合理时机运用基差采购模式。这里需要特别注意，比较对象是点价时的结算价与当天的现货市场价，而不是点价时的结算价与签订基差合同时的现货市场价。如果从签订合同到点价期间价格大幅上涨了，虽然点价后结算价比当天的现货市场价低，但是肯定会比签订基差合同时高。既想要结算价比当天的现货市场价低，又想要比签订合同时的现货市场价低，只有在价格下跌或平稳的时候才能实现。如果判断价格会大幅上涨，直接采用远期一口价模式就够了；如果对行情没有把握，就老老实实接受可能出现的结果，没必要得陇望蜀。这种方式占用的资金量会相对较少，尤其在点价前，点价后就与远期一口价相当。

（3）如果企业追求的是确定最高采购成本，采用含权采购模式，上游没有提供含权合同的话，可自行设计，即"基差合同＋买入看涨期权"。这种方式在价格下跌时不会错过更低价采购的机会，但是结算价比单独采用基差模式要高一些，高出的部分就是支付的权利金；在价格大幅上涨时，可以按照预期最高采购成本采购，但是价格也比远期一口价模式要高一些，高出的部分就是支付的权利金。它占用的资金量会比基差模式略高，高出的部分就是支出的权利金。

2. 销售端

（1）贸易企业。

建议贸易企业以追求稳定利润为目标，在这个目标指引下，销售方式以基差销售为主。优先卖出基差，但是由于下游客户规模普遍较小，对基差贸易的认可度有限，因此，最好采用含权贸易合同，实在不行就卖出远期一口价，再卖不完就只能随行就市销售了。但是不管采用哪种销售方式，确保稳定利润是第一要务，因此，都有必要首先对它们做保值。

如果签订基差贸易合同时很快以基差贸易模式销售，那就是无风险套利，而且几乎不会占用资金，相当于空手套，利润就是销售与采购的固定基差之差，不管价格如何变动，这部分利润是固定的，客户何时点价贸易商就在何时点价。这种模式基本不会占用资金，占用资金的时期仅在签订采购合同和签订销售合同这两个时点间，因为签订基差贸易合同的时候就会收到客户的保证金，它将立刻冲抵采购合同的保证金。

对于一口价模式采购或已点价的基差采购合同，首先需要对这部分库存进行保值，保值方式有三种：一是卖出期货保值，择机开展有盈余的卖出套保；二是买入看跌期权，不会错过价格上涨机会，只不过假如价格大幅下跌，最终价格会比卖出保值低，低的部分就是支付的权利金；三是卖出看涨期权，由于追求的是稳定利润，上不上涨无所谓，那这种方式完全可以实现，最终价格会比卖出保值高，高出的部分就是收到的权利金。这三种方式中，卖出看涨期权的保证金比例较高，一般是期货保证金的 1.1 倍左右，它的计算比较复杂，这里没必要介绍；卖出保值占用的资金量一般超过 10%；而买入看跌期权占用的资金很少，这是纯支出，一般在 3%～5%，按照当时的期权价格确定。

在保值后，根据客户接受度，优先以含权贸易模式销售，其次用基差贸易模式，再次是远期一口价，最后用随行就市模式。不管客户接受哪种模式，由于贸易商已对库存做了保值，在现货交易时将保值头寸平仓即可，含权贸易和基差贸易模式都可以完全获得预期利润，但远期一口价和随行就市的销售模式会面临基差波动风险。

（2）饲料企业。

原料库存量如果较大、持有期较长，就有必要对这部分库存进行保值，与贸易商针对库存的保值一样，优选期权保值模式，即买入看跌期权，当出现有盈余的套保机会时，也不轻易放过这样的机会。

饲料行业的普遍现象是，当原料价格上涨的时候饲料价格会跟随上涨，但当原料价格下跌的时候饲料价格往往会慢一拍。这种现象更利于饲料企业对冲库存减值风险，可以优先使用期权工具，而非期货工具，因为期货工具虽锁定了利润，却无法获取更高利润；假如没有这种现象，就需要根据具体情况和需求使用更合适的工具。

对于产成品来说，由于饲料产品并没有可直接对冲风险的品种，无法完全规避价格波动风险，但是可以通过构建组合策略在一定程度上规避成品价格波动的风险，一是从原料端构建组合策略，二是从需求端构建组合策略。

这两种策略需要分别验证相关性：原料端按照玉米和豆粕的现货价格折算出饲料价格，与实际的饲料价格对比分析相关性；需求端以猪饲料为例，按照生猪价格和饲料价格进行相关性分析。通过相关系数的对比，我们可以实时选择相关性更强的套保策略。

①基于原料端的组合策略。

假如在与养殖企业沟通过程中发现，按照目前的饲料价格计算，养殖成本很有吸引力，如果饲料价格在未来 5 个月中能够维持在当前水平，他们愿意以预付定金的方式签订长期采购协议——后市饲料价格如果下跌，跟随调整；如果涨价，不跟随上涨。而且，饲料企业期望在这 5 个月中实现如果饲料价格上涨跟随涨价，如果价格下跌不降价的目标。

如果该协议能够实现，我们就可以实现双赢的目标：①饲料企业维持正常运转，获得稳定的利润，并有机会获取价格上涨的利润；②下游客户锁定最高采购价，只需要关注自身养殖技能的提高。这实际上就是含权贸易，通过综合运用基差合同和期权工具从原料端进行锁定，但是为了规避基差风险，需要把期货价格作为结算的定价基础。所以，采用这种模式的时候，与买方签订合同的时机就很重要，需要卖方有能力选择更利于买方签订基差合同的时机，这样最终买方的结算价会比市场价低，更利于建立长期合作关系，而这丝毫不会影响卖方的利润。

以配合料为例，配方中约含 67% 的玉米，23% 的豆粕，操作策略如下。

饲料企业：基差合同 + 买入看跌期权（67% 的玉米 +23% 的豆粕）。

下游养殖企业：基差合同 + 买入看涨期权（67% 的玉米 +23% 的豆粕）。

向下游养殖企业交货的时候就相当于客户进行了点价操作，这时饲料企业需要在期货市场了结相应的期权头寸。

②基于需求端的组合策略。

随着生猪期货的上市，直接受益者是生猪养殖行业，对于饲料企业的影响并不明显，但是我们可以通过生猪价格的波动倒推对饲料价格的影响，从而构建基于需求端的风险管理策略。

假如生猪价格和饲料价格正相关，且相关系数接近1，就可以采用该策略做保值。这里只讨论生猪价格和饲料价格相关度较高时用生猪期货变相管理饲料价格波动的一种可能性，是一种构想，是否有效，需要实践检验。

根据一则报道——在我国生猪养殖成本中，饲料成本占比最大，占比56%左右，仔猪成本是生猪养殖的第二大成本，约占23%，假定饲料成本对生猪价格的影响约为60%，则理论上饲料价格＝生猪价格×60%，生猪期货上市后就可以按照生猪期货价格对饲料价格做保值。由于生猪价格是出栏时的价格，所以还需要对生猪生长过程中的各品种饲料价格进行相应的调整，这里仅按照理论比例进行设计。

操作策略如下。

a. 饲料企业与养殖企业签订基差贸易合同，结算价＝固定基差＋生猪期货价×60%。

b. 当生猪期权上市后，饲料企业与养殖企业签订含权贸易合同。

饲料企业：基差合同＋买入看跌期权（60%）。

下游养殖企业：基差合同＋买入看涨期权（60%）。

（3）养殖企业。

随着鸡蛋和生猪期货的上市，对蛋鸡和生猪养殖企业来说，原料端和产品端都有相应的期货品种，实现了产业链风险管理全覆盖，完全可以实现稳健经营。养殖企业面临的最大风险除了价格波动风险外，主要是疫病风险，规避了价格波动风险，就可以完全专注于提高养殖技术和疫病防治水平。

蛋鸡、生猪养殖企业与油脂企业一样都占据着卖方优势，完全可以开展基差贸易模式。同时，随着相关期货品种的平稳运行，对应的期权也将择机上市，届时开展含权贸易将为养殖企业带来更便利的风险管理工具，让设定最低销售价成为可能，同时对于下游的屠宰、贸易、加工企业，确定最高采购价也成为可能。

①养殖企业与下游需求企业签订基差贸易合同，结算价＝期货价＋固定基差，下游需求企业择机点价。

②养殖企业与下游需求企业签订含权贸易合同。

养殖企业：基差合同＋买入看跌期权。

下游需求企业：基差合同＋买入看涨期权。

由于期货品种在蛋鸡和生猪养殖产业链上已经做到了完全覆盖，所以，与压榨行业、油品提炼行业等一样，就有了根据养殖利润进行正向套利或反向套利的基础。当养殖利润高企的时候，按比例卖出产品，买入原料，等待回归正常区间后了结头寸；当养殖亏损严重的时候，按比例买入产品，卖出原料，等待回归正常区间后了结头寸。尤其在养殖亏损严重的时候，这种套利操作，是对企业利润的理想补充，也可以确保企业正常经营，甚至扩大生产规模。

第二节　企业风险管理案例

经过 30 余年的发展，期货市场与现货市场联系日益密切，市场参与度不断提升。这里选取的两个成功管理价格波动风险的企业案例，摘录自 2014—2016 年的媒体公开报道和郑商所非农产品点基地报告。虽然性质不同，文化迥异，规模大小不一，交易模式也不尽相同，但它们在对期货市场的认识和对期货工具的使用上，理念和管理方式都有一些共性，值得学习借鉴。

正确认识期货市场、明确套期保值定位是参与期货交易的第一步。目前，仍有很多企业由于对期货市场认识不足，或徘徊在期货市场门槛之外，或背离主业转向投机；也有很多市场人士戴着有色眼镜看期货市场，每当现货商品价格出现大幅波动时，对期货市场的质疑之声也随之出现。在这些案例中，企业传递了它们对这些问题的经验总结，希望它们的看法和建议能帮助社会各方更好地认识期货市场，树立正确的风险管理理念。

虽然处于不同行业和各自产业链的不同位置，期现结合却都能够平稳运行，使期货成为企业稳健发展的利器之一。这些企业参与期市成功的经验也存在着明显的共性，总结来看，主要有以下几点：

一是正确认识期货市场，不把期货当成投机工具，而是作为现货市场的补充；

二是制度和风控先行，流程简洁，做到快速反应；

三是严格控制敞口，不做超出企业可承受风险的头寸；

四是与现货经营融为一体，期现货统一核算。

瑞茂通：期货助力煤炭事业做大做强[①]

瑞茂通供应链管理股份有限公司是中国领先的煤炭供应链管理服务企业，成立于 2000 年，为客户提供多品种、一站式、全过程煤炭供应链服务。自 2012 年 9 月 21 日瑞茂通成功在上海证券交易所上市以来，煤炭发运量复合增长率 38%，营收复合增长率 39%，2019 年发运煤炭 6720 万吨，其中进口 2532 万吨。煤炭进

---

① 本案例节选自《郑州商品交易所产业基地总结报告汇编》，网址：https://edu.czce.com.cn/studyGarden/doc？classno=0302。

口量连续多年排名前三，有超过 1000 家供应商，在全球有 56 家分公司和办事处。

面对复杂的国内外宏观环境，瑞茂通加大力度开发上游优势资源和下游消费渠道，以长协购销的形式与大型煤炭生产和消费企业建立稳定的合作关系；充分运用期货工具对冲现货价格波动风险，保障业务稳定发展；优化业务结构，集中优势资源开展高周转、低风险的业务。

一、经营风险与解决办法

2011 年 11 月以来，行业去产能、去库存的任务繁重，产能继续释放，进口增加，全社会库存维持高位，煤炭需求保持小幅增长，结构性过剩，煤炭价格持续下滑，企业经营面临更大的困难。而对于瑞茂通来说，面临的是内外贸易压力、高速增长压力以及经营模式压力等多重压力，在经营中具体存在以下风险。

一是动力煤在国际贸易中的风险。瑞茂通 2010 年涉足进口业务，第二年动力煤价格便进入下行周期，首先面临的是价格下跌风险，在国际市场采购之后，并不能立刻在国内市场销售掉，也就意味着进口业务面临非常大的风险，风险敞口需要找到解决办法；其次，面临外汇风险，近年来外汇市场价格波动较大，对一个进出口量巨大的企业来说，必须考虑汇率风险，否则高价进口煤到岸后，如果人民币在此期间升值，就要承担这部分降价的损失；最后，就是煤质差异风险，近年国际市场也不断出现煤质差异过大的情况。

二是国内煤炭贸易的风险。国内大部分煤炭贸易还是采用传统的贸易模式，上下游客户关系稳定，风险比国际贸易要小很多。供给侧结构性改革后，矿方的话语权和实力明显提升，下游电厂一直处于强势地位，夹缝中的贸易商生存难度越来越大。

三是库存风险。随着进口和内贸的业务量不断增长，库存规模大幅提高，价格剧烈波动导致库存价值存在巨大减值风险。库存风险是巨大挑战，仅仅依靠传统的购销模式难以管理库存风险。

针对上述风险，必须引入新的思路。

一是开展套期保值，为企业保驾护航。2013 年 9 月，动力煤期货在郑商所上市，公司积极使用动力煤期货工具，不仅可以对冲现货价格波动风险，还保障了煤炭供应链业务的快速发展。2014 年 7 月 18 日，公司披露了关于成功获批动力煤期货交割厂库的公告，成为国内首家也是唯一一家获批厂库资质的专业化煤炭供应链企业。动力煤期货指定交割厂库是郑商所在动力煤期货品种上的创新，极大促进了拥有厂库资质的企业提高套期保值效果，有效扩大企业经营规模，并在一定程度上拓宽融资渠道，降低融资成本。因此在动力煤期货上市之后，瑞茂通解决了库存风险、价格波动风险和部分融资需求。譬如，在国际市场采购现货的同时在国内期货市场上卖出期货锁定利润，规避价格下行风险；当预期价格下行时，对库存进行卖出保值；若公司需要资金支持，可以依托仓单或者港口库存获得风险管理公司或银行的直接融资。

二是融合煤炭供应链运营管理和平台服务，构建煤炭供应链大平台。成立电子商务公司，积极运用互联网思维革新传统商业模式，打造集采购、掺配加工、物流运输、销售、信息及金融服务等供应链要素于一体的瑞茂通电子商务平台。2015 年，煤炭垂直电商平台易煤网上线，当年平台成交量突破 4000 万吨，至2017 年，平台交易量突破 1.3 亿吨。通过要素产品化及服务标准化，引入外部优质资源，高效整合和无缝对接产业生态资源，进而提高运营效率，降低商业成本，实现生态圈各方共赢。

二、参与期货历史及现状

国际大型煤炭贸易企业都通过期货市场规避价格波动风险，瑞茂通于 2010年开始做国际贸易，在新加坡交易所参与了动力煤期货交易，但由于交易制度及资金等因素限制，并没有放开手脚开展套期保值。2013 年 9 月 27 日，动力煤期货于郑州商品交易所上市交易，公司高层敏锐捕捉到机遇，组织员工到交易所和期货公司深入学习，同时在社会上广纳贤才，10 月份公司期货部正式成立。瑞茂通是国内最早交易动力煤期货的煤炭企业之一，自开展套期保值以来，一直在为现货经营保驾护航。

1. 前期准备

国内动力煤期货上市之前，瑞茂通在新加坡就参与过动力煤期货交易。国内动力煤期货上市后，公司高层特别重视，决心要下功夫学习、研究并用好期货这个工具，积极审慎地开展业务，充分发挥套期保值的作用，为企业经营服务。具体要求是把期货当作规避现货价格波动风险、稳定并扩大企业经营规模的重要手段，坚持在风险可控的条件下开展套期保值，坚决避免投机行为。为此，瑞茂通在入市前需要完成团队组建和制度建设。

首先，在公司内部优选三名同事学习、研究并做前期准备，邀请期货公司进行培训，参加交易所的培训，在企业内营造了全员学习期货知识的浓厚氛围。

其次，瑞茂通深知人才的重要性，高薪从外部聘请了 4 名具有丰富经验的专业人士，短短一个月便建立了期货部，成员达到 7 名。

最后，建立交易制度，划分人员职责。按照业务需求配备财务岗、下单岗、研究岗、交割岗、风控岗，其中研究人员两名，并在短短一个星期内建立了内部管控制度以及最重要的期货交易制度，为规范操作、高效运营奠定了良好基础。

2. 试运营

经历为期一个月的磨合与业务知识学习，基本达到预期目标。2013 年 11 月

25 日开户，12 月 8 日入金，开始尝试性地开展套保交易。通过分析期货现货市场走势，综合考虑操作中可能遇到的各种风险并制订应对策略，确定入市思路和原则，最终形成套期保值操作方案；在实际交易中，严格按照既定流程操作，并做好记录和总结。经过三个月的试运营，期货部各岗位配合默契，也提升了公司高层及部门间协作效率。

期货交易是一个不断学习、不断自我修正的过程。在试运营过程中，根据现货管理制度和操作模式，结合期货相关制度、流程和规则，进一步修订了相关制度和流程，为以后大规模开展套期保值，更好地利用期货工具服务现货业务奠定了良好基础。

3. 成熟发展

自 2013 年 9 月动力煤期货上市以来，瑞茂通就一直通过期货市场规避价格波动风险，还输出套期保值服务，帮助不便直接参与期货套保的国有电厂降低采购成本。

三、操作案例及经验总结

瑞茂通在实际操作过程中以套期保值为主，同时开展套利交易、基差交易和实物交割（含期转现），还为产业链上的贸易伙伴提供合作套保服务。

1. 基于基差走弱的买入保值

2019 年初，公司与下游电厂签订了年度长协现货合同，每月供货 10 万吨，价格以装船日的 CCI – 6 元/吨进行结算。对年度长协的供应，既可随行就市港口接列，也可通过期货交割采购货源。1 月初，北方港口现货价格 590 元/吨左右，动力煤期货 1905 合约在 555 ~ 565 元/吨区间震荡，基差保持在 30 元/吨左右，顶计基差将收窄，因此决定买入 1905 合约：1 月 3 日以均价 560 元/吨建仓 10 万吨，1 月 24 日、25 日以均价 570 元/吨建仓 20 万吨。

3 月 1 日，基差收窄至接近 0，以均价 617 元/吨平仓期货 10 万吨，以 625 元/吨采购 10 万吨现货，装船日定为 3 月 4 日，销售价格锁定在 627 元/吨 [（633 – 6）元/吨]。期货赢利（617 – 570）× 10 = 470（万元），现货赢利（627 – 625）× 10 = 20（万元），实际贸易获利 490 万元。假如采用囤积现货的贸易模式，交易成本约 9 元/吨，可获利（627 – 592 – 9）× 10 = 260（万元）。

4 月 10 日，选择基差收窄至 5 元/吨以下的机会，以 626 元/吨平仓 10 万吨期货，以 633 元/吨采购现货 10 万吨，3 日内装船，销售价确定为 628 元/吨 [（634 – 6）元/吨]。期货赢利（626 – 570）× 10 = 560（万元），现货赢利（628 – 633）× 10 = – 50（万元），实际贸易获利 510 万元。假如采用囤积现货的贸易模式，交易成本约 18 元/吨，可获利（628 – 592 – 18）× 10 = 180（万元）。

5 月份 1905 合约到期，因此，有两种选择：如果基差未能出现负值机会，采取交割接货的方式；若基差出现负值机会，则平仓采购现货。至 4 月 30 日，期货价格大幅上涨，以 627 元/吨平仓期货，以 621 元/吨采购 10 万吨现货，3 日内装船，确定销售价 615 元/吨 [（621 − 6）元/吨]。期货赢利（627 − 560）× 10 = 670（万元），现货赢利（615 − 621）× 10 = − 60（万元），实际贸易获利 610 万元。而假如采用囤积现货的贸易模式，交易成本约 28 元/吨，可获利（615 − 588 − 28）× 10 = − 10（万元）。

基于基差走弱预期，对 3—5 月三个月使用买入保值策略，规避了现货价格上涨风险的同时，共获利 1610 万元；假如用传统囤积现货的贸易模式，可获利 430 万元，不仅资金占用量更大，还需要承担价格下跌的减值风险；而假如仅采用随用随采立刻供货的贸易模式，最终会亏损 90 万元。

2. 期现价差套利

2020 年 2 月初，受疫情影响，需求断崖式下降，北方港库存持续累积，煤价快速下跌。至 4 月底 5 月初，北方港价格 460 ~ 470 元/吨，期货价格 490 ~ 505 元/吨，期货价格比现货高约 30 元/吨。决定开展套利交易：5 月 11 日以 470 元/吨的价格采购 30 万吨动力煤现货，并在期货市场以 500 元/吨卖出 30 万吨，资金成本约 10 元/吨，预期套利利润 20 元/吨。5 月底 6 月初，以均价 560 元/吨向电厂销售，赢利 90 元/吨，同时将期货空单以 535 元/吨平仓，亏损 35 元/吨，套利组合赢利 55 元/吨。

受疫情影响，2020 年上半年现货经营较为困难，贸易往往以亏损告终。本次套利机会的出现让交易量达到 30 万吨，虽然期货持仓亏损，但是套利组合整体收益较预期利润高出很多，最终实现利润 1650 万元。

期现货统一核算让企业关注整体盈利，这样更利于把握机会快速扩大规模，而如果将期现货单独核算，必然会束手束脚，无法顺利开展期货交易，还会影响到现货贸易量的扩大。

3. 卖出宽跨式期权组合，收获稳定权利金

动力煤期权于 2020 年 6 月 30 日上市，结合动力煤走势特征，选择卖出宽跨式组合策略，持有到期获得 200 多万元的权利金收入。

随着现货价格超过发改委提出的 570 元/吨的绿色区间上限，继续大幅上涨的空间并不大，时值迎峰度夏用煤旺季，煤价下跌的概率也很小。动力煤期货价格持续低于现货价格运行，价差在 20 ~ 30 元/吨，预计动力煤期货 2009 合约价格大概率将在 550 ~ 570 元/吨区间震荡。

动力煤 2009 期权合约在 8 月 5 日到期，基于对市场震荡运行的判断，卖出行权价 570 ~ 610 元/吨的看涨期权 3801 手，卖出行权价 520 ~ 550 元/吨的看跌期权 3469 手，占用保证金 1680 万元。如果到期看涨期权被行权，可得到期货空单，以更高价为库存保值；如果到期看跌期权被行权，可获得期货多单，以更低

价为采购端保值。

8月5日，期货收盘价551.6元/吨，看涨期权均未被行权；行权价为550元/吨的看跌期权被行权8手，其余均未被行权。最终收获权利金215.46万元，月收益率12.8%，年化收益率153.6%。

4. 买入期货、卖出看涨期权组合降低采购成本

2020年7月下旬，结合进口煤严控、内蒙古严查煤管票、大秦线秋检等因素，远期煤价可能较高，囤积现货不如买入较现货价格低20元/吨的期货，因此以均价550元/吨买入动力煤2010期货合约6万吨，同时做好了交割履约下游合同的准备。

7月20日，动力煤2010合约跌破550元/吨，按计划买入2万吨，均价549.6元/吨，预判价格有可能继续下跌，暂缓操作。7月21日盘面快速反弹，未交易。7月22日最低跌至545.6元/吨，共成交4万吨，均价548.4元/吨。6万吨的建仓计划完成，均价548.8元/吨。

8月初，现货价格指数继续下行。尽管依然看涨远期，但9月初现货价格未必能达到580元/吨以上，因此考虑卖出看涨期权以增加收益。假如期货价格上涨超过580元/吨且卖出看涨期权被行权，期货将获得预期收益。8月3—7日，卖出行权价580元/吨的看涨期权400手，均价2.1元/吨。9月4日期货价格569.4元/吨，卖出看涨期权到期未被行权，获得全部权利金。9月10日，期货价格上涨且高于现货价格，采购现货同时平仓期货，平仓均价586元/吨。

7月20日—9月10日，现货价格指数由584元/吨下跌到576元/吨，若囤积现货，必然亏损。通过买入保值操作获得了更低的采购价格，并且卖出期权收获权利金进一步降低了采购价格。

5. 操作经验总结

瑞茂通的成功交易在于根据自身实际情况形成了一整套期货现货操作理念和流程。

（1）服务现货贸易是瑞茂通参与期货市场的初衷，这就要求期现货部门能够无缝对接，消息及时传递互通，共同制订针对现货风险敞口的套保方案。

（2）提高煤炭市场价格走势研判的准确率是期货操作成功的关键，每周都会组织召开行情研讨会，期现货部门领导悉数参加，依据套保方案制订当周的操作预案和应急预案。

（3）出现突发事件或期货价格大幅波动时，会启动应急预案，根据当时的期现货情况，确定是否增加或减少套保头寸，甚至提前结束套保操作。

（4）在某一合约非理性价格波动的时候，也会依据现货购销成本、资金成本等因素估算，在一定的价差范围内开展期现套利。

（5）拥有强大的现货运作能力是支撑瑞茂通期货团队的关键。

(6) 需要清晰了解交割环节,提前为有可能出现风险的环节做好准备。

四、风险控制

企业参与期货交易并不是个人行为,需要有专业部门负责实施。在期货交易过程中,要有完整的风险控制体系,参与期货交易的部门和人员之间需要相互监督。当前瑞茂通已经建立了相对完善的风险控制流程,我们将风险划分为主动性风险和非主动性风险。

主动性风险主要包括操作风险、法律风险。操作风险主要是因操作不当而产生的损失,如下错单、保证金未按时到账、没有走完全部流程就交易以及没有做好风控等。法律风险是指与相关法律法规冲突,导致投资无法收回或蒙受损失。

非主动风险包括系统性风险和基差风险。系统性风险指因突发事件导致价格剧烈波动,或者由于交易通道故障而出现投资损失的风险。基差风险是由于期现货价格波动幅度不同产生的风险。

为解决这些风险,瑞茂通在成立期货部之初就完成了机构设置和制度建设。依据集团现有的组织框架及现货经营模式,建立规范开展期货业务的组织结构,其目的是合理分配职责权限,落实工作责任,避免出现职能交叉或缺失,形成各司其职、各负其责、相互制约、相互协调的工作机制。

五、参与套保的心得体会

(1) 期货市场是一个能够服务于实体经济的有效工具,是现货企业发展的保护伞。有了期货的保驾护航,企业能够在扩大生产经营规模的同时,稳定并平滑企业的经营利润,避免因某一时期价格的不利变动让企业一蹶不振甚至破产倒闭。

在价格大幅波动、现货贸易利润越来越薄的环境中,如果还按照传统的思路去经营,即使规模没有扩大,亏损也是必然的。在煤炭贸易企业纷纷因煤价弱势而减少贸易量、让出市场份额的大背景下,瑞茂通高层审时度势,抓住这一良机,利用期货市场助推企业做大做强,突破企业经营仅限于传统贸易模式的瓶颈。

(2) 期货交易策略制订方面,必须做到以下三点才能开展期货交易:①对现货行情有较为准确的判断和把握;②对期货市场相关知识和交易规则要有深入了解;③不赌后期行情。在期货交易之前,一定要制订和现货相结合的操作方案,并考虑可能存在的潜在风险并制订应对策略,如套保时间点的选择、套保比例的选择、保证金的动态考量、套保在出现基差过度变化的时候如何处理等细节。

(3) 企业必须把期货部作为公司的重要战略部门去运作。瑞茂通作为民营上市企业，自公司成立至今发展迅速，跟决策层有很大关系。动力煤期货上市之初，瑞茂通就果断决定成立期货部并重点投入，短短一个月时间，部门成员多达7人，并将期货作为未来五年重要发展战略之一，各个部门通力配合。决策层统一调度，现货部门充分配合期货部的整体运作，主动了解具体交割细则，顺利完成交割和期转现任务，至今累计交割和期转现超过100万吨。

（4）交易所能将瑞茂通子公司江苏晋和设置成动力煤交割厂库，是一个大胆的尝试，因为江苏晋和是一个贸易公司，将贸易公司作为交割厂库鲜有先例。另外，瑞茂通也在2020年9月份交割了25万吨动力煤，期货市场确实是一个好的销售渠道，非常规范；做交割前一定要把功课做好，交割品质要求如何、什么时间煤炭到港、什么时间需要装船、什么时间检验、什么时间开增值税票等细节都需要提前掌握。交割实物让瑞茂通熟悉了开具仓单后的流程，也更有信心利用厂库为自己和客户服务。

酒钢宏兴：以制度为基石，利用期货避风险稳经营[①]

酒泉钢铁（集团）有限责任公司（以下简称"酒钢"）是我国西北地区最大的碳钢和不锈钢生产基地，拥有年产900万吨铁、1000万吨钢、1000万吨材的综合生产能力。从2009年初开始试水期货市场，酒钢集团经历了追随趋势、暂停交易、重启套保、业务下放的曲折发展历程，其期货交易理念和操作模式也在实践中逐渐成熟。作为国有企业子公司，酒钢集团宏兴钢铁股份有限公司持续学习和关注期货市场，在严格遵守国有企业套期保值原则的基础上，建立了完善的套期保值管理制度体系，根据自身的生产经营特点，利用期货市场管理原料及成材库存，锁定原料成本和销售利润，在供给侧结构性改革的大环境中，有效管理了企业经营风险。

一、期货交易史：在曲折中成长

从追随趋势到期现结合，从独立运作的"期货科"到与现货部门合并运营，从单一的卖出螺纹钢期货保值操作到多品种多策略的组合模式，与很多国内企业一样，酒钢集团的期货交易历程充满波折，也因对期货执着的追求和不断学习，使其对期货市场的认识在实践中不断提升，套期保值策略不断成熟。

（1）"期货科"独立运作，试水套期保值。酒钢集团于2009年开始交易期货，设立了专业部门"期货科"，独立参与螺纹钢期货的卖出操作。在简单了解

---

① 大商所. 酒钢宏兴：以制度为基石，利用期货避风险、稳经营［J］. 冶金管理，2016（12）：27－31.

"套保"概念后，公司在螺纹钢期货上的操作方向主要为单向卖出，但由于脱离现货销售，其在期货操作上多通过趋势判断来决定建仓、平仓的时机和头寸。2010年，螺纹钢期货价格大幅上涨，持有较多空头头寸的酒钢集团账户出现较大浮亏，公司管理层及业务人员开始考虑将期货与现货合并计算盈亏的模式和理念。

（2）"期货科"与销售部门合并运营，通过交割小试牛刀。2010年，酒钢集团将"期货科"与销售部门合并，统一核算期现货的损益。以现货库存、销售情况为基础制订期货交易方案，在期货交易理念和模式上均有较大改进。同年，在上海期货交易所成功注册交割品牌"酒钢"螺纹钢产品，并尝试进行了3000吨螺纹钢交割，完成了套期保值交易的整个流程测试。在测试过程中发现了许多内部流程及细节上的问题，后期都予以了整改。

（3）休整后重振旗鼓，套保效果实现飞跃。2011年，钢材价格经历大幅上涨后开始下跌。由于公司一直持有空头，在螺纹钢价格连续上涨阶段浮亏较大，当价格开始下跌、账户稍有盈利时，随即平仓了结。而后，螺纹钢价格进一步下跌，现货销售出现损失，提前平仓期货没能实现现货保值。酒钢管理层开始反思公司的期货交易制度、套保理念和操作模式，并于2011年5月之后暂停期货交易。其间，酒钢持续关注期货市场动态，经常参加交易所、行业协会、资讯公司等举办的各种交流、培训活动，以更好地理解期货市场的功能和意义。2013年初，酒钢集团在审慎考虑金融市场变化，充分接受和理解套期保值理念后，决定重新启动套期保值。2014年初，酒钢集团公司成立了期货业务领导小组；3月，酒钢集团再次开始期货交易，并全流程跟踪方案设计、审批流程、有效性评价等内容，期货交易与现货购销情况相关联，取得了较好的保值效果。

二、期货交易管理：制度为先、学习为上

酒钢集团重启期货业务后，在严格遵守国有企业套期保值原则的基础上，建立了完善的钢铁产业链套期保值内部管理架构和制度体系，并制订了详细的套期保值业务流程、风险管理制度和套保会计规范等相关管理规则。在国有企业经营体制改革后，由三家子公司分别开展套期保值交易，覆盖了有色和黑色品种，采用生产型及贸易型套保模式，并坚持不断学习，不断深化期货认知。

三家子公司各司其职，负责不同板块的期货业务。酒钢集团于2015年开始实行国有企业经营体制改革，于2016年3月将套期保值权限下放给三个子公司。其中，酒钢集团宏兴钢铁股份有限公司（以下简称"宏兴股份公司"）是酒钢集团黑色板块期货交易的核心，是上海证券交易所上市公司，形成了采矿、选矿、烧结、焦化、炼铁、炼钢、热轧、冷轧及不锈钢生产的现代化生产工艺流程，并有完备的动力能源系统、销售物流系统等配套资源的完整钢铁生产一体化产业链

条，产品主要有高速线材、棒材、中厚板材、卷板、不锈钢产品等；甘肃东兴铝业有限公司负责酒钢集团的有色板块，拥有电解铝产能135万吨，主营有色铝及伴生品种，"甘铝"品牌为上海期货交易所交割品牌；上海华昌源实业投资有限责任公司主营钢铁和有色产品贸易，是酒钢集团贸易板块的核心。

设置全面的期货交易管理制度，严控风险。在期货交易流程上，首先，宏兴股份公司根据全年经营预算情况，提出年度套期保值计划，提请酒钢集团审批。其次，在开展具体套期保值工作时，由期货人员根据期现货风险敞口的对冲需求情况，制订套期保值方案，涉及期货品种、操作方向、保值头寸、保证金额度、止损标准或条件、风控及应急措施、评价及套期会计做账方式等内容。套期保值方案经宏兴股份公司期货领导小组审批后执行。

在操作过程中，期货人员通过日报告制度向管理层汇报每日持仓头寸及资金状况，由风控人员根据期现货对冲情况，提出止损、调整止损标准等风控意见，期货领导小组审批后执行。

在风险防控方面，从国有企业保值增值的义务和责任出发，酒钢集团及宏兴股份公司将期货作为一项国有资产来进行运作。根据甘肃省国资委下发的《省属国有企业高风险业务工作指引》的要求，设置严格的止损条件，在期现货总损益的基础上，正确评价期货亏损。在方案执行过程中，严格遵守止损纪律，并通过灵活运用期货工具调整仓位，在建仓过程中，逆势行情中严格控制建仓数量，比例不得超过总量的30%。

在学习中不断提升，在交流中共同进步。学习是酒钢集团长期以来的主旋律。在2013年酒钢集团尚未重启期货交易时，集团便从内部遴选了10名不同专业的人员脱产培训。现在，公司一方面通过不定期地参加交易所培训、中钢协行业会议、资讯公司专题会议、优秀企业调研、期货公司到访培训等方式提高和加强期货人员能力，另一方面，公司通过每日经营例会、周营销例会、月度市场研判分析会、月度购运销例会，以及公司内部微信群等方式交流信息，并要求期货从业人员不定期到购销及生产部门实地调研。在持续学习和交流中，不仅提升了对期货市场的认识和期货交易的水平，在现货经营、内部管理等方面也受益匪浅。与此同时，在外部单位协助下，宏兴股份公司建立了自己的数据库，包括宏观、行业、内部及竞争对手等多项数据，正逐步完善以数据为支撑的逻辑分析体系，为生产经营提供决策依据。

三、套保模式及案例：期现结合，设计全方位套保方案

近年来，由于经济趋弱、钢铁产能过剩，宏兴股份公司经营压力巨大，与钢铁产业链相关的商品期货品种陆续上市，为企业提供了风险管理的重要工具。管理层深刻意识到期货这一金融工具规避价格风险的作用，利用期货市场配合现货

生产和国际贸易采购，在规避铁矿石价格下跌风险、稳定经营利润方面取得了很好的效果。

与现货贸易结合，选择套期保值方案。2015年1月上旬，宏兴股份公司将有长协矿共计17万吨到港，结算价按照普氏62%指数12月的均价计算。面对国内持续下跌的铁矿石价格，公司一方面积极争取在短时间内将该船长协矿向外销售，另一方面考虑在期货上进行相应的保值操作。经分析，在12月31日之前，由于采购价格未定，若销售价格确定，则公司面临的是采购价格上涨风险，于是要买入铁矿石期货保值；到了1月1日，采购价格已经确定，如果该船货物售价未定，则公司面临销售价格下跌风险，需要在期货市场做卖出保值。按照套保比例，根据现货到港后的销售情况，逐步平仓。

用历史数据估算价格波动区间，选择合适的建仓时机。在上面的案例中，12月中旬以后，随着时间推移和行情发展，由于货物到港与货物售出间存在一定的时间差，形成时间错配和物流错配，宏兴股份公司有可能会面临双边敞口风险。从普氏62%指数的历史价格变动规律来看，进入当月下旬以后，指数的波动幅度会逐渐缩窄，于是公司通过推算12月份的月均价，来寻求一个较合理的价格区间，从而提前应对未来行情变化对公司的影响。

历年12月份普氏62%指数价格的波动都不大，近4年12月份普氏62%指数月均价波动率为3.99%，价格相对平稳，大涨或大跌的概率较小。截至12月15日，普氏62%指数的月均价69.95，可推测未来的波动范围值为［65.96，73.94］，以［95%，5%］的置信值测算，普氏62%指数与期货主力合约的价差合理区间为［20，83］，平均值为50.86，假设12月份的普式62%指数价格范围在［65.96，73.94］，那么，按价差均值推算，12月期货主力价格的合理区间为［451，508］，与当时铁矿石期货价格的震荡区间较为吻合。

由于一年来铁矿石价格持续下跌，现货销售情况不佳。从普氏62%指数的历史走势看，其12月均价往往普遍较2月均价偏低，因此，针对1月上旬到港的矿石现货，企业需要规避下跌风险，进行卖出保值。操作周期设定在2015年1—2月，建仓均价在［451，508］以上为佳。同时，在12月至次年2月期间，如现货销售情况好转，则保值量可相应降低。

利用现货市场研判，决定保值头寸。从供应上看，四大矿山不断降低各项成本，加之前期的扩能将于2015年二季度逐步释放，产量输出节奏加快，供应压力会逐渐显现。并且，港口矿石库存居高不下，对价格也构成强压力；从需求上看，与钢铁行业密切相关的房地产行业持续低迷，投资增速、销售面积、土地购置面积、存贷比等数据都很差，需求较弱。从国际货币市场看，美元指数持续走高，澳元美元汇率继续走低，弱化了矿价的成本支撑。

同时，市场中也存在一些价格支撑因素，如政策利好的刺激放大，市场整体悲观情绪有所好转；钢厂利润走高，主动减产意愿降低；国产矿中部分中小型矿山停产和减产，尽管体量较进口小很多，但这部分供应量的确有所缩减；历年的一季度，将是澳大利亚飓风集中发生的季节，也是铁矿石历史高价位时期，气候因素将会影响铁矿石发运，对价格产生利多影响。

综上分析，宏兴股份公司认为虽然铁矿石仍处于长期下跌趋势中，但由于之前跌幅已较大，技术上存在调整需求，且短期的供需矛盾并不突出，预期后市将低位震荡调整，下跌幅度与速度或将有所放缓。因此，决定对 17 万吨货物采取分步建仓的方式，初始保值比例约为 30%，后期根据价差变化和现货销售量，动态调整头寸量，总量不超过 1700 手。

根据当时价格走势，判断铁矿 1505 合约调整的区间为（485，520）。在建仓 30% 后，若铁矿石价格上涨，突破 520 元/吨，则建仓至 80%；若价格继续反弹，超过 560 元/吨，则暂时观望，不再加仓。一旦形成更强势的反弹甚至反转，需根据行情变化和现货销售情况，对头寸进行调整或止损；若建立 30% 仓位后，铁矿石价格继续下跌，可根据实际情况，选择是否顺势加仓至 80%，乃至 100%。

风险防控不可少，选择时机换月移仓。为做好风险防控工作，宏兴股份公司设定保证金占用不超过总资金的 50%，建仓区间根据市场波动及时调整，调整后的建仓方案 24 小时内上报监管部门，每日上传保证金结算中心账户截图，每周上报持仓及资金使用情况。

由于铁矿 1505 合约从 2015 年 2 月开始将逐渐向 1509 合约换月，因此利用 1505 合约保值的实效性仅到 2 月中下旬，根据销售进度，若继续保值，要通过合约换月阶段的价差关系，选择相对有利的时机进行换月操作。据测算，铁矿石 1509 和 1505 合约价差的长期历史均值约为 −11 元/吨，按 [90%，10%] 的置信值测算的价差合理区间为 [14，−32]，可作为移仓价差的参考。为避免市场大幅波动，可日内调仓，但调仓幅度不超过总持仓的 30%。

四、期货套保的总结与感悟：企业需要期货工具，完善的制度是基石

在传统的钢铁经营环节中，因时间和物流的错配，企业的采购和销售受市场影响大，十分被动，常常面临双边敞口风险。像宏兴股份公司这样与矿山签订长期协议的钢厂不在少数，如果没有期货工具，敞口风险太大，钢厂是不敢过多接长协单的。但是通过期货保值，可以将这种错配造成的风险通过期货交易来对冲。同时，企业还可以利用期权、基差交易、无风险套利、合作套保等多种方式为正常生产经营提供保障，平滑利润曲线，甚至获得额外收益。

长远来看，在我国供给侧结构性改革的大背景下，钢铁行业的结构调整和转型势在必行，而且任重道远，钢铁行业产能过剩和利润微薄的格局短期难以改变。套期保值可以有效转移价格波动风险，控制原料采购成本，锁定产品销售利

润。稳定的利润，更有利于企业稳定经营，扩大核心竞争力，在这场改革大潮中适应市场，引领行业。

酒钢在重新进入期货市场前，已经建立起较完善的套保制度及流程、套保会计规范、风险管理制度等，期货部门人员职责明确，设有交易员、研究员以及专职风控员等岗位，因此当了解到进口矿石的保值需求时，期货部门可以迅速制订出合理的保值策略及详细的交易计划，也可以顺利完成套保审批流程，在账户中展开操作。在期货操作过程中，交易计划并非一成不变，而是根据期货行情变化和现货销售情况不断地进行综合协调、优化，动态把握出入场时机和调整头寸，唯一不变的是保值方向和保值目的。在整个保值操作周期中，期货部门与现货部门沟通紧密，最终达到比较满意的效果。

第十章 套期保值从构建到运营

期货市场建立的初衷就是为实体企业提供风险管理的场所和工具，让企业能够专注本业，持续做大做强。相对于没有期货品种的行业，处于农产品领域的企业是幸运的，经过多年的理论和实践探索，行业已经拥有比较成熟的风险管理经验，也有了包括期货、期权、互换等不断完善的风险管理工具。

然而，目前国内部分企业及企业管理者只愿接受期货盈利，却不能接受亏损，甚至设置以期货盘面利润为基准的考核指标。套期保值的目的是帮助企业获得稳定利润，而不是通过它获取最大利润。正确用好期货这个工具，必须正视套保中期现货某一端的亏损，管理层对套期保值的正确态度十分重要。

首先需要在管理层面建立起管理风险的意识。转变经营理念，坚持赚取稳定利润，而不是大赚大赔的经营思路。正确理解套期保值的价值，不要把期货市场当成一个投机市场，短期的暴利对一个有长远目标的企业是没有意义的。一个伟大企业要做的，是保持活力，追求基业长青，直至输出价值观。

其次，逐步将风险控制作为核心深入完善企业制度。设立企业套期保值组织机构和制度，尽早组建套保团队，完善研究、交易、风控职能，为实现企业经营目标提供强有力支撑。构建高效的组织机构和管理制度是用好期货工具的基石，注重套保部门建设、建立有效的决策机制、综合考量期现盈亏都是必不可少的，它在企业经营管理中发挥的作用将会越来越大。经过多年发展，已可以与国际各大粮商同台竞技的中粮集团将套期保值深入到了企业管理的各个环节，它的快速发展，离不开积极开拓创新、善于管理风险。

再次，积极管理价格波动风险。采购、销售、财务、仓储等多部门协作，不仅在采购端管理风险敞口，在销售端也需要管理风险敞口，将基差贸易引入采购端和销售端，设计更有吸引力的基差贸易合同、含权贸易合同，与客户实现双赢。

本章将重点介绍套期保值从构建到运营的全流程，主要包括机构建设、业务运营与制度建设等内容。

一、机构建设

（一）业务架构

套期保值的架构是自上而下的线性关系，是确保指令传递顺畅无阻、流程合理高效、业务顺利开展的先决条件，主要由决策机制、分析研究、方案制订与实施、资金调拨、监督稽核、效果评判等组件构成。

1. 套期保值的决策机制

决策层由企业的最高领导集体组成，主要决定是否实施套期保值方案，统一调配所涉及的资源，决策与套期保值相关的其他重要事项。只有决策层有权变更或终止已经付诸实施的套期保值交易方案。

管理层是由决策层授权并负责制订、执行套期保值方案的中间管理层。其职能包括：编制套期保值方案，供决策层决策；按获得批准的套期保值方案编制交易方案并下达交易指令；监控交易风险，协调与管理交易过程中的资源。管理层虽然无权变更或终止套期保值方案，但可以根据具体情况提出建议；在保值方案允许的范围内，可根据实际情况改变交易进程与节奏。

执行层接受并执行管理层下达的交易指令。其主要职能包括：严格执行交易指令；负责期货交易头寸与资金的日常管理与结算；交易风险控制；收集市场信息，并编制初步的套期保值方案。

2. 市场行情分析

准确分析判断市场趋势是正确决策的基础，以分析研究人员为核心成员，建立数据库并按照分析研究体系进行分析研究，参加各类专业分析机构召开的市场分析会，定期或不定期召开内部市场行情分析会。遇市场行情突变时，应广泛收集信息及各方意见并及时召开市场分析会研讨行情及相应的对策。

3. 套期保值方案的制订

套保部门在广泛收集信息、全面分析国际国内市场趋势基础上，根据企业经营目标制订企业年度和阶段性套期保值方案并提交企业套期保值决策委员会研究讨论后，按照批准的套保方案形成可操作的套期保值交易方案。

制订套期保值方案的基本原则是：以企业整体效益为目标，以产品成本或利润为基础，参照走势分析，确保将企业利润率曲线平滑化。

4. 套期保值方案的实施

在企业套期保值方案确定后，由套保部门制订套期保值交易方案并经领导批准后进行具体运作。其运作结果要反映在每日报送期货决策委员会成员的期货日报中，主管套期保值的领导对保值方案的实施情况进行监督检查。

为防止出现意见不一的多头指挥，期货保值采用单一指挥模式，即由企业主管套期保值的领导指挥套保部门操作，期货决策委员会成员及其他各方针对套保运作的意见则通过主管领导权衡后下达套保部门执行。如遇市场行情突变，需要对保值方案进行较大修正，则需由期货决策委员会讨论决定。

5. 资金管理与调拨

用于套期保值的资金由企业法定代表人授权套保部门负责人进行调拨，具体由资金调拨员执行。套保部门在保值方案中应制订资金需求计划，在保值方案确定后，按方案所需资金及时间要求及时足额提供保证金，如遇行情突变需临时增加保证金，套保部门负责人根据授权使用紧急备用资金，不足部分则由套保部门提出书面报告，经有关领导批准后由财务部增拨资金，保证金有富余时应及时调回企业。用于交割提货的资金由套保部门在接到现货部门提出的交割数量通知后，在交割月前一个月向财务部提出申请；卖出保值头寸交割后，要求期货经纪公司及时将全部交割货款划拨到企业资金账户。

6. 风险控制

企业开展套期保值交易，主要目的是规避经营风险，切不可又增加额外风险。因此，企业在套期保值交易的过程中，不仅要加强业务管理，还要在决策、授权、经营等操作程序上规范运作，同时要建立一套控制体系，处理好集权和分权的关系，形成既有制约机制，又能极大发挥各级操作者主观能动性的良好体系，提高企业在期货市场上的抗风险能力，保障套期保值交易顺利进行。

按照企业参与套期保值交易的过程，实行的风险控制应包括以下几个方面。

（1）套期保值计划制订过程中的控制。企业所处的环境不同，生产、经营和利润的目标也不同，如何制订符合本企业经营发展目标的保值计划，是企业参与期市的重要一步。企业应成立由公司领导、分管领导、套保负责人、研究负责人、财务负责人、风控负责人为主的套保决策委员会，共同监督保值计划，以求目标利润最大化和经营风险最小化，严格控制企业参与期市的资金总量和交易中的总持仓量。

（2）套期保值交易过程中的控制。套期保值交易是一个动态的交易过程，每时每刻行情都会发生变化。这就要求从业人员能灵活运用期货知识，严格执行交易计划，按照每日报告制度将交易状况及时通报主管部门，风控员履行监控职责，套保决策委员会及相关部门按需要不定期检查套期保值交易情况，了解保值计划执行情况。

（3）事后控制。针对套期保值的特点，企业相关部门应在一定时段内对企业的所有交易过程和内部财务处理进行全面的复核，以便及时发现问题、堵塞漏洞。事后控制应覆盖交易过程的各个环节，重点应在交易过程中的风险防范。同时，建立必要的稽核体系，保证套保交易活动的真实性、完整性、准确性和有效性，防止差错、虚假、违法等现象发生，对违法违规的具体责任人进行调查、核实，根据国家有关法律、法规严肃处理。

一个有效的风险控制体系可以保证企业的决策层、领导层能及时了解和掌握套期保值执行过程中的动态情况，必要时，可以由主管部门做出直接的紧急干预决策，防止由于内部管理不善或内部管理制度出现漏洞而产生损失。

7. 正确评判企业保值效果的原则

坚持期现统一核算原则，重点关注企业经营目标是否因参与了套保交易而得以实现。

（二）组织结构

在企业实际生产经营活动中，会涉及采购、加工、销售、财务、仓储等多个部门。而套期保值作为企业精细化管理的重要手段，贯穿于企业从原料采购到产品销售的全流程，还包括对库存情况的掌握、资金调配等诸多要素。

通过套期保值，企业可以重塑采购模式和销售模式，充分利用期货和期权工具实现采购端的保价采购和销售端的保价销售，为企业降低采购成本、增加销售利润服务，也可以为下游客户输出服务，将营销模式从产品营销向服务营销转变，增强客户黏性，与客户同呼吸共命运，抱团管理价格波动风险。

企业做套期保值，不是简单找两个人来买卖，涉及决策层的经营理念、决策机制、财务制度、考核办法、生产管理等一系列企业内部治理的核心制度，而只有将这些内部制度有效结合在一起，才能让期货、期权和期货市场为企业创造实际价值。有风险敞口的地方，就应当有套期保值的存在，因此，套期保值不应单纯隶属于某一个部门，而应该在适当的时机组建为独立的部门，将制度建设、人才培养与储备落到实处，为企业稳健发展提供原动力。

1. 管理机构

借鉴成熟使用套保工具企业的经验，套期保值业务管理机构应由企业套期保值决策委员会与套保部构成。

套期保值决策委员会由公司领导、分管领导、套保负责人、研究负责人、财务负责人、风控负责人组成，公司领导任套期保值决策委员会负责人。

套期保值决策委员会作为企业套期保值的决策机构，主要负责：安排小组成员制订套期保值相关制度，并审定相关制度规定，决定工作原则和方针；负责召开套保决策委员会会议，制订年度套期保值计划，并提交董事会审议；听取套保操作的工作报告，批准授权范围内的套期保值方案；负责交易风险的应急处理；负责向董事会提交年度报告和下年度工作计划；负责监督管理套期保值业务，管理控制套期保值的风险，对公司套期保值业务开展情况进行考核等。

风险控制员作为独立的监管人员，主要控制套期保值部门的操作风险，确保合规有序地开展套期保值，防范因套期保值部门违规操作对企业发展造成负面影响。主要职责为：审查套期保值方案是否符合相关规定；负责监督交易的执行情况，并不定期进行抽查；监控和评估期货头寸的风险状况，保证套期保值正常进行；警示违规交易并履行强制平仓权限，发现违规操作或异常交易情况直接向套保决策委员会汇报等。

套期保值部门作为价格波动风险管理的职能部门，主要职责是：制订并落实经批准的各项制度；制订套期保值方案并执行经批准的套期保值方案；按照经批准的套保方案制订并落实交易方案；建立分析研究体系和交易体系；广泛收集市场信息，分析市场行情；严格执行交易方案；对套期保值进行风险控制。同时，按照公司经营目标，结合采购部、销售部报送的数据及资料向采购部和销售部提供基差、含权采购和销售建议；根据预期利润，向下游客户提供基差报价。

套期保值部设置套期保值负责人、分析师、交易员、资金调拨员、会计核算员、档案管理员等岗位，以明确职责并相互制衡为核心原则，严格履行前、中、后台职责，采取人员分离措施，风险控制员与交易员、结算员不得相互兼任。

2. 岗位职责

（1）套保负责人：根据公司总体经营目标，结合采购、销售、生产的总体安排，明确原料与成品的风险敞口规模，指导制订套期保值方案、交易方案与点价方案，规范并指导完善分析研究体系和交易体系，定期向套保决策委员会汇报套期保值业务开展情况，处理并汇报异常情况，对套期保值进行日常管理。

（2）分析师：搜集整理经济数据、产业数据和产品数据，持续更新数据库，建立、完善分析研究体系，制订套期保值方案和点价方案，定期出具分析研究报告，在重大事件发生后及时出具专题报告，并与业界其他观点一起形成简报呈送套保决策委员会，向采购部和销售部提供基差、含权购销建议。

（3）交易员：制订交易方案，负责套期保值方案、交易方案和点价方案的实施、备案、指令核对等具体交易事宜，在授权范围内操作并管理头寸，负责编制交易报告并发送日报、周报、月报、季报及年报给相关人员，保管每日交易账单并与会计部进行资金核对；办理交割手续；办理期货套期保值业务授权的合同签订、变更和报备的具体事宜。

（4）资金调拨员：负责套期保值交易账户的资金密码管理、出入金工作，应及时了解和掌握公司期货账户的资金状况，制订资金调拨计划；可兼任结算员，负责每日收盘后结算持仓盈亏，比对、核查保证金监控中心的结算单，确保结算数据无误；可兼任会计核算员，负责相关账务处理、核算等财务结算工作，按月核销期货和现货盈亏，向有关领导、部门报告核销情况。

（5）档案管理员：按照保密制度要求管理套期保值资料，包括套期保值方案、交易方案、点价方案、交易原始资料、授权文件、各类内部报告、结算资料等。对相关资料统一编号归档管理，并根据档案借阅授权制度，负责档案借阅有关的工作。

（三）人才培养与储备

人才的重要性不必多言，在完善的制度约束下，某个员工的离任就不会影响到具体业务的运行，所以，为了业务可持续发展，人才的培养与储备是项长期任务。

在业务开展之初，受限于内部缺乏相关人才，核心人才一般都来自外部。此时至少需要两名核心人才，一名是有能力搭建并运营业务的部门负责人，另一名是分析师，其余人员可从公司内部培养。当业务和制度步入正轨后，可以通过校园招聘、内部培养和社会招聘结合的方式招募人才。从业人员的培训需要不间断进行，在不同阶段培训不同内容，主要展开业务培训和职业技能培训。分析师和交易员是业务发展的核心人才，对其要求也将远远高于其他岗位，因此需要重点培养。

1. 培训内容

（1）业务培训。

目的：各职能岗位熟悉业务流程，熟练掌握相应工具。

时间：模拟运行前、新员工上岗前。

配合部门：采购部、销售部、财务部、行政部。

（2）职业技能培训。

目的：培养并储备相应专业人才。

配合部门：行政部。

来源：内部招募＋校园招聘＋社会招聘。

2. 考核与选拔

这里所说的考核与选拔主要针对的是职业技能培训。

基础知识培训：期货、期权基础知识，以通过期货从业资格考试为选拔依据，通过者进入下一步细分领域的培训，未通过者自愿选择继续学习还是放弃。

细分领域的培训：分析师和交易员两个方向。对分析师的要求更高，因此，分析师必须通过期货投资咨询资格考试。对分析师的职业培训，侧重资格考试、数据挖掘、数理统计、分析研究体系构建和研究方法的完善，以通过资格考试为选拔依据，未通过者有机会以助理分析师职务继续从事分析研究工作。对交易员的培训，侧重技术分析能力和纪律培养，以模拟交易方式进行考核，重点关注执行力，择优任用交易员。

二、业务运营

套期保值要发挥作用，不可贪快，因为过快的发展往往蕴藏不可控的风险。基于很多人对期货的偏见和期货本身带有的投机属性，需要从模拟开始让各岗位熟悉业务流程，改进发现的问题，再通过小范围试点，在增强决策层信心的同时也能查缺补漏，让套期保值更符合企业需求，此后才能大范围推广并进入正轨。

套期保值的运营首先从业务规划入手，只有明确了发展规划，才能逐步让套期保值为企业发展发挥越来越重要的作用。

（一）业务规划

1. 目标

远期目标：在公司涉及大宗商品的所有环节实现套期保值全覆盖；向下游客户输出价格波动风险管理服务，与客户形成紧密的合作关系。

中期目标：将套期保值上升到公司战略高度，通过套期保值重塑采购模式和销售模式，在获取稳定利润的同时有机会获取更高利润。

短期目标：搭建组织结构，梳理业务流程，建立数据库，培养和储备人才，在采购端或销售端实现套期保值的平稳运行。

2. 关键任务

（1）梳理业务流程。

为了满足风险控制制度和业务开展的需求，根据业务关键环节合理设置相应职能岗位，梳理并不断完善业务流程。

（2）培养和储备人才。

为了顺利开展套期保值，既需要对采购、财务、销售等部门进行业务培训，也需要建立专业人才储备库，人才储备通过内部培养和外部招聘的方式进行。

套期保值专业性强，没有一定的积累，无法胜任相关工作，重点岗位从业人员必须通过期货从业资格考试，最好能够通过期货投资咨询考试，因此，对于人才的培养和培训是长期工作安排。

原则上，采用内部培养的方式，优点是可以培养出忠诚度更高、更符合企业需求的相关人才，缺点是培养周期较长，具备相应能力后会被其他企业挖墙脚。在不影响其他部门工作的情况下，按照自愿原则，从全公司招募一批对套期保值有兴趣的人员，开展系统的培训、选拔工作：基础知识培训，参加期货从业资格考试，通过期货从业资格考试的人员进入分析师和交易员两个细分领域的培训——对分析师培养分析研究能力，必须通过期货投资咨询资格考试，通过者筛选留任；对交易员培训交易技能，通过模拟交易考核相应的交易能力，筛选留任。

团队建设不能故步自封，需要不断接触外界其他思想。为了注入新鲜血液，不能忽视外部招聘的方式，主要从期货公司、其他实体企业期现货部门等机构招募有关人员。

（3）套期保值平稳运行。

套期保值的合规平稳运行，有利于企业转移价格波动风险，使利润率曲线平滑化。但是对套期保值的不当运用，会给企业带来沉重打击，甚至是灭顶之灾。因此，在套期保值从无到有的过程中，必须审慎决策，踏踏实实走好每一步。

采用如下步骤推进套期保值，就有可能确保业务平稳运行：模拟运行，熟悉环境、工具、业务流程——小量试点，总结完善，消除风险点——推广应用，严密监控。

3. 行动计划

（1）模拟运行。

目的：熟悉环境和交易工具、完善业务流程。

时间周期：建立期现货数据库、申请模拟账户后一个月内。

配合部门：采购部、销售部、财务部、行政部。

流程：提交套期保值模拟方案，审批通过后进入模拟阶段。组织套保决策委员会负责人、风险控制员、分析师、交易员、资金调拨员、结算员、会计核算员、档案管理员开展流程演练。分析师出具套保方案，交易员按照套保方案制订交易机会并执行，分析师向采购部门建议采购时机、向销售部门建议销售时机，在采购部门完成采购的同时交易员结束套保，在销售部门完成签单的同时交易员结束套保，在此期间各岗位需要按照业务流程开展相应工作。模拟运行结束后，套期保值负责人出具总结材料，提交套保决策委员会讨论，完善相应细节。

（2）小量试点。

目的：总结完善，消除风险点。

时间周期：2~3个月。

配合部门：采购部、销售部、财务部、行政部。

流程：提交套期保值试点方案，经审批通过后进入运行阶段。企业负责人对交易员、资金调拨员、风险控制员进行书面授权。采购部制订采购计划，销售部制订销售计划，分析师出具套保方案，交易员按照套保方案制订交易方案并选择时机套保，经套保决策委员会负责人审批通过后，资金调拨员按照方案将所需套保资金划转至交易账户，分析师向采购部门建议采购时机、向销售部门建议销售时机，在采购部门完成采购的同时交易员结束相应套保，销售部门完成签单的同时交易员结束相应套保，在此期间各岗位需要严格按照业务流程开展相应工作。在试点工作消除了所有风险点后结束试点阶段，套期保值负责人出具总结材料，提交套保决策委员会讨论。

（3）推广运用，严密监控。

目的：在采购端或销售端实现风险敞口全覆盖，节约采购资金。

配合部门：采购部、销售部、财务部、行政部。

流程：提高套保比例，实现完全套保。各职能岗位严格按照试点总结的业务流程开展工作，风险控制员严密监控风险。各职能岗位严格按照相应规章制度和业务流程开展相应工作。

（4）覆盖企业经营全流程。

目的：将套期保值贯穿于原料采购到产品销售的全流程，让企业经营没有风险敞口或风险敞口尽量少，赚取利润的同时不错过更大利润。当行业出现拐点的时候，抓住时机迅速扩大市场份额，实现做大做强的目标。

配合部门：销售部、生产部、采购部、财务部、行政部。

4. 业务保障

（1）保密措施。

由于业务的特殊性，为了防范可能出现的信息泄露风险，可以采取分账户、分级授权等措施严密控制账户信息，严格保密风险敞口、套期保值方案、交易计划、结算情况、信用额度、资金状况、套期保值会议内容等与套期保值有关的信息。相关从业人员需要签署员工保密协议，外部合作机构需要签署业务合作保密协议。

（2）绩效考核。

合理有效的绩效考核是业务可持续发展的重要措施，既能提高从业人员的积极性，也能让业务发展不因某个人的离任而夭折。

（二）业务流程

套期保值主要分为采购端和销售端的套期保值，同时包括资金调拨、后台结算、会计核算、风险控制、合规检查、综合评价、档案管理等环节。

1. 采购端的套期保值流程（图 10 - 1）

图 10 - 1　采购端的套期保值流程

（1）一口价采购方式。

采购部门确定采购计划，套保部门根据采购计划，结合期现货走势制订相应的套保方案和交易方案，经套保决策委员会审议批准后，套保部门根据基差走势选择时机，买入期货合约，或者单独买入看涨期权。套保部门根据基差走势，向采购部门建议采购时机，采购部门与供应商执行采购合同的同时，套保部门将期货平仓、期权行权或平仓。

（2）基差采购方式。

采购部门确定采购计划，套保部门根据采购计划制订相应的基差合同签订与点价方案、套保方案、交易方案，经套保决策委员会审议批准后，套保部门向采购部门建议签订基差合同时机，采购部门根据供应商的基差报价确定基差采购合同，套保部门根据基差走势，向采购部门建议点价时机。其间如有理想的套保机会，套保部门开展锁定成本的买入套保，在点价的同时将套保头寸平仓。

（3）基差含权采购方式。

套保部门根据基差走势向采购部门建议签订基差合同的时机，采购部门与供应商签订基差含权合同；如供应商无法提供相应服务，由套保部门设计套保组合实现相应功能，在签订基差合同的同时，套保部门买入看涨期权，采购部门点价的同时，套保部门将期权行权或平仓。

2. 销售端套期保值流程（图 10 – 2）

图 10 – 2　销售端套期保值流程

当采购合同执行后，需要防范这部分库存或相应的成品价格下跌风险，有必要对这部分产品使用套期保值转移风险，除非以锁定利润为目标开展卖出保值，否则主要采用买入看跌期权的方式锁定价格下跌风险的同时又不错过价格上涨的收益。具体执行方面由套保部门设计套保组合实现：当采购端执行采购合同后，套保部门根据原料库存或产品生产计划制订套保方案与交易方案，经套保决策委员会审议批准后，套保部门根据基差走势选择时机，卖出期货保值或买入看跌期权。

由套保部门与销售部门沟通确定基差含权销售协议，目标：公司确定最低销售价，当价格上涨时同步涨价结算，当价格下跌时不同步下跌；为客户确定最高采购价，当价格上涨时不涨价结算，当价格下跌时降价结算。

由于下游客户能力、素质参差不齐，为了便于销售端开展业务，可让下游客户自由选择随行就市采购、基差贸易还是含权贸易。如果客户选择基差贸易或含权贸易模式，在签订合同时，需要支付一定比例的保证金和必要的费用（主要是期权权利金）。

（1）一口价方式。

在下游客户执行合同的同时，销售部门及时通知套保部门，套保部门将相应的期货头寸平仓、期权行权或平仓。

（2）基差销售方式。

同一批库存的基差报价原则上是一样的，因此，套保部门需对每批库存提供相应的基差报价。为了方便执行，套保部门向销售部门每天提供基差报价和相应的库存量，以便销售部门向客户报价。与客户签订基差销售合同时，收取履约保证金。当下游客户择机点价时，销售部门需立即通知套保部门，套保部门将相应的期货头寸平仓、期权行权或平仓。客户提货时补足货款，履约保证金可按合同约定方式予以释放。

（3）基差含权销售方式。

在上述基差销售方式的基础上加入保价服务，就形成了含权销售方式。在销售部门与客户约定最高采购价时，需要销售部门与套保部沟通确定该实时价格，具体价格＝期货基准价＋基差＋期权费。套保部门需要替客户开设相应的头寸：买入看涨期权，其余操作与基差销售方式一致。

3. 期货交易操作流程

（1）套期保值部门根据批准的保值方案，由交易员根据保值方案制订交易方案，经套期保值部负责人批准后执行。

（2）交易员执行交易方案，做好指令记录，填写交易指令一览表并签字，交易指令一览表中需包括交易时间、交易品种、交易价位、交易数量等具体内容。

（3）在交易员开仓的同时，风控员按照交易方案及时设置长期有效的云止损单；对于交易员的违规交易头寸，风控员警示并报告套期保值负责人，同时履行强制平仓权限，做好相应记录。

4. 期货结算流程

结算员和风控员将交易员的交易指令一览表与期货经纪公司或保证金监管中心的结算单进行核对确认，如有问题及时向交易员提出纠正。结算员确认交易指令表与成交单没有问题，将成交明细记录到每日期货结算表、每日期现货结算汇总表。

结算员应对期货头寸采取逐日盯市方式，及时准确记录期货持仓、平仓状况；准确计算期货头寸的浮动盈亏和实际盈亏；结算员应建立期现货统计台账，按日、周、月、年累计汇总统计，统计台账应每日按要求发送给授权审阅人员。

5. 资金调拨流程

（1）资金调拨员应及时了解和掌握公司期货账户的资金状况，制订资金调拨计划。

（2）在非交易时段对期货账户资金情况进行每日监控和测算，填写每日资金状况表，对于未来资金可能出现追加风险或资金比较充裕需调回等情况，应当提前在资金状况表中反映，并向套期保值负责人报告。

（3）资金调拨员与会计核算人员根据签字齐全的资金调拨申请划拨资金并做账务处理。

6. 会计核算流程

在每个会计周期内，会计核算员应核对公司和期货经纪公司保证金账户资金，如不符，应及时向公司主管领导汇报，并同套期保值部共同查找原因，及时纠正。

7. 头寸了结流程

对于采购端，合同执行的同时，采购部立即通知套保部，了结期货头寸和期权头寸。对于销售端，客户执行合同的同时，销售部立即通知套保部，了结合同对应的期货头寸和期权头寸。

了结期权保值头寸的方式包括行权与平仓两种，选择获利更大的方式。一般情况下，了结期货保值头寸的方式是期货平仓；当市场货源紧张或销路不畅的时候，可以采用期货交割的方式了结头寸。

8. 头寸的交割流程

在进入交割月的前一个月，由现货部门将需要进行实物交割的产品数量通知套保部。对于卖出交割，现货部门组织资源并发运至指定仓库，由指定单位进行验收、制作仓单，并根据套保部的书面指令将仓单交由期货经纪公司进行实物交割。对于买入交割，套保部门通过期货经纪公司进行实物交割，安排专人负责与交割仓库的对接工作，财务部按套保部提出的资金计划筹集货款交指定的期货经纪公司办理实物交割。交割完毕后套保部将仓单交由现货部门处理。如因资源、资金、运输等原因不能如期办理交割，则需及时向企业主管领导汇报，由其进行协调处理，确定不能进行交割则须提前通知套保部做平仓处理。

三、制度建设

完善的制度可以降低交易风险，提高从业人员积极性，是套期保值可持续发展的保障。在套期保值运作过程中，重要的制度主要包括《套期保值业务管理制度》《套期保值风险控制与报告制度》《商品期权交易的内部控制及风险管理制度》《套期保值业务考核管理办法》《套期保值业务合作保密协议》与《套期保值业务员工保密协议》等。

受篇幅所限，此处不再具体介绍。需要强调的是，制订了相应制度后，从业人员必须严格受制度的约束，制度不能只停留在表面。

主要参考文献

［1］季洪曼．由大豆危机引发的对中国粮食安全问题的思考［J］．时代经贸，2009（Z1）：46－49．

［2］蔡健聪，姚纹倩，何烁阳，等．中美贸易战对大豆市场的影响及其应对策略研究［J］．市场周刊，2020（02）：156－157．

［3］杨眉．美国人给我们上了"贸易课"［J］．中国经济周刊，2005（6）：10－14．

［4］马敏慧，刘彦莉．"中航油"事件与巴林银行破产案的比较分析——基于内部控制视角［J］．商，2014，000（019）：71．

［5］刘绍娓．我国企业境外期货风险事件案例分析［J］．国有资产管理，2006，000（011）：30－33．

［6］曾秋根．从中盛粮油巨亏看套期保值经营策略的风险［J］．交通财会，2006（02）：67－70．

［7］大连商品交易所．中国期货市场经典案例研究成果汇编［M］．北京：机械工业出版社，2018．

［8］维克多·斯波朗迪．专业投机原理［M］．北京：机械工业出版社，2010．

［9］李秉龙，薛兴利．农业经济学［M］．2版．北京：中国农业大学出版社，2009．

［10］李录林．金新农期货巨亏不能让套期保值背锅［N］．中国畜牧兽医报，2021－10－03（6）．

［11］李录林．豆粕　上行进入下半程［N］．期货日报，2021－06－08（4）．